P. WEISS · BRIEFE

W0056972

BELLETRISTIK

Peter Weiss

BRIEFE AN HERMANN LEVIN GOLDSCHMIDT UND ROBERT JUNGK 1938–1980

Reclam-Verlag Leipzig

Herausgegeben von Beat Mazenauer
Mit 16 Abbildungen

ISBN 3-379-01424-9

© Reclam-Verlag Leipzig 1992

Reclam-Bibliothek Band 1424
1. Auflage, 1992
Umschlaggestaltung: Friederike Pondelik unter Verwendung
einer Postkarte von Peter Weiss
Printed in Germany
Satz: INTERDRUCK Leipzig GmbH
Reproduktionen: Grafische Kunstanstalt Helmut Schneider
Leipzig
Druck und Binden: Ebner Ulm
Gesetzt aus Garamond-Antiqua

Die Stimme des Zweifels

es (ist) ein individuelles Erleben, das dem Engagement zugrunde liegt.[1]

I

Den von ihm selbst aufgebrachten Begriff der „Wunschautobiographie"[2] für die *Ästhetik des Widerstands* hat Peter Weiss wieder zurückgenommen. Es ist müßig, die Vergangenheit ändern zu wollen. Der Wunsch, seine früheren Prosawerke *Abschied von den Eltern* und *Fluchtpunkt* autobiographisch, d. h. im Sinne von Tatsachenberichten über die nur spärlich dokumentierte Kindheit und Jugendzeit des Autors zu lesen, hält sich indes hartnäckig in der Weiss-Forschung. Obschon die Gattungsbezeichnungen *Erzählung* und *Roman* zur Vorsicht mahnen und den fiktionalen Charakter der beiden Texte anzeigen. Zuverlässigeren Einblick in die Jugendjahre von Peter Weiss gewährt uns seine Korrespondenz mit den Freunden Hermann Levin Goldschmidt und Robert Jungk aus den Jahren 1938 bis 1943. Dieser Briefwechsel darf als ein ausgesprochener Glücksfall angesehen werden, gibt er doch Zeugnis vom Freundschaftsbund dreier Jugendlicher, die später alle ihren substantiellen Beitrag zum deutschen Kulturleben geleistet haben: Weiss als engagierter Autor, Jungk als Mahner und Utopist, Goldschmidt als Philosoph der Dialogik. Als sie, drei aus Deutschland Vertriebene, sich im Spätsommer 1938 in Zürich begegneten, standen sie am Beginn eines künstlerischen und intellektuellen Weges, dessen Richtung erst vage vorbestimmt war. Ihre Geistesverwandschaft und die verbindende Wertschätzung für das Werk von Hermann Hesse ließ sie in der Emigration Freundschaft schließen, die Verschiedenartigkeit ihrer Naturelle

---

[1] S. Axelsson: *Gespräch mit Peter Weiss*, Mai 1967; in: *Peter Weiss im Gespräch*, S. 128.

[2] „Es ist eine Wunschautobiographie" äußerte Peter Weiss im Herbst 1975 gegenüber R. Michaelis, in: *Peter Weiss im Gespräch*, S. 217.

sorgte für das Feuer im regen Gedankenaustausch. Als die politischen Umstände schon nach kurzer Zeit ein Zusammenleben unmöglich machten, überbrückten Weiss, Goldschmidt und Jungk die geographische Trennung auf dem Korrespondenzweg. Leider hat sich nur ein Teil dieser Briefe erhalten, insgesamt 55, jener Teil, der in die Obhut von Hermann Levin Goldschmidt gelangt ist. Bis auf wenige Ausnahmen müssen die Gegenbriefe als verloren gelten. Das bedeutet, daß in der vorliegenden Ausgabe vor allem Peter Weiss zu Wort kommt. Vergleichen wir den Inhalt dieser Zeugnisse aus erster Hand mit dem von *Abschied von den Eltern* und *Fluchtpunkt*, enthüllt sich uns als Konstruktionsprinzip der beiden Prosatexte ein *nachträglich*[3] definiertes biographisches Konzept. Das jugendliche Schwanken zwischen Anpassung und Revolte[4] ist darin aufgelöst in die Betonung aller desintegrativen Faktoren, die der Jugendliche verstärkt wahrnimmt und die auch die Basis legen für das spätere avantgardistische Kunstschaffen. Aus der vergleichenden Lektüre wird ersichtlich, wie literarische Intention und bewußte oder unbewußte Erinnerungslükken aneinandergekoppelt sind und ein „System" produktiver Simultaneität bilden. Weiss selbst hat in Interviews

---

[3] Vgl. Freuds Begriff der *Nachträglichkeit*. Wie sehr der Wirklichkeitsgehalt von *Abschied von den Eltern* bezweifelt werden muß und sein autobiographisches Schreiben einem Konstruktionsprinzip unterworfen ist, bestätigt PW selbst zudem in zwei frühen Einträgen im *Unnumerierten Notizbuch 1960*: „Alles, was ich bisher geschrieben habe, ist gefälscht, zurechtgelegt, abgefaßt, um mein eigenes Gesicht zu retten. Mit dem Geschriebenen wollte ich mir eine Identität geben (...)." (*NB 60/71*, S. 39); „Versuche ich dennoch, die Welt des Schreibens als etwas Feststehendes zu sehn, so führt dies nur zu Konstruktionen, voll Entstellung und Betrug. (...) Der Schreibende hat vorgespiegelt, daß er etwas über sich aussage, und oft liest es sich so, als spreche er tatsächlich von sich selbst." (a. a. O., S. 44).
[4] Dieses Wortpaar darf nicht mit dem ähnlich klingenden „Aufruhr und Unterwerfung" gleich zu Beginn von *Abschied von den Eltern* (S. 7) verwechselt werden, da letzteres ganz auf die Erfahrung des Heranwachsenden fokussiert und die objektive familiäre „Normalität" ausgrenzt.

darauf hingewiesen: „In *Abschied von den Eltern* finden wir nur eine subjektive, traumartige Welt, in der alles in einem innern Zirkel blieb. In *Fluchtpunkt* haben wir die ersten Möglichkeiten zu einem Gespräch"[5] und „eine ganz bestimmte, zeittypische Figur"[6], der der Autor mitgab, was er im nachhinein für die Epoche als kennzeichnend empfand. Die vorliegenden Briefe stellen einen reichen Fundus dar; frei von zensurierender Erinnerung vermitteln sie ein authentischeres Bild von Weiss als die Prosa und zeigen nicht nur den grüblerischen und leidenden Künstler, sondern auch einen zumindest phasenweise zuversichtlichen und lebenshungrigen Menschen, der trotz Krieg und Exil seiner künstlerischen Berufung die Treue bewahrt.

Es mag für Weiss' „autobiographische" Prosatexte gelten, was Günther Anders in seinen Ausführungen zum Fernsehen festhält, daß nämlich „allein schon dadurch, daß man vieles Wirkliche *nicht* zeigt"[7], eine schwer zu durchschauende „präparierte Welt" erzeugt wird, die durch das Abwesende definiert ist. Im Ausgesparten manifestiert sich am augenscheinlichsten der fiktionale Charakter von *Abschied von den Eltern* und *Fluchtpunkt*. Beide Texte zeichnen sich durch eine bemerkenswert gedrängte Behandlung der Jahre 1938 bis 1940 aus. Diese wichtige Lebensphase, die ganz im Zeichen von Hesse und von Weiss' Freundschaft mit Goldschmidt und Jungk stand, wird darin auf nur wenigen Seiten behandelt.

II

Die Erinnerung funktioniert nicht nur dergestalt, so Benjamin, „daß das Vergangene auf das Gegenwärtige oder das Gegenwärtige sein Licht auf das Vergangene

[5] W. Girnus/W. Mittenzwei: Gespräch mit Peter Weiss, Mai 1965; in: *Peter Weiss im Gespräch*, S. 66.
[6] M. Roloff: Interview mit Peter Weiss, März 1964; in: a. a. O., S. 38.
[7] Günther Anders: *Die Antiquiertheit des Menschen*. Erster Band. München: Beck 1956, S. 164.

wirft". Im Bild, das in der Sprache aufgehoben ist, verdichtet sich „das Gewesene mit dem Jetzt blitzhaft zu einer Konstellation", denn „während die Beziehung der Gegenwart zur Vergangenheit eine rein zeitliche, kontinuierliche ist, ist die des Gewesnen zum Jetzt dialektisch: ist nicht Verlauf, sondern Bild⟨,⟩ sprunghaft".[8] Von solcher Erinnerung ließ sich Peter Weiss leiten.

„Das Schicksal, das ist die Vergangenheit"[9], steht als Motto über seinem Prosaband *Die Besiegten.* Darin wie auch in *Abschied von den Eltern* oder der *Ästhetik des Widerstands* gab Weiss die Blickrichtung in die Vergangenheit vor, die Interpreten haben sie aufgenommen. Darob ist jedoch die doppelte Perspektivität seines Werkes, wie sie explizit noch am Schluß der *Ästhetik des Widerstands* festgehalten ist, immer wieder in Vergessenheit geraten: „Der Sinn meines langen Wartens würde ja sein, von den künftigen Einsichten her das *Frühere zu klären,* und vielleicht wäre es dann nicht einmal so wichtig, das damalige Ich zu verstehn, sondern dem, der sich besinnt, nahe zu sein, denn dies ist ja das Wesen der Zeit, daß *wir uns fortwährend entwerfen* [...]"[10]. Der vom gegenwärtigen Bewußtsein getragene Rückblick auf das Vergangene ist hier an die Zukunftsperspektive des Ichs gekoppelt. In Weiss' Prosa der 40er und 50er Jahre verbindet sich der Blick zurück mit der Suche nach literarischen Techniken, mittels deren er sowohl die Vergangenheit dem Vergessen entreißen wie später auch einmal wird Stellung nehmen können zu den brennenden Fragen der Zeit, in der er dann leben wird. Und in seinen vorangegangenen Typoskripten der späten 30er Jahre finden sich mit prognostischer Kraft individuelle Konflikte antizipiert, die den Autor in den folgenden Jahren heftig umtreiben sollten. Diesen zukunftsgerichteten Aspekt im Schaffen von Peter Weiss lassen die vorliegenden Briefe hervortreten, und sie ermöglichen eine Umkeh-

[8] W. Benjamin: *Das Passagen-Werk,* Konvolut N, 576f.
[9] *Die Besiegten,* S. 9; vgl. zu diesem Punkt die ausgezeichnete Studie von A. Söllner: *Peter Weiss und die Deutschen.*
[10] *Ästhetik des Widerstands,* Band III, S. 261 [Hervorhebung durch bm.]

rung der rückwärtsgerichteten Perspektive. Wir haben nicht mehr mit Hilfe nachträglich entstandener, konstruierter Texte die Biographie zu rekonstruieren, sondern Weiss vergleichbar schauen wir mit prospektiver Ungeduld in eine Zukunft, die sich ihm als Projektionsraum für vielfältigste Hoffnungen und Illusionen darbietet – in eine Zukunft, wo er das Vergangene kraft seiner Entschiedenheit und noch zu erwerbendem Wissen erinnern und einordnen würde. Die hier vorgelegten Briefe setzen uns instand, Peter Weiss' individuellen und künstlerischen Entwicklungs- und Befreiungsprozeß nachzuvollziehen und präziser nachzuzeichnen. Erst mit ihnen präsentiert sich uns sein Werk als ein Ganzes, als Ästhetik des Widerstands in dem Sinne, wie der Autor selbst sie verstanden hat: „die ganze Lebenshaltung ist gemeint, alles, worin man verfilzt ist, worin man lebt"[11] – mithin das ganze Leben mit all seinen disparaten Erfahrungen. Darin gründet die Widerstandskraft.

Peter Weiss' Prozeß der Politisierung ging ausgesprochen zögernd vor sich. Er schöpfte gleichsam alle Stufen der Entwicklung voll aus, er verharrte lange in einem konventionellen neoromantischen Idealismus, er tat sich schwer mit der Stellungnahme zu politischen Fragen. Weil er sich seine Überzeugungen hart erkämpfen mußte, taugte er aber auch nicht zum Opportunisten und ordnete er sich keiner sturen Parteidisziplin unter. Sein dezidiertes politisches Engagement besaß den *fremden Blick*[12], der die Dinge aus ungewöhnlicher Perspektive neu zu betrachten pflegte und auf die scheinbar nebensächlichen Einzel- und Eigenheiten, auf das Verdrängte achtete.

---

[11] *Zwischen Pergamon und Plötzensee oder Die andere Darstellung der Verläufe.* Peter Weiss im Gespräch mit Burkhardt Lindner, Mai 1981; in: *Peter Weiss im Gespräch*, S. 264.
[12] Dieses Wort hat H. Farocki 1981 in einem Gespräch mit Peter Weiss geprägt, in: *Filmkritik* Nr. 294, Juni 1981, S. 248.

III

Wie an eine ferne Zeit, aus scheinbar unüberbrückbarer Distanz erinnerte sich Peter Weiss 1978 an seinen einstigen Mentor Hesse: „Denke ich an Hesse, so denke ich an ein andres Leben, eine andre Welt (...) Bei Hesse die Ehrfurcht, Ninon: Sie dürfen morgen wiederkommen, er ist jetzt müde. Die Vorkriegswelt. Nur die, die diese Welt noch kennen, wissen etwas von Hesses Bedeutung".[13] Dieser war es, der ihn 1937 im Glauben an sein künstlerisches Talent bestärkte und mithalf, daß der junge Künstler Weiss gegen den Widerstand der auf ökonomische Sicherheit ihres Sohnes bedachten Eltern in die Prager Kunstakademie eintreten konnte.

Hesse verkörperte für Weiss ein romantisches (Künstler-) Ideal, das einer vergangenen Welt angehörte. Er war Objekt eines jugendlichen Narzißmus, Idol einer überwundenen Lebensphase und zugleich unsichtbares Fundament aller späteren Erfahrungen: „Ich habe nur eine andere Position darüber aufgebaut und befestigt".[14] Zu Beginn der 40er Jahre wurde Hesse dann durch Kafka abgelöst, dessen „völlig verdrehte, schuldbeladene, verfluchte und verdammte Spießbürger-Welt"[15] Weiss zu beschäftigen begann. Und im Unterschied zu Hesse hielt Kafkas Aktualität für Weiss bis hin zur *Ästhetik des Widerstands* und zum Stück *Der neue Prozeß* (1982) ungebrochen an. Ihm kam zugute, daß er nicht dem bürgerlichen „Inferno" und der Dimension „romantisch-poetischer Infantilität"[16] zugehörte, sondern eine Stimme des Zweifels, eine bedrängende Erfahrung der Außenwelt darstellte. Kafka stand für das Erschrecken vor der sozialen Realität, Hesse dagegen für die individuelle Berufung zur Kunst, für die poetische Sendung, die nicht in Frage gestellt werden wollte – somit auch nicht über das Individuum hinauswies. Dennoch ist der Traum vom univer-

[13] *NB 71/80* [17. Mai 1978], S. 704.
[14] *NB 60/71* [September 1965], S. 386.
[15] M. Roloff: Ein Interview mit Peter Weiss, März 1964; in: *Peter Weiss im Gespräch*, S. 32.
[16] H. Hesse: Madonna d'Ongero; in: *GW 6*, S. 328.

salen Buch, den Hieronymus im *Fluchtpunkt* und Gregor im *Duell* träumen, und der letztlich auch dem *Divina Commedia*-Projekt und der *Ästhetik des Widerstands* zugrunde liegt, ohne die Romantik Hesses nicht denkbar. Novalis' „innigste Gemeinschaft aller Kenntnisse"[17] erneuert sich jeweils darin. Nimmt sich Weiss' frühes Schaffen auch eklektisch und wenig eigenständig aus, so reicht es doch über ein bloß unreifes, juveniles Kunstbemühen hinaus; es ist Ausdruck eines künstlerischen Selbstbewußtseins, das sich gegenüber der Welt zu behaupten sucht, jedoch zu Kompromissen gezwungen, verunsichert und gerade kraft dieser Widerstände zum Quell der späteren literarischen Originalität wird.

Weiss ließ Hesse zurück, doch nicht als einzigen. Mit ihm rückten auch die Freunde Robert Jungk und Hermann Levin Goldschmidt in den Hintergrund. Weder in *Abschied von den Eltern* noch in *Fluchtpunkt* finden sie Erwähnung, weil sie Zeugen einer verschütteten biographischen Schicht sind, die 1960 unwiderrufbar entrückt schien, längst überlagert von neuen Erfahrungen. In den vorliegenden Briefen jedoch spielen sie die Hauptrollen.

IV

„Aber meine Entwicklungskraft hieß Flucht: Flucht vor einer bestialischen, noch immer unfaßbaren Macht, die nach meinem Leben trachtete"[18], schrieb Weiss 1948 in *Die Besiegten*. Die Flucht, die Emigration war Antwort auf eine Drohung, deren eigentliche Tragweite Weiss erst sehr spät zu Bewußtsein gelangte. Bis 1934 hatte der Vater seine jüdische Herkunft vor ihm verborgen gehalten. Später wird Weiss davon sprechen, daß er „in einem Betrug aufgewachsen" sei[19], Mitte der 30er Jahre aber schien ihm die Offenbarung seines Judentums lediglich den längst empfundenen Außenseiterstatus zu bestätigen.

---

[17] Novalis: *Vermischte Bemerkungen („Blütenstaub")*; in: Novalis, *Werke*, München: C. H. Beck 1969, S. 343.
[18] *Die Besiegten*, S. 35.
[19] Peter Weiss an Itta Blumenthal, Brief vom 16. Juni 1941.

Unmittelbarer konfrontiert mit dieser „unfaßbaren Macht", die die Juden allein aufgrund ihrer „Rasse" verfolgte, waren in Berlin derweil Jungk und Goldschmidt. Sie wußten um ihre jüdischen Wurzeln, auch wenn sie in assimilierten Familien aufgewachsen waren, deren Mitglieder sich als Juden und zugleich als Deutsche verstanden. Goldschmidt und Jungk hatten sich in der Schule kennengelernt, gemeinsam besuchten sie von 1923 bis 1932 in Berlin das Mommsen-Gymnasium, beide verlebten sie ihre Kinder- und Jugendzeit im Bayrischen Viertel, einem Quartier mit hohem Anteil jüdischer Bevölkerung, das dementsprechend stark von jüdischer Kultur und Lebensweise geprägt war. Bezüglich ihrer sozialen Herkunft gehörten sie aber zwei unterschiedlichen Milieus an. Hermann Levin Goldschmidt (*1914) wuchs in großbürgerlichen Verhältnissen auf. Sein Vater war Justizrat, Notar und Anwalt, dem 1933 alle Titel und die damit verbundenen Rechte aberkannt wurden. Wie viele deutsche Juden, erfuhr Goldschmidt die im Gefolge der Nürnberger Rassengesetze durchgeführte Trennung von arischen und jüdischen Institutionen zunächst als eine Herausforderung zu vertiefter Selbstbesinnung, als eine eigentliche „Jüdische Renaissance": Theater, Buchhandlungen und Bibliotheken in seinem Quartier waren zu jüdischen Theatern, Buchhandlungen und Bibliotheken erklärt worden, von denen sich Arier fernzuhalten hatten. Diese Konzentration erlaubte dem zurückgezogenen Intellektuellen Goldschmidt vorerst ein intensives, relativ ungestörtes Schaffen. Nebst Arbeiten zu philosophischen und jüdischen Themen schrieb er damals auch Dichterisches. Ein Roman sollte noch vor der Auswanderung vollendet werden. Erst als sich die Lage auch für die Juden im Bayrischen Viertel spürbar zuzuspitzen begann, emigrierte er Mitte Februar 1938 nach Zürich, um an der dortigen Universität ein Philosophiestudium aufzunehmen. Äußerlich turbulenter verliefen diese Jahre für Robert Jungk (*1913), der als Sohn eines Dramatikers und einer Schauspielerin in zwangloser, durch das Theater geprägter Atmosphäre aufwuchs. Mit 10 Jahren nahm er erstmals an Veranstaltungen der antibürgerlichen deutsch-jüdischen Jugendbewegung teil, und ab 1929 engagierte er sich in diversen politischen Organisationen, wodurch er 1932 auch Harro Schulze-Boysen kennenlernte, den späteren Mitbegründer der Widerstandsgruppe *Rote Kapelle*. Am Tage nach dem Reichstagsbrand (27. 2. 1933) geriet Jungk in Haft, kam wieder frei und wurde schließlich im Jahr darauf von den Nazis ausgebürgert. Nach Aufenthalten in Paris und Barcelona, wo er sich vor allem mit filmischen und journalistischen Arbeiten den Lebensunterhalt verdiente, kehrte er 1936 illegal nach Deutschland zurück, schrieb für eine Presseagentur Artikel und trat in Kontakt mit der sozialdemokratischen Widerstandsgruppe *Neu-Beginnen*. Im Frühjahr 1937 mußte Jungk erneut fliehen, dieses Mal in die Tschechoslowakei, wo er für einen antifaschistischen Pressedienst arbeitete, bis er sich abermals zur Weiterreise gedrängt sah und im Mai 1938 in Zürich eintraf. Goldschmidt lebte schon seit drei Monaten in dieser Stadt, und Ende August 1938 stieß auch Peter Weiss zu den beiden. Jungk hatte ihn am 3. November des Vorjahres in Prag kennengelernt, zufälligerweise am selben Abend, als auch Goldschmidt aus Berlin zum Besuch eintraf. Zu einem Treffen der drei kam es in Prag jedoch noch nicht.

Vielleicht waren sich die drei Freunde, ohne voneinander zu wissen, schon früher einmal begegnet, in der Aufsehen erregenden Van-Gogh-Ausstellung im Berliner Kronprinzen-Palais im Frühjahr 1929, oder vor dem Pergamon-Altar nach dessen Publikumsöffnung im Oktober 1932. Ohne die Gesetze vom 15. September 1935 hätten sie sich im August 1938 aber nicht in Zürich getroffen. Für alle drei bedeuteten das „Blutschutzgesetz" und das „Reichsbürgergesetz" die Vertreibung aus ihrer angestammten Heimat.

V

Nachdem Peter Weiss im Januar 1937 auf einen Brief an den verehrten Dichter Hermann Hesse eine ermutigende Antwort erhalten hatte, besuchte er ihn im Sommer darauf in seinem Tessiner Domizil. Ein paar Zeichnungen, Aquarelle und Manuskripte in der Tasche, pilgerte der junge Künstler Weiss von seiner böhmischen Einsiedelei aus zum „Meister" nach Montagnola und wurde, ein Glück für ihn, von diesem sehr freundlich aufgenommen. Im selben Zimmer, in dem Hesse jahrelang gewohnt und gearbeitet hatte, malte und dichtete jetzt auch Weiss während ein paar Wochen.

Zu Hesse wollte er nach seinem Prager Akademiejahr im Spätsommer 1938 zurückkehren, und Zürich sollte eine Zwischenstation auf dem Weg dorthin bilden. Anläßlich eines Sommernachtsfestes auf der „Hölzliburg", Robert Jungks Quartier am Forstersteig, lernte Weiss nun auch Hermann Levin Goldschmidt kennen, und wenige Tage danach beschlossen die drei Gefährten, gemeinsam zu Hesse nach Montagnola zu wandern. Wie Goldschmidts Tagebuch und Fotografien zeigen, muß es sich bei dieser Pilgerfahrt um eine vergnügte Reise von drei „ungeheuer zukunftsbegeisterten Menschen"[20] gehandelt haben, die – der Emigration und des bedrohlich sich ankündigenden Krieges zum Trotz – mit Stock, Notizblock und Frohsinn ausgestattet wie weiland Hesse durch die Gefilde des Südens streiften, sich von Wein, Brot und Käse ernährten und schönen Frauen nachstellten. Als Vorbild diente ihnen der *Bund der Morgenlandfahrer* aus Hesses Erzählung *Die Morgenlandfahrt.* „Unser Morgenland war ja nicht nur ein Land und etwas Geographisches, sondern es war die Heimat und Jugend der Seele"[21], fanden sie darin ihr Empfinden umschrieben. Und nach dem Muster von Hesses *Narziß und Goldmund* verteilten sie unter sich Rollen: Jungk und Weiss machten sich – ganz und gar Goldmund – auf die Suche nach erotischen Abenteuern, derweil Goldschmidt – Narziß vergleichbar – sich diesbezüglich zurückhielt und stattdessen die Chronistenpflicht erfüllte. Das Resultat, sein *Tagebuch*, halten wir hier in Händen.

[20] *Der Kampf um meine Existenz als Maler.* Peter Weiss im Gespräch mit Peter Roos; in: *Kat.*, S. 29.
[21] H. Hesse: *Die Morgenlandfahrt*; in: *GW 8*, S. 338.

Eine Woche währte die gemeinsame Reise, dann trennten sich die Wege der drei *Bundesbrüder* wieder. Weiss blieb zunächst in Hesses Nähe, seine Freunde kehrten nach Zürich an ihre Arbeit zurück. Goldschmidt widmete sich seinem Philosophiestudium, Jungk war journalistisch tätig und dachte über ein Presseprojekt nach, das er Anfang 1939 in England zu lancieren hoffte. Zwei oder drei Mal trafen sie sich noch in Zürich, dann erzwang die Emigration eine geographische Trennung, einzig überbrückt vom Briefwechsel während der nächsten Jahre.

VI

„Daß Sie einer [ein Dichter, bm.] werden, hängt aber gewiß nicht von den Versen ab, die Sie heute machen!"[22] Dieser Trost, den Hesse 1910 kollektiv an alle jungen Dichter gerichtet hatte, behielt im Falle von Peter Weiss Gültigkeit. In frühen literarischen Fingerübungen huldigte er emphatisch der Naturschwärmerei Hesses, ohne freilich eine gewisse Distanz dem eigenen Jubel gegenüber ganz verhehlen zu können. Die oftmals naive Oh-Natur-Attitüde seiner ersten Texte ist Reflex des Idols Hesse, nicht Reflexion. Zwei Jahrzehnte später heißt es in *Fluchtpunkt* dann nur noch lapidar: „Ich konnte nichts anfangen mit dieser Natur"[23].

In Hesses Nähe wollte Weiss einige Zeit verweilen, ausruhen und viel arbeiten. Eine Wegstunde von Montagnola entfernt, in Carabietta, bezog er ein Atelier im Haus von Olly Jacques[24], in dem häufig deutsche Künstler und Literaten Station machten, unter ihnen der Maler Carl Hofer, der Avantgardefilmer Hans Richter, vielleicht auch Brecht. Auch Robert Jungk floh in den folgenden Jahren regelmäßig hierher in die südliche Ruhe. In Carabietta konnte Weiss eine künstlerische Produktivität ent-

[22] H. Hesse: *Ein junger Dichter*. Ein Brief an viele; in: GW 11, S. 141.
[23] *Fluchtpunkt*, S. 84.
[24] S. Anm. zum *Tagebuch*.

falten, die von einem starken Gefühl der Befreiung zeugte. „Das war", erinnerte er sich 1979, „eine sehr fruchtbare Zeit, in der ich zum ersten Mal ohne Angst gearbeitet habe, ohne diese ständige Beklemmung durch die Exilsituation."[25] Viele Tuschzeichnungen und Aquarelle entstanden, ein paar Ölbilder, dazu Gedichte und Prosatexte. Wiederholt besuchte Weiss auch Hesse und seine Frau Ninon in ihrer *Casa rossa* in Montagnola, verbrachte Silvester mit ihnen und verdiente sich schließlich sein erstes Honorar mit einem Illustrationsauftrag für drei Erzählungen, den er von Hesse erhalten hatte. Die lichte, weltoffene Atmosphäre und Weiss' künstlerische Zuversicht spiegeln sich in seinen Briefen dieser Monate. In schöner, regelmäßiger Schrift sind sie mit Tuschfeder geschrieben und ab und zu mit kleinen Zeichnungen verziert. Ganz ohne Probleme ging es dennoch nicht ab. Ein Streit zwischen Jungk und Weiss wegen eines Mädchens veranlaßte Weiss schließlich zu vehementen Selbstanklagen. Er bezeichnet sich der reinen Sphäre der Kunst als unwürdig. Mit geradezu destruktiver Kraft unterwirft er sich in seinen Briefen an den weisen „Abbt Hermanus" dem eigenen Schuldspruch. Jenem, Goldschmidt, dachte er die Rolle eines kritischen Begleiters zu, welche zu Hause weder der Vater noch die Mutter auszufüllen vermochten. Durch dessen Ansporn gleichermaßen wie durch dessen Kritik sah sich Weiss in seiner künstlerischen Berufung ernst genommen und bestätigt. Die Eltern hatten sich ihr bloß stumm widersetzt.

Auch wenn es Weiss schließlich nicht glücken sollte, seine Texte bei einem Verlag unterzubringen oder seine Bilder und Zeichnungen zu verkaufen, hatten ihm diese Tessiner Monate dennoch ein paar kleine Erfolgserlebnisse beschert. Es sollten die letzten sein für lange Zeit. Gerade der Aspekt des Erfolgs bzw. der Erfolglosigkeit darf im Zusammenhang mit seinem Schaffen nicht unterschätzt werden, stehen doch die 40er und 50er Jahre

[25] *Der Kampf um meine Existenz als Maler*. Peter Weiss im Gespräch mit Peter Roos; in: *Kat.*, S. 29.

wesentlich in seinem Bann: zuletzt wählte Weiss eben auch jenes Medium, das ihm zum lange ersehnten künstlerischen Durchbruch verhelfen konnte.[26]

VII

Im Januar 1939 besuchte Weiss nochmals für ein paar Tage Zürich, die Stadt der Glocken und Brunnen, dann nahm er Abschied von seinen Freunden und folgte der Familie nach Schweden, wo das eigentliche Exil begann. Weil das von den Eltern erbetene Reisegeld nicht rechtzeitig eingetroffen war, hatte er Goldschmidt zu einem guten Preis eines der, wie er meinte, gelungensten, schönsten Bilder aus dieser Periode: den *Jüngling am Stadtrand*, verkauft.

Das Leben im Exil ist untrennbar verknüpft mit Verlusten, Verboten, Verfügungen, Verdikten und der prinzipiellen Macht- und Rechtlosigkeit der Exilierten. Dennoch gibt es Unterschiede. Weiss wurde in ein ihm völlig fremdes Land verschlagen, wo ihn außer der Familie niemand erwartete. Goldschmidt und Jungk dagegen studierten in Zürich und hatten da auch schon neue Gefährten gewonnen. Sie nahmen teil an einem intellektuellen Diskussionszirkel, planten und verfaßten im Freundeskreis eine Zeitschrift *(Die Arche)* und hatten so immerhin einige positive Ergebnisse ihres Wirkens vorzuweisen. Zu gleicher Zeit fühlte sich Weiss im hohen Norden völlig verlassen und so sehr deprimiert, daß er kaum zur künstlerischen Arbeit fähig war. Aus der Ferne mußte ihm Zürich als eine „Friedensinsel" erscheinen, auch wenn das Leben in diesem unerreichbaren Idyll für die Emigranten Goldschmidt und Jungk keineswegs nur beglückende Erfahrungen bereithielt. Behördliche Restriktionen, rechtliche Unsicherheit, die ständige Überwachung sowie ein stets latent vorhandenes Mißtrauen gegenüber Fremden schränkten deren Bewegungsfreiheit ein.

[26] Vgl. dazu Aussagen in den Interviews mit Th. v. Vegesack (*Peter Weiss im Gespräch*, S. 29) und P. Roos *(Kat.)*.

Mit einer „jahrelangen Schwejkiade" hatte sich Goldschmidt der drohenden Einziehung zum Arbeitsdienst zu erwehren, und noch 1946 war seine deutsche und jüdische Herkunft mit ein Grund, daß ihm durch einen Professor die Habilitation verwehrt wurde. Jungk seinerseits geriet im Herbst 1943 für mehrere Monate in Internierungshaft. Dies wegen der fortgesetzten illegalen Tätigkeit als politischer Kommentator für die *Weltwoche*, dessen (jeweils mit Pseudonymen gezeichnete) Artikel die Nationalsozialisten hatten aufmerken lassen.

VIII

„Meine Anschauung war idealistischer Art. Ich habe, bis vor kurzer Zeit, in dem Glauben gelebt, daß ich meine Tage einzig der Ausübung meiner Kunst widmen müsse, daß mich nichts abhalten könne von meiner Arbeit, daß es eine heilige Pflicht sei, auszuharren auf dem vom Schicksal gegebenen Posten und daß ich Anerkennung und Bestätigung finden würde."[27] Mit diesen Worten, die eine Wende ankündigen, teilte Peter Weiss im April 1939 Hesse den folgenschweren Entschluß mit, daß er die nächsten Monate über in der Textilfabrik seines Vaters arbeiten werde.

Die Ankunft im schwedischen Exil war offenkundig ein Schock. Hatte Weiss im Tessin noch auf ein ungetrübtes familiäres Zusammenleben gehofft, wie aus Briefen an die Eltern herauszulesen ist, zerstörte die räumliche Nähe zueinander diese Vorstellungen. Mehr denn je fühlte er sich – wie ein *Caspar Hauser* – völlig isoliert, unverstanden und im fremdsprachigen Land dazu noch in die Anonymität und in die „Würdelosigkeit des Stammeldaseins"[28] zurückversetzt. Ohne einen Rückhalt, der sein fruchtloses Tun bestärkte, wurden ihm alle Zuversicht und alles Selbstvertrauen geraubt. Bisher hatte Weiss noch kaum je ernsthaft an seinem romantischen

---

[27] Peter Weiss an Hermann Hesse, Brief vom 4. 4. 1939; in: Rainer Gerlach (Hg.), *Peter Weiss*, S. 18.
[28] G. Anders: *Tagebücher und Gedichte*. München 1985, S. 91.

Künstlertum, an seiner Berufung dazu gezweifelt, allen Widerständen zum Trotz. Deswegen hatte er ja auch nie einen Beruf erlernt, die Lohnarbeit stellte jeweils bloß ein kurzes Zwischenspiel dar: er malte und dichtete und erträumte für sich ein freies Maler- und Dichterleben. Obgleich Weiss um die steppenwölfische Gefährdung einer solchen Existenz wußte, ließ er sich davon nicht beirren, weil sie wesentlicher Bestandteil seiner von Hesses Werk inspirierten Gefühlslage war. Jetzt aber, da der idealistische Lebensentwurf unter dem Druck der Exil-situation in sich zusammenfiel, beklagte er zum erstenmal nicht mehr nur das fehlende Glück oder die Isolation des (bürgerlichen) Außenseiters, sondern er stellte die Kunst als solche in Frage, wenn auch noch verbunden mit Schuldgefühlen und mit der Hoffnung, daß es sich dabei bloß um eine schnell vorübergehende Zwischenperiode handle. Immerhin: „Es gab keinen anderen Ausweg. Ihr wißt, das man in dieser wahnsinnigen Welt von Idealen allein nicht leben kann!" (Brief Nr. 25).

Die Außenwelt forderte ihren Tribut und ein unkalkulierbarer schmerzhafter Sozialisierungsprozeß wurde durch seinen Entschluß, in der Fabrik zu arbeiten, in Gang gesetzt. Weiss verließ die hehre Insel der reinen Kunst, seine selbstgefällige, nicht bezweifelte Lebensrolle: das „Inferno", das ihn „auszuharren" verpflichtet hatte, wie er im oben zitierten Brief an Hesse schrieb. Und er tritt ein ins „Purgatorio", ins „Schmiedefeuer", in dem sein Selbstbewußtsein und seine Kunst sich härten sollten. Lange vor seiner eigentlichen Politisierung, beginnt für Peter Weiss jetzt, im April 1939, die Kunst zum Medium des Zweifels und des Widerstands zu werden.

IX

Jacques Ayschmann, erinnerte Weiss sich später, „ließ zum ersten Mal eine Welt-von-außen in mich einbrechen"[29]. Das war 1936 in London. Als freistehendes Er-

---

[29] *Der Kampf um meine Existenz als Maler.* Peter Weiss im Gespräch mit Peter Roos; in: *Kat.*, S. 22.

lebnis jedoch blieb die 13tägige Freundschaft mit Jacques vorerst ohne Folgen: „Ich war schwerfällig, nach dem kurzen Aufschwung verlor ich die Kraft"[30]. Nun am Punkt des Scheiterns angelangt, spürte Weiss in sich die Kraft zur Veränderung und zur Öffnung nach außen. Die Welt ließ sich nicht länger ignorieren.

In dem Augenblick, als es nicht mehr genügte, alle Reize von außen bloß sich einzubeschreiben, ins eigene Ich aufzulösen und zu widerspiegeln, wurde das durch Hesse geprägte Ideal ersetzt durch die „schuldbeladene, verfluchte und verdammte Spießbürger-Welt" Kafkas. In ihr erkannte Weiss seinen Alltag außerhalb der Kunst wieder, seine Lohnarbeit, zu der er mit Unterbrechungen die nächsten Jahre über gezwungen war. Für das Unbehagen, die Mühsal und für den Verrat an der Kunst suchte er emotionale Kompensation in der Liebe. Die Liebe zu einer Frau sollte ihn die Eintönigkeit der Arbeit vergessen lassen und die Kluft zur schwedischen Umgebung überbrücken. Liebend wollte sich Weiss aus der mißlichen Lebenslage befreien, aber seine zahlreichen erotischen Abenteuer endeten fast durchweg in einem Zusammenbruch und im bittern Eingeständnis, daß er zur Liebe nicht fähig sei. Und als nach vollendetem Fabrikjahr im Sommer 1940 wieder etwas Zeit und Muße für die Malerei blieb, konnte Weiss auch diese nicht mehr nutzen, weil er die Hoffnung verloren hatte, mit seinen Bildern den gewünschten Durchbruch zu schaffen. Im März 1941 eröffnete sich ihm zwar noch die große Chance einer Einzelausstellung in der Stockholmer Mässhall, das spärliche Publikumsecho darauf schien seine düstere Skepsis indes nur zu bestätigen. Die existentielle Krise eskalierte. Niedergeschlagen und gedemütigt kehrte er als „verlorene[r] Sohn" ins Elternhaus zurück und einige Wochen später unterzog er sich einer psychoanalytischen Behandlung. Etwas Trost spendeten ihm in dieser Situation alte und neue Bekanntschaften. In Stockholm traf Weiss zwei Freunde aus der Prager Zeit wieder, Max Barth und Endre Nemes, und er

---

[30] *Abschied von den Eltern*, S. 114.

wurde bekannt mit dem Sozialpsychologen Max Hodann, dem Bildhauer Karl Helbig und vor allem mit Itta Blumenthal, die ihm im Sommer 1941 ein wichtiger seelischer Beistand war. Erstaunlicherweise aber finden die Letztgenannten in den vorliegenden Briefen keine Erwähnung. Wie sehr sich Peter Weiss die Trostlosigkeit und den Mißerfolg immer wieder auch selbst einredete, bezeugt die Tatsache, daß er sich über ein ungerechtfertigt negatives Presseecho zur Mässhallen-Ausstellung beklagte, welches sich, vorurteilslos aufgenommen, gerade durch seine differenzierten Töne der Neugier und verhaltenen Zustimmung auszeichnete. In der Kunst folgte wie in der Liebe auf die beflügelnde Hoffnung jeweils die niederschmetternde Depression.

Es ist ein problembeladener Peter Weiss, der sich in den Briefen der Jahre 1939 bis 1941 präsentiert. Er fühlte sich in seiner neuen schwedischen „Heimat" als Außenseiter, die ersten vorsichtigen Kontaktnahmen mit seiner Umgebung erwiesen sich als schwierig und schmerzlich. Unsicher und zweifelnd geworden, vertraute er den beiden Freunden in Zürich seine Sorgen und Nöte an. Er hatte sich in einer künstlerischen und existentiellen Krise etabliert, die noch einige Zeit fortdauern sollte.

X

Weiss' Kampf um die Kunst verrät eine ungeheure Anstrengung. Unter der Lohnarbeit litten Konzentration und Sensibilität, und erst allmählich gewahrte der Künstler Weiss, daß daraus auch bereichernde Erfahrungen zu gewinnen waren. Zögernd nur antwortete er auf eine frühere Ermahnung Goldschmidts mit Einsicht: „Und es ist dies eingetreten, was du mir gewünscht und prophezeit hast: daß man durchgehen müsse durch die ganze Fabrik (die ja Symbol ist) und daß man sie nur überwinden könne, wenn man sich selbst überwindet." (Brief Nr. 41)

Die Offenheit und Intensität der Korrespondenz zwischen Weiss, Goldschmidt und Jung lassen mit zunehmender Dauer und fortwährender geographischer Trennung nach. In den Briefen von Weiss ab Frühjahr 1941 macht sich eine gewisse Unverbindlichkeit bemerkbar, die sich in einem distanzierteren Tonfall äußert. Weiss *beichtet* nicht mehr persönliche Probleme und Nöte, statt dessen beschränkt er sich immer häufiger auf die sachliche Schilderung seiner Erlebnisse und Erfahrungen oder darauf, daß er konkrete Anliegen und Bitten vorbringt, beispielsweise im Zusammenhang mit der Mässhallen-Ausstellung. Es mag verschiedene Gründe dafür geben, der wichtigste ist vermutlich in der fortschreitenden Assimilation von Weiss innerhalb seiner schwedischen Umgebung zu suchen. Im Frühjahr 1942 begegnete er an der Stockholmer Kunstakademie der Malerin Helga Henschen, die ihn in die *gute* Gesellschaft der Hauptstadt einführte. Im Herbst 1943 heirateten die beiden und im Sommer darauf kam ihre gemeinsame Tochter Randi Maria zur Welt. Zu gleicher Zeit ergaben sich erste Kontakte zum schwedischen Dichterkreis der *Fyrtiotalisten (Die Vierziger)*. Die *Fyrtiotalisten* suchten den Anschluß an die ästhetische Moderne, sie entdeckten und übersetzten Kafka fürs schwedische Publikum und setzten sich mit dem französischen Surrealismus und Existentialismus auseinander. Sie befaßten sich also mit Themen und Tendenzen, denen Weiss früher schon einmal begegnet war und die er jetzt mit den schwedischen Dichtern teilen konnte. Die *Fyrtiotalisten* ließen Weiss auch die Schönheit der schwedischen Sprache entdecken und regten ihn an, vermehrt wieder zu schreiben und es in dieser Sprache zu tun. Sein literarisches Schaffen der Nachkriegsjahre offenbart enge Verwandtschaften mit den Autoren dieses Kreises, vor allem mit dem Werk des anarchosyndikalistischen Dichters Stig Dagerman[31]. Von ihm hat Weiss 1948 auch einen Text ins Deutsche übertragen.

Peter Weiss hatte in Stockholm Fuß gefaßt, doch die Suche nach einer künstlerischen Heimat war damit längst nicht entschieden. Sie sollte noch mehr als ein Jahrzehnt

---

[31] Bei der Übersetzung handelt es sich um die Erzählung *Der Verurteilte*, erschienen in *Neue Rundschau* 59 (1948).

fortdauern. Unterdessen war 1943 seine Korrespondenz mit Jungk und Goldschmidt, soweit sie erhalten ist, vorerst abgebrochen. Ihre Wiederaufnahme mit diesem im Jahr 1962 und nochmals zwischen 1976 und 1980 steht ganz im Zeichen der gemeinsamen Vergangenheit. Sie erinnern sich ihrer alten Freundschaft, auch wo sie Kommentare über ihre jüngsten Werke austauschen.

XI

„Die Welt, die ich malte, war die *Göttliche Komödie*", bemerkte Peter Weiss 1977 zu seinem bildnerischen Werk, das er 40 Jahre zuvor geschaffen hatte.[32] Die Aussage läßt aufhorchen, doch gibt ihre unvermittelte Bestimmtheit nicht preis, ob Weiss schon damals, 1937, Dantes Werk gekannt hatte. Unterstellen wir allerdings der strukturellen Eigenart, daß sein unveröffentlichtes Typoskript *Cloe* (1937) 33 Abschnitte zählt und einen Zeitraum von insgesamt 33 Tagen schildert, daß *Der Fremde* (1948) sich noch in 22 und *Der Schatten des Körpers des Kutschers* (1952) in 11 Abschnitte gliedern, eine Absicht, so ist die Bekanntschaft mit der *Divina Commedia* bereits lange, bevor Weiss in den 60er Jahren intensiv an seinem eigenen *Divina Commedia*-Projekt zu arbeiten begann, nicht unwahrscheinlich.
Bedeutsamer als alle kabbalistische Spielerei ist, daß mit obiger Bemerkung eine Beziehung hergestellt wird zwischen Dantes Epos und Weiss' Schaffen als Kristallisation existentieller Erfahrungen. Tatsächlich läßt sich Weiss' Leben mit Dantes Gang durch die drei Jenseitsreiche vergleichen – so wie ihn Weiss für seine ganz und gar diesseitige *Divina Commedia* umgedeutet hat. „Das Mittelstück", erläuterte er dazu erstmals 1964, „das *Purgatorio*, soll genau den Zustand des Zweifels ausdrücken. Es ist die Welt, in der wir leben, wo wir nicht genau wissen, wie wir uns entscheiden sollen, auf welcher Seite wir stehen sollen – diese absolut unentschiedene Situa-

---

[32] Jacques Michel: *Die zwei Leben des Peter Weiss* [5. Oktober 1977]; in: *Peter Weiss im Gespräch*, S. 224.

tion."[33] Literarisch ausgeführt hat Weiss die drei Reiche in seiner „autobiographischen" Trilogie[34]. *Abschied von den Eltern* führt uns ein Ich vor Augen, das von elterlichem Ordnungssinn gequält und ganz eingenommen von einer nicht bezweifelten Künstlerrolle in der „Hölle" der Kommunikationslosigkeit, im bürgerlichen „Inferno" schmort und – selbst als dessen Negation – ein Teil davon ist. Äußere Umstände erzwingen in *Fluchtpunkt*, daß dieses Ich sich allmählich im starren Gefüge zu regen beginnt, Fragen stellt, individuelle Formen des Widerstands entwickelt und in einem schmerzlichen Prozeß das „Purgatorio" sowohl des (Selbst-)Zweifels wie der Fühlungnahme mit der Außenwelt zu durchwandern beginnt, um schließlich in der *Ästhetik des Widerstands* für sich das „Paradies" der Entschiedenheit, des politischen Widerstands zu gewinnen und, Dante vergleichbar, im letzten Band dieser Romantrilogie den Gang zu den Opfern des Nationalsozialismus anzutreten. Dieses zugegebenermaßen schematische Modell findet Bestätigung durch Eintragungen in den *Notizbüchern 60/71*: „In PURG die Argumentation, warum er nicht kämpfte -"[35], „PURG – Die Begegnung mit den Eltern / INF – Die Fragen nach Beatrice -", oder „PURG – Jean + Niki / Carlo / Gunilla Annalena Kerstin / Bill + Beryl / alle meine Kinder"[36]. Sie bezeugen den biographischen Stellenwert der *Göttlichen Komödie* für Peter Weiss. Zwei

[33] Peter Weiss im Gespräch mit A. Alvarez, November 1964; in: a. a. O., S. 55.
[34] Vgl. I. Heidelberger-Leonard: *Abschied von den Eltern, Fluchtpunkt, Die Ästhetik des Widerstands – eine autobiographische Trilogie?*; in: *Ästhetik, Revolte, Widerstand*, Ergänzungsband, S. 39–46; unter Einbezug von *Von Insel zu Insel*, in dem erste Ansätze zu einer „autobiographischen" Prosa und viele Motive zu *Abschied von den Eltern* angelegt sind, und mit *Rekonvaleszenz*, einem Text aus dem Nachlaß, könnte sich die Trilogie allerdings zur Pentalogie weiten.
[35] *NB 60/71*, Eintragung vom Oktober 1964, S. 299.
[36] *NB 60/71*, Eintragungen vom Mai/Juni 1966, S. 495 und 500. Mit dem Namen Beatrice ist in erster Linie Dantes Führerin durch das Purgatorio gemeint, er schließt aber auch Weiss' ge-

Lebensjahrzehnte lang dauerte sein „Schmiedefeuer"[37] der Unentschlossenheit, die Suche nach einem künstlerischen Medium, nach einem echten Gespräch mit der Welt und endlich nach einer klaren Stellungnahme zu den politischen Fragen. Im Werk der 40er und 50er Jahre spiegelt sich dieses Bemühen. Die *Divina Commedia* steht bei Peter Weiss somit nicht nur für ein umfangreiches Werkprojekt, das er intensiv verfolgt und das schließlich zum Roman *Die Ästhetik des Widerstands* geführt hat, sie prägte gemeinsam mit Brueghels künstlerischen Imaginationen auch seine Bilderwelt und kann in einem ganz persönlichen Sinne als Symbol für seine individuelle Entwicklungsgeschichte betrachtet werden. Unter ihrem Zeichen erscheint sein in stilistischer wie materieller Hinsicht heterogenes und umfangreiches Schaffen als ein künstlerisches Kontinuum aus Brüchen und Widersprüchen, Zweifel und Bewußtsein.

In diesem Kontinuum bilden Peter Weiss' Briefe an seine Zürcher Freunde ein Gegenstück zur *Ästhetik des Widerstands*. Sie lenken unsere Aufmerksamkeit auf die Wurzeln seines sozialen Gewissens, auf seinen subjektiven Erfahrungskosmos, sie enthüllen eine exemplarische und ermutigende Entwicklungsgeschichte, die widersprüchlicher verlief als jene der Ich-Figur in der *Ästhetik des Widerstands* und deshalb auch der gelebten Wirklichkeit näher kommt. Unter dem Aspekt der Vergegenwärtigung von Weiss' individuellem Politisierungsprozeß könnten die vorliegenden Briefe vielleicht eine erneute Lektüre der *Ästhetik des Widerstands* anregen und lohnenswert erscheinen lassen.

liebte Schwester Margit Beatrice nicht aus. Bezüglich der Funktion Dantes und Beatrices für PW, vgl. die Arbeit von L. Fischer: *Dokument und Bekenntnis*, in: *Text und Kontext*, 5. Jg., Heft 1, Viborg 1977.

[37] *Die Gezeiten*, uv. Typoskript, S. 124.

Danksagung

Die Mehrzahl der hier versammelten Briefe stammt aus dem Besitz von Hermann Levin Goldschmidt. Er hat sie aufgehoben und damit auch einem Wunsch von Peter Weiss selbst entsprochen. Der Wert von Goldschmidts Voraussicht läßt sich daran ermessen, daß seine und Jungks Briefe leider fast alle verlorengegangen sind und hier nun fehlen. Ohne seine und Robert Jungks Mithilfe hätte dieser Band nicht entstehen können.

Unser Dank richtet sich ebenfalls an Gunilla Palmstierna-Weiss, an Jürgen Schutte von der Akademie der Künste in Berlin, an die Internationale Peter Weiss-Gesellschaft (IPWG) sowie an alle, die an dieser Edition mitgeholfen haben.

Beat Mazenauer

Hermann Levin Goldschmidt
Tagebuch der Wanderung vom 7. bis 14. September 1938

Rotschuo-Herberge, zw. Vitznau und Gersau , 20.50, den 7. 9.

Gestern mittag faßten wir überraschend den Plan, in den Tessin zu trampen, und heute um 3 war Aufbruch. Oben bei Frau Reichstein, Fotografereien. Aufgeregte letzte halbe Stunde, dann fuhren wir mit der Straßenbahn zum Bürkliplatz, der Dampfer nach Thalwil war vor zwei Minuten abgefahren. Zum Paradeplatz, mit der 7 hinaus ins Sihltal, las. – Die Welt voll Kriegsunruhe, Aufregungen, Leid – trotzdem! (Sitze im getäfelten Saal der Herberge, Jk und Weiß Abendspaziergang, hier im Saal ein Engländer, eine Zürcherin). Zuerst gingen wir die Ausfallstraße entlang, dann hielt der erste Lastwagen für uns an. Der Fahrer hatte Remarques Drei Kameraden gelesen. Ab Adliswil ein Stück zu Fuß, dann wieder in einem Lastwagen bis nach Luzern hinein. Hinten im Wagen, Blicke in den Himmel, auf die zusammenschrumpfenden Menschen und Bäume (besonders ein Mann mit rotem Vollmond-Gesicht), die Straße. Aber alles zu schnell, keine Wirklichkeit, Träume.
In Luzern auf der Holzbrücke, Käse und Butter besorgt, dann am See entlang. Noch drei Autos nahmen uns mit, ein Lastwagen, ein Holländer, der für mich an der Astrid-Kapelle hielt, und der Süßmoster von Brunnen. Dunkelheit. Am See entlang, Vollmond, der Fahrstuhl des Bürgenstocks , die kleinen Orte. Von der Landstraße – eben Mondscheinspaziergang am Strand, vorher also: von der Landstraße stiegen wir zum See hinab zur Herberge. Massenlager. Pfefferminztee. Dann Mondscheinspaziergang, am Strand entlang, die Lichtwürmer, die Berge, das Gekrächze, wohl der Möwen, nun ins Bett. Dank!

Gestern standen wir in der schönen Rotschuo-Herberge gegen 7 auf; Sonnenschein, See und Berge in zarten Nebeln. Gefrühstückt (ich erregte Aufsehen durch den Wunsch nach einem Eierbecher), dann Aufbruch. Auf der schönen Uferstraße bis Gersau, die Bäume am See, in Gersau eine Holzschleiferei, der Park, die Ang[l]er auf der Ufermauer. Dann, in einem Lastwagen, wunderschöne Fahrt über Brunnen nach Sisikon. Von Sisikon auf der Axenstraße zur Tells-Kapelle gelaufen; enttäuschende Steinbude mit schlechten Bildern, aber schön in

Drei Freunde unterwegs nach Montagnola

den See ragend. Dann, langwierige Wanderung und Pausen, um ein Auto nach Altdorf zu fassen; schließlich gelang es nach Trennung, Peter voran, dann Ro und ich.

In Altdorf eine Zahnbürste gekauft (der Mann, der uns hinfuhr, übrigens Uhrenhändler: Wecker), dann an der Ausfallstraße in einem italienischen Ristorante Spaghettis mit Tomatensalat. Auf der Straße weiter bis zu einer Wiese. Dort in der immer geringeren Sonne gelegen; einer stand an der Straße und hielt die Autos an. Erste Ahnung eines Schnupfens (der mich jetzt in jeden Satz dreimal stört). Peter und ich fuhren dann mit zwei Zürcherinnen bis Andermatt. Großartige Fahrt, offener Wagen, das zusammenschrumpfende Tal, die Berge, dann kahle Hänge, bloße Felsen, schaurige Einsamkeit (oder Ahnung von ihr; im Auto hat man ja überhaupt nur Ahnungen; man erahnt die Dinge und erlebt die Erahnungen, aber nicht die Dinge selbst).

Die alte Brücke, der alte Pfad, die Teufelsbrücke, viele hinunterziehende Truppen. Von Andermatt nach Hospental gelaufen. Hochebenenweg, windig aber angenehm, Schluck aus der Pulle. Wir waren schon halb durch Hospental – auf dem Weg zum Gotthardhospiz, das wir wenigstens noch erreichen wollten (um schließlich in Ascona zu landen – so ändern sich Absichten und Ziele auf solchen Fahrten), als Ro hinter uns herlief und uns zu einer Autofahrt nach Locarno einlud. Ein junger Schultheß wohnt mit Bruder und Mutter im Tessin, nahm uns mit. Erst tranken wir noch Tee und Kaffee im Hospentaler Gasthof. Dann los über den Gotthard.

Erregende Fahrt durch die Paßlandschaft des Gotthard, die Reuss, die Felsen, der alte Pfad, dann Nebel, dräuende Naturgewalten, Ahnung von Drachen und Vorweltlichem. Gotthardhospiz, und nun nur noch Nebel. Warte vergeblich auf Südliches, die Landschaft verändert sich kaum. Schöne Straßenschleifen, tief unter uns Airolo (und bald wieder über uns), Festungsbauten.

Über Bellinzona nach Locarno durch Dämmerung und Nacht. Die Burgen von Bellinzona beleuchtet. Kurz nach Acht in Locarno. Vegetarisches Restaurant, dann durch die Arkaden, und als wir umkehren wollten, um

Skizze von Peter Weiss aus dem *Tagebuch*, 10. September 1938

zur Jugendherberge zu gehen, faßten Peter und Ro rasch den Plan, die Strecke nach Ascona zu laufen und dort zu übernachten. (Träume von Tanz, Musik und Meechen). Na, ich mache ja alles mit, auch das, was ich allein nicht machen würde – aber ich war ja nicht allein.

Tolle Wanderung über Wiesen und schmale Pfade nach einer Chesa, die einst Ro beherbergt; als wir so gingen; hinter uns, wie ein irdischer Sternenhimmel Locarno lag, um uns die Berge, die Ahnung des Sees (Mensch, der Lago Maggiore – wer dir das vor zwei Tagen gesagt hätte!), die Bäume – als wir so gingen, das heißt rannten, von den Meechenträumen der beiden beflügelt, kam mir der Titel dieses Abenteuers: Sinnlose Nacht. Das beruhigte mich; wenn wir etwas bezeichnen können, glauben wir, es überwunden zu haben.

Ro's Casa, Bank vor dem Haus, er ging hinein, Pit und ich blieben draußen; ein verkrüppeltes Weibchen huschte auf die Straße, dann: Alles besetzt. Also: wir landeten in einem Hotel in der Nähe, mir ja gleich, aber für den 20-Franken-Peter vielzuviel; na, er hatte es ja gewollt. Ein Zweibettenzimmer und eins für mich allein. Ich ging ins Bett, Ro und Peter bummeln.

Nun ist es schon 8.20, noch immer platscht der Regen, der mich schon heute Nacht erschreckte – inzwischen habe ich mich an ihn gewöhnt; noch immer muß ich niesen, und noch immer habe ich nichts von Ro und Peter gehört. Wie gesagt: ich bin verschnupft, ich habe erste Blasen, es regnet – ich bin zufrieden. Was will ich mehr?

Heute geht es nach Montagnola , wenn wir nicht in Mailand landen. Alles Gute!

Montagnola, Casa Camucci , den 10. 9. 38, 9.20

Mittlerweile ist es 11.50 geworden; noch immer sitze ich in der Küche; Ro ist einkaufen gegangen, Pit zur Post und zu Hesse. Zuerst der Bericht. Jk und Pit erwachten gestern spät; sie hatten in Ascona nur Regen und Müdigkeit erwischt; ich frühstückte allein; endlich, gegen

10.30 brachen wir auf. Stimmungsvolle Wanderung nach Locarno, wie überhaupt trotz des unaufhörlichen Regens – der auch jetzt noch und wieder niederrauscht – viel Stimmung war: der gelbgrüne Weg, die Pfützen, die Gärten, der Berg über Locarno grün behaart, Kirchtürme aus dem Nebel tauchend, bald der See, bald bloß Ahnung des Sees, vor uns Pit im Regenmantel.

Im Vegetarischen Restaurant nahmen wir ein Frühstücks-Mittagsmahl, dann ab nach Lugano. Unaufhörlicher Regen, unendliche glatte Straße vor uns, bald ganz durchnäßt. Trennung, Ro hinter Pit und mir. Schließlich

Kurze Rast am Wegrand: Hermann Levin Goldschmidt

stellen Pit und ich uns unter eine Art Schießstand, wechseln in Eile und mit Schwierigkeiten die Strümpfe, immer einer muß wachen und, wenn Autos vorbeikommen, auf die Straße rennen und winken. Ro fuhr an uns vorbei, in einem vollen Wagen; allerdings waren wir nicht sicher, ob ers war.

Allmählich hörte der Regen auf und so gegen 2.30 gingen wir weiter. Quer durch das Tal und über den Tessin auf einer herrlich glatten, graden Autostraße. Und dann, als wir schon lange gelaufen waren und die schöne Natur und die Talstimmung über hatten, begann es wieder zu regnen. Glücklicherweise faßten wir nun ein Auto ab,

In Montagnola: Peter Weiss und Robert Jungk

Peter Weiss

einen Berliner mit Frau, einer konnte vorn sitzen, einer sich hinten in den Klappsitz kauern. Pit drängte sich nach vorn, ich, kaum noch verschnupft, setzte mich hinten hinein. Hatte mir allerdings die Wind- und Regenverhältnisse erfreulicher vorgestellt, es wurde scheußlich. Furchtbarer Zug, Regen, Einsamkeit usw. Na, schließlich erreichten wir Lugano, d. h. ich sah Dächer, und dann hielten wir. Trafen zufällig, kaum daß wir die ersten paar Schritte zur Hauptpost, unserem Treffpunkt, gegangen waren, Ro, der über Bellinzona gefahren war.

Hauptpost, dann durch die Freßstraße unter den Arkaden; ich kaufte, naß und erkältet wie ich war, ein Fläschchen Kognak und trank es aus. Dann Weg nach Montagnola, sehr schön, ich ein bißchen taumelig. Die Mädchen beim Einzug in Montagnola, Lachen, Singen. Casa Camucci. Ein alter Palazzo, Pits Räume vom vorigen Jahr, ein großes Atelier. Kleiderwechsel, ich furchtbar erkältet, harter Kampf mit dem Strömen der Erkältung, bis mir Pit gegen 21.45, als ich schon anderthalb Stunden gelegen war, ein Gläschen Malaga brachte; dann schlief ich ein. Erwachte heute früh einigermaßen geheilt. Sitze nun in der hübschen, gemütlichen Küche, und bin trotz des Regens, der uns um eine der schönsten Landschaften bringt, zufrieden. Montagnola wundervoll, auf einem Berge, davor noch Tal, erst dahinter Lugano und der See, der sich in der Ferne verliert. Hier oben eine Kirche und die Palazzi so wie ich sie mir geträumt.

Montagnola, den 11. 9., 8 Uhr

In der Früh, an einem herrlichen Sonnentag, vor einem Ausflug zum Madonnenfest in Carona. Gestern: vormittag in der Küche, gutes von Ro gekochtes Mittagessen, Reis mit Tomaten, Aprikosenkompott, dann etwas ausgeruht, nachmittag im Sonnenschein durch den Ort zum Nachtigallenturm, dann im Camuccigarten (Feigen vom Baum gegessen!), dann runter nach Lugano, und ich zurück mit dem Autobus. Nettes Abendbrot zu dritt, früh ins Bett.

19 Uhr. Nach einem schönen Tag, und er geht noch weiter. Frühstück, dann zu viert Aufbruch nach Carona, der Vierte: ein junger Musiker Brägger. Schöner Weg durchs Tal und den Berg hinauf, Traubengärten, überall die Kirchenspitzen, wirklich blauer Himmel. Ein Turm auf dem Berge, Carona, die Kirche, Messe, der Strahl von oben, von draußen der Blick über das andere Ende des Luganer Sees und über die ganzen Täler bis zu den Schneebergen. Mittags im Walde bei der Kirche: eben Ro mit herrlichen Sachen für eine Minestra. Schluß. Danke!

Hotel Galenstock, auf der Furkastrasse, den 12. 9., 19.45

Heute einen herrlichen Weg mit Ro von Lugano über den Gotthard bis hierher, aber erst noch den Vortagsbericht!

Nachdem die Messe aufgehört hatte, strömte alles zu den Bänken und Buden, die im Walde aufgeschlagen waren – ganz wie sonst allerdings nicht, da es die ganze Woche geregnet hatte. Ro besorgte noch Käse im Ort, dann tranken wir Wein (den ich spendete), aßen Suppe und Risotto, sehr teuer aber lustig, und Kalbfleisch (von Ro gestiftet). Im Walde gesonnt, dann wieder zur Kirche, wo die Kapelle von Montagnola anrückte und schrecklich bumste. Der Fahnenträger mit den weißen Handschuhen. Die Briefträgertypen (sowohl gewesene, als seiende, als werdende). Aber die Prozession sollte erst in anderthalb Stunden sein, darauf wollten wir nicht warten und gingen unter der Führung Bräggers auf anderem Weg zum See hinunter (dem anderen Ende des Luganer Sees) – eben ein Ferngespräch mit Konrad angemeldet, Deutschland hat mobilisiert, fürchterlich! – also wir gingen hinunter, durch ein altes Kloster, alte Wandbilder, Ruinen, Nußbaum. Kamen zum See und gingen an ihm entlang (Ro wartete auf ein Abenteuer).

Sahen schon von weitem ein Haus, dessen Loggien uns besonders gut gefielen. Es gehöre der geschiedenen Frau von Norbert Jacques, sagte Brägger, ob wir sie besuchen wollten, zumindest würde es Wein geben – wir wollten es und gingen hin. Das Ende war, daß Pit ein Atelier in diesem Haus mietete, und wir alle von ihm und seiner Besitzerin – in ihrer Art – begeistert waren. Breiter Bogenfenstergang, daran eine Reihe Zimmer, in jedem nur wenige, aber echte Tessiner Möbel, auch ausgesuchte Bilder, mehrere Hofers, der dort, in Pits Atelier, lange gemalt hatte.

Dann auf einem wundervollen Waldrandweg nach Montagnola. Dort auf dem Glockenturm der Casa Camucci gesessen, dann großartiges Abendbrot gemacht: Minestra, Eiertoaste, Feigenspeise. Nachher geredet, abgewaschen, wieder auf den Turm gestiegen, die Glocken geläutet, den Mond und das leuchtende Lugano angesehen, schließlich noch bei Brägger etwas Musik gehört, kurz nach 11 ins Bett.

Heute früh gegen 9 aus Montagnola fort, von Pit und Brägger bis Lugano begleitet. Dort auf der Post, wo nichts für mich, und auch für Ro nicht der Paß, sodaß wir die Durchreise durch Italien aufgeben mußten. Zurück über den Gotthard...

Briefe 1938–1980

1 *P. Weiss, R. Jungk und H. L. Goldschmidt an K. L. Goldschmidt*

[Ansichtskarte]
[Poststempel:] Gersau 8. IX. [19]38.
8. 9. [19]38, 8.15

Lieber K,

Gestern nachmittag fuhren wir in 5 schönen Lastwagen & Autos über Zug & Luzern hierher. Schöner Sonnenschein. Heute geht s über den Gotthard. Erwarte Post von Dir in Luzern. Schliefen heute in der Jugendherberge. Gestern abend Vollmond.

Alles Gute, viele Grüße, H[ermann].

Gruß P. U[.] Weiss

und

Robert Jungk

2 *P. Weiss an H. L. Goldschmidt*

[Postkarte]
[Poststempel:] Lugano 18. IX. 1938

Weiser Abbt Hermanus,

der gantz erbermlich Bruder Pietro del Carabbietta dankket für die Aufmercksamkeyt, die der Herre Abbt ihm zu schenkken geruten. Besaget er sodann hiemitt, das er zu thun gewillet ist, was der Herre Abbt ihm auff=getragen, gelobet er, noch sellbigen Thages aus=zuführen, wes seine Auff=gab ist. Soll also die besagt Nach=richt gesant wern an die hochwollöblich Damen, die gelahrte Heiderin, allsdann dem Herre Clementio. Hoff zu Gott, das meyn nichtswürdig Arbeyt in EUER Augen Wol-gefallen erreget u. bin auch bereyt eyn kerglich Allmosen aus Euer Handd anzunehmen, sey es noch so kleyn, be-

Weiser Abbt Hermanns,

der gantz erbermlich Bruder Pietro del Carassietta
danckket für die Auffmercksamkeyt, die der Herre
Abbt ihm zu schenkken geruten. Besaget er
ьann hiemitt, das er zu thun gewillet ist.
was der Herre Abbt ihm auff=getragen, gelobet er, noch sellbigen Thages auszuführen,
wes seine Auff=gab ist. Soll allso die
besagt Nachøricht gesant wern an die
hochwollöblich Damen, die gelahrte
Heiderin, allsдann demm Herre
Clementio. Hoff zu Gott, das meyn
nichtswürdig Arbeyt in EUER Augen
Wol-gefallen erreget u. bin auch
berejt eyn kerglich Allmosen aus
ьer Handß an zunehmen, sey es
noch so kleyn, beschwör das meyn
Betragen in Zukunfft nichts zu wünschen übrieg lasset —   ./.

Brief vom 18. September 1938

schwör daß meyn Betragen in Zukunfft niechts zu Wünschen übrieg lasset -
Euer Großer Abbt ergebener Dienner undd zu all Diensten bereyt
Fra Pietro del Carabbietta

3   P. Weiss an R. Jungk und H. L. Goldschmidt

[Carabietta, erh. 9. November 1938]
Liebe Brüder im Geiste! Nicht liegt es mir ob u. nicht
fühle ich mich befugt, den berühmten „Noch einmal"
Brief zu schreiben. Sans beaucoup de mots! Und das ist
mehr Dank als alles miteinander. Die Brumes haben
mich auf meiner Reise begleitet u. umschweben mich
auch jetzt noch. Die eine getragene, eintönige, immer
wiederkehrende Melodie aus dem Film verfolgt mich,
ich summe sie immer vor mir her u. gestern nacht war
sie mein Lied mit dessen Begleitung u. Klang u. unter
dem dunklen Mond [ich] nach Carabbietta wanderte. Es
war schön, klar u. voller Sterne der Himmel, ganz still,
die Landstraße mild u. sanft schimmernd, dazu das Auf-
klappern des Stockes auf dem Pflaster. ———
Eben rieft ihr mich an, mein Astralleib war schon in
Schwingungen versetzt, ich lauschte, vernahm aber nur
ein großes Schweigen. Jetzt sehe ich aber, zu meinem
endlosen Staunen u. zu meiner übermäßigen Verwunderung, daß das letzte Wort, das ich vor eurem Anruf
schrieb: Stock war, daß ich also an den Stock dachte. Mit
etwas Verspätung kam der Stock an, aber man muß eben
bedenken: die Alpen liegen zwischen uns u. auch für
einen medialen Stock ist es kein Leichtes, sie zu über-
fliegen. Denkt doch an die Steigung! Der Stock kam also
um 1.24 hier an, brauchte also genau 24 Minuten bis Carabietta. Wissenschaftlich hoch interessant. Ich habe
eben dummerweise einen zu abstrakten Begriff zu ###
senden versucht, das gelang aber noch nicht. Jedoch stehen wir ja noch am Anfang unserer Versuche! Jedenfalls

fein, 'daß ihr noch anrieft, telefonisch gehen die Übertragungen vorläufig doch noch einfacher.

Bob, du Schuft! Warum die Anspielung auf Hotz? Traust du dem Frieden immer noch nicht? Schuft! Sei verflucht! Sans beaucoup de mots!

Hermann, deine Stimme kam ruhig, fest u. voll innerer Kraft aus der Ferne, sie gab mir Kraft. Ich bin noch nicht ganz wieder mit dem Carabbietta=Weiss verbunden, es scheint mir, als wäre ich Monate fort gewesen. Hermann, dein ruhig-verhaltener, männlich-äbtlicher, aufrecht-gerader, überlegen-sicherer Bariton richtete mich auf.

Bob, dein Klosterbüchlein ist wunderschön. Vor dem Kino saß ich am Bellevue auf der Bank, umbrandet vom Verkehr, von Sonne bestrahlt, wie auf einer Insel beim Wackenroder u. Tieck.

Heut morgen habe ich schon gearbeitet, bin aber doch noch nicht ganz auf der Höhe, kann mich noch nicht recht konzentrieren, noch bin ich von den großen, erfüllten, schönen drei Stadttagen ganz umfangen.

Ich will jetzt hinaufgehen zu Hesse. Vielleicht gibt's oben schöne Musik, die beruhigt mich vielleicht.

Schreibt mir, selbst wenn ihr arbeitsmäßig stark besetzt seid, mal! Ich grütze eich vo ganzer Herz umduftet ambraräuchlich und karyben, lagernd auf rosenblätternbelegter ## u. erwartender Sch[l]afstätte.

Addio P.!

Bob, soll ich eigentlich die Zeichnungen der Fläschchen u.s.w. schon machen? Du wirst mir aber doch wohl erst das Manuskript schicken? Sagt mal, wann habt ihr eigentlich Geburtstag?

4   *P. Weiss an H. L. Goldschmidt*

[Carabietta,] 15. Nov. [19]38

Lieber Hermann, du wenigstens bist treu, Bob, das Luder, schreibt ja doch nie – nichtsdestoweniger grüße ihn bitte von mir. Für deinen Brief vielen Dank, eigentlich sollte ich ja böse sein über die bedachtermaßen mir zugefügte Beleidigung: ich stelle das bald vor die Freunde – es ist aber heute keine Zeit, um böse zu sein u. außerdem (du hast recht) bin ich wirklich manchmal geizig. Das ist aber keine feste Eigenschaft, es ist mir entstanden durch die ewige Geldknappheit, meine Kurzgehaltenheit, was Pekunia betrifft – und übrigens bin ich im Begriffe, mir sie abzugewöhnen, nicht weil meine Geldmittel im unerhörten Steigen begriffen sind, sondern aus anderen, die „innere Reife" betreffenden Gründen.

Ich danke dir für die Gedichte, von denen ich nicht zu sagen wüßte, welches ich vorziehe. Am meisten sprach mich der erste Vers vom Schein u. Sein an, da ist viel Musik drin, das schwingt schön, – was ich bei anderen Versen von dir manchmal vermisse. Bei dir ist mir oft zuviel stählernes Wort (wie auch in deinen Anschauungen) zu wenig freies Spiel u. Pendeln in den Lüften. Jedoch ist's gut (für Bob auch)[,] zuweilen einen solchen Fels vor sich zu haben, als Gegenstück, wie du es zu sein scheinst. Ich sage: scheinen, denn im Grunde glaube ich manchmal nicht ganz an deine Petrushaftigkeit. Bist du dir klar – wie weit dieser Fels wirklich fundamentiert ist? Aber vielleicht soll man nie fragen – vielleicht bist du übrigens auch wirklich so ruhig, gemessen, fest – wie du scheinst. Und ein wenig Komödie spielen wir ja alle.

Was treibt ihr jetzt? Die Vorlesungen werden euch stark ausfüllen, nehme ich an. Auch ich arbeite, intensiv wie selten. Ich male, zeichne, schreibe auch. Auf Bobs Ergebnisse (nicht die commerziellen) bin ich gespannt. Hoffentlich wird ihm die Leda nicht wirklich zum Leder, das er schließlich doch fortwirft, weil's ihm zu hart wird. Ich bin überhaupt gespannt, wie Bob sich weiter entwickelt, welche Seite stärker in ihm wird. Denn ich glaube nicht an seine Idee von den zwei-Leben-leben. Ich glaube nur an eine ganz ausgefüllte u. ausfüllende Arbeit, der man sich hingibt. Nicht dies Jonglieren mit zwei Tellern; Einer muß einmal fallen u. in Scherben brechen. Ich wünsche ihm alles Glück: er soll nur eines sein, und das richtig u. groß, entweder ein großer Weltmächtiger, Gesellschaftsgründer u. Komplotteur oder Dichter. Mein Freund wird er bleiben so oder so. Wenn wir uns nicht doch eines Tages eines Mädchens wegen tödlich entzweien. Das kannst u. willst du ja nun wieder nicht verstehen. (à propos: wie sieht's diesbezüglich eigentlich da in deinem Allerinnersten aus. Bist du im Allerheiligsten auch dieser Gegner aller irdischen Genüsse?) Verzeih! Ich rühr an Verborgenes! Meine Feder ist allzusehr im Fluß. Bändige dich, Feder, sei mir gefüg, gehorche mir, Feder – [Tuschkringel und -punkte beenden den Satz]

────── Du siehst, die Feder gehorcht mir nicht, sie läuft in meiner Hand davon, tut Dinge, die ich eigentlich garnicht will, lebt ihr eigenes Leben in meiner Hand. So geschieht's mir mit vielem. Oft rennt mir etwas davon, das doch eigentlich zu mir gehören müßte, tut ein paar Sprünge, schlägt ein paar Purzelbäume (manchmal gehen Aschenbecher dabei kaput: frag' Bob u. Maggie!), bis ich's wieder in der Hand habe.

Feder, jetzt hab' ich dich wieder in der Hand.

Grüß mir den Amico Robertus, dir ein Salute und Te deum, der Welt meinen Hintern – nein, was schrieb da die Feder schon wieder – meine Brust meine ich. Seid alle umarmt vom Bruder Pietro

P. S. bitte schreibe das nächste Mal etwas deutlicher, einiges in deinem Brief blieb mir unklar, weil ich's einfach nicht entziffern konnte!

P. S. Wenn ich an Zürich denke – so ist's immer noch ein seliges Anklingen in mir!

5   *P. Weiss an H. L. Goldschmidt*

[Carabietta, erh. 25. November 1938]

Lieber Hermann, ich rufe dich als Schlichter an in deiner Weisheit. Denn heute kommst du mir wirklich weise vor, ohne Spaß, in deiner Nüchternheit dem weiblichen Geschlecht gegenüber. Vielleicht bist [du] deshalb nicht bis ins tiefste Innerste fähig, mich u. Bob (wie du gleich weitersehen wirst) zu verstehen. Es ist nämlich jetzt zwischen uns zum Krachen gekommen, erst kam mich das Lachen an, jetzt aber bin ich sehr traurig darüber. Ich muß dir also jetzt den Fall berichten (vielleicht hat Bob dir auch schon erzählt):

Gestern früh erhielt ich von Bob auf einer offenen Postkarte einige recht grobe u. stillose Beschimpfungen, die in anderen Zeiten Grund zu einem Duell geben könnten ### : die besagten, das ich ein verlogener, gemeiner, charakterloser Schuft sei u. für ihn gestorben! Zuerst faßte ich's als – wenn auch geschmacklosen – Scherz auf, dann aber, als ich sah, daß es Ernst war, berührte es mich traurig. Der Anlaß zu # der leidenschaftlichen Beschuldigung auf der, *für alle Blicke offenen* Postkarte war folgender:

B. u. ich lernten in Zürich im Sept. das Mädchen X kennen. Ich verliebte mich ins sie, verabredete mich mit ihr, es ging sehr gut zwischen uns, wir wollten uns schreiben u. sie wollte mich besuchen kommen in Carabbietta. Dann mußte ich wieder fortfahren, ich schrieb, sie schrieb auch, der Brief ging aber verloren u. fand sich erst später hier in der Post wieder, wo ich ihn jetzt vor einigen Wochen erst erhielt. Zum Geburtstag war ich dann wieder in Zürich, wir kamen gleich auf X zu sprechen u. ich war in meinem Urteil über sie etwas kühl, da ich annahm, daß sie von mir nichts mehr wissen wollte, da ja unglücklicherweise # ihr Brief an mich vertrödelt wurde. Es stellte sich heraus, daß B. sich inzwischen in X verliebt hatte u. ich, in meiner Freude, ihn u. Zürich wiederzusehen sagte, ich würde keinerlei Interesse an X mehr äußern, woran ich auch wirklich glaubte. Wir sahen an diesem Tage X u. ich, an die Stunden mit X vor einem Monat denkend, verliebte mich wieder, wollte es nun natürlich aber nicht zeigen. X sagte mir, daß sie mir doch geschrieben hätte, sie wäre selber verwundert, warum ich nie geantwortet u.s.w. Ich war aber im besten Willen, mich in der Gewalt zu haben u. mich von X zurückzuziehen. Am nächsten Tag machte ich Einkäufe in der Stadt – da traf ich X. Dieses Zusammentreffen nahm mich ziemlich mit, ich erzählte X von meiner Lage – es blieb mir nichts anderes übrig u. es war in diesem Falle keine Indiskretion. X sagte mir, daß sie mich immer noch sehr gern hätte u. daß sie in B. niemals verliebt sein könne, daß sie ihn nur kameradschaftlich sehr schätze. Jedenfalls brach der Strom der Verliebtheit wieder in mich zurück, ich bin da nicht stark, ich brachte eben die Kraft nicht auf, trotzdem den Kühlen zu spielen – vor allem da ich von ihr hörte, das ich ihr noch sehr lieb sei u. das Bob doch nicht das Glück bei ihr hatte, das er zu haben erhoffte.

Am Abend mußte ich dann schon wieder fortfahren u. da niemand von euch mich zur Bahn bringen konnte besprachen wir, daß sie, X mitkäme. Das war natürlich, # der Bob gegeben[en] Zusicherung gemäß, verlogen u. charakterlos. Ich wollte es B. erst erzählen aber ich dachte, es würde ihn nur unnötig erregen u. uns womöglich *doch* entzweien. So schwieg ich also u. schwieg bis heute. Nun hat er's aber doch irgendwie erfahren, wie, ist mir schleierhaft – vielleicht ist's auch nur eine bloße Vermutung seinerseits – jedenfalls soll es hier zur Sprache kommen. Ich sehe jedenfalls, daß unsere Freundschaft augenblicklich in eine tiefe Schlucht zerbrochen ist, glaube aber nicht, daß dies so bleiben kann, glaube viel eher, daß wir später einmal sehr über dieses traurige Ereignis lachen werden – wenn's Bob nicht weiter vorzieht, den Gekränkten u. Beleidigten zu spielen.

Hehrer Abt, vermagst du mir wohl, weise zu schlichten u. zu raten?

Herzlich[s]t P.

6 *P. Weiss an H. L. Goldschmidt*

[Carabietta, 28. Nov. 1938]

Mein lieber Hermann, noch einmal sieben Tage schweigen kann ich nicht – lange genug habe ich mich schon in mich versenkt u. habe ich gelitten u. bin beinah verzweifelt an ⟨deinen⟩ Gedanken an meine Schlechtigkeit. Nein, ich will keine Entschuldigungen suchen – selbst, wenn ich die Entschuldigung finden könnte, eher noch als Bob in X verliebt gewesen zu sein – nein, ich will das alles aus dem Spiel lassen. Und du hast recht, es ist auch zu trennen zwischen dem X[-]Problem u. dem Problem meiner Heimtückischkeiten.

Ich habe nun lange darüber nachgesonnen u. ich verstehe mich selbst nicht. Ich überlege mir: wie war ich dazu fähig? Denn in meinen Gedanken war nie etwas von Böswilligkeit gegen Bob, im Gegenteil, ich hatte – u. habe ihn sehr gern, fühlte u. fühle mich eng mit ihm befreundet – u. doch vermochte ich es, ihn so zu betrügen. Wie ist das möglich? Ich habe nicht gewußt, das ich solch mephistophelische Züge in mir habe u. ich wünsche nichts so sehr, als daß ich mich gänzlich von ihnen zu befreien vermöchte. Und vor Gott ist ein reuiger Sünder mehr als 99 Gerechte . Aber bloße Reue ist zu billig, ich weiß es. Auch ist es mit der bloßen Reue nicht getan. Ich habe auch darüber nachgedacht u. gefunden, daß ich mir nur helfen kann, wenn ich äußerste Klarheit über das Ganze finde. Ich muß da noch einmal von vorne beginnen, es ist nötig, ich muß begreifen, wie ich diese Unehrlichkeiten fertigbrachte – denn heute ist es mir unbegreiflich. Banal könnte man es erklären damit: das eine Lüge die andere nach sich ziehe. Da aber ließe sich gleich einwenden, daß ein Mensch mit ein wenig Würde (die ich mir immerhin zugetraut hätte) bei der ersten Lüge Halt mache u. sich zur Offenheit bekehre. Da muß ich nun zu meiner Bestürzung entdecken, das ich feige war – vielleicht noch feige bin, jedenfalls Feigheit in mir trage – ich könnte über mich weinen.

Aber mit dem Weinen ist es auch nicht getan. Weiter. Du mußt mich weiter anhören. Ich muß alle Reihen von Anklage wi[e]derholen, alle Anklagen sind restlos wahr. Ich redete schlecht über X, ich bekannte Bob meine unumstößliche Zurückhaltung u. dann sah ich u. fühlte, wie in mir dieser Teufel pochte u. ich gab nach, gab restlos nach; ich wartete sogar auf den Moment, daß Bob mit Maggie nachmittags fort ginge, ließ dich allein oben im Zimmer, telefonierte mit X, nahm Bobs Pressekarte, daß sie mir diene, mit X in das Konzert zu gelangen, log dich an, indem ich dir sagte, ich wäre allein durch die Stadt spaziert, traf am nächsten Morgen X in der Stadt, war mit Bob hinuntergefahren zum Bahnhof, um 10 unten u. um 10 sollte ich X am Bahnhof treffen – meine Hand war noch warm vom Händedruck Bobs, als ich dieselbe Hand X reichte, ich erledigte mit X zusammen meine Einkäufe, während Bob wohl für mich Geburtstagsgeschenke besorgte, ich umarmte Bob oben vor dem Haus u. hatte noch wenige Minuten vorher von X Abschied genommen. Am Bahnhof am nächsten Tag brachte X mich an die Bahn, Arm in Arm gingen wir auf dem Bahnsteig auf und ab, küßten uns zum Abschied u. ich rief noch zuletzt, sie solle mir oft schreiben – u. sie solle kommen, um mich zu besuchen. Und vor Bob war ich all die Zeit ruhig, sicher, ohne schlechtes Gewissen, brachte es fertig, ihm Glück bei X zu wünschen, brachte es auch, glaube ich[,] dann noch fertig, gleichgültige oder gar abfällige Äußerungen über X abzugeben.

Und ich war völlig zurechnungsfähig, keinesfalls umnachtet, geisteskrank u. ich halte mich auch nicht für einen Psychophaten [!]. Dabei ist das Seltsame – ich will dies, wohlgemerkt, nicht als Entschuldigung anführen – daß ich Bob währenddessen nicht „betrügen" wollte, daß ich nichts Schlechtes gegen ihn im Sinn führte, daß ich mir damals sogar einige Male ganz im Recht vorkam u. eigentlich Bob für denjenigen hielt, der mir X an sich fortgenommen hatte, ich war ohne Reue – sonst hätte ich es ja auch garnicht so durchzuhalten vermocht. Während also nach außen hin harmonische Tage voller Freundschaft u. Zufriedenheit waren, war im Inneren ein ununterbrochener Kampf.

Es war wie ein Zwang u. wieder u. wieder muß ich mich fragen: wie war das möglich? Und wie war es möglich, daß mein Verstecken-Spielen solange währen konnte, daß es solange dauerte bis ich den Brief an dich schrieb – der ja noch zu dem Falschen, Versteckten gehörte. Erst, als er abgeschickt war, kam mir, durch diese letzte Lüge, das ganze Lügenspiel zum Bewußtsein. Jetzt sah ich, daß Bob mir nie mehr verzeihen könnte – nicht, weil ich versucht hätte, ihm ein Mädchen zu rauben sondern weil ich ihn schändlich, unverzeihlich belog. Ich war wie versunken, konnte kaum mehr arbeiten, war

zeitweilig ganz fassungslos. Da erst merkte ich, wie gern
ich ihn eigentlich habe. Ich habe oft versucht, zu schreiben, es gelang aber nicht.
Erst jetzt glaube ich es zu können. Ich danke dir für deinen Brief.
Ob dieses Schreiben nun irgendetwas # helfen kann,
weiß ich nicht, ob es irgendetwas aufklären kann, weiß
ich nicht.
Ich bin plötzlich Auge in Auge gegenübergestellt worden mit dem Schlechten in mir. Jeder Mensch hat
Schlechtes in sich, er muß es nur bemeistern können
(Vorbild: du). Ich habe das Schlechte auch gemeistert,
aber mit Schlechtem. Wie kann ich das nur vereinbaren
mit mir u. meinem Leben? Ich müßte ja wirklich verzweifeln, wenn ich von diesem durchbrechenden u. das
Gute überwältigenden Schlechten in mir überzeugt
wäre. Aber ich kann es nicht vereinbaren. Ich kannte
mich als ernsten Menschen, der ein hohes Lebensideal
hat, der in gewissem Sinne sogar fromm war, der der
Kunst dienen wollte u. der erst vor einen Monat zu Ansichten über sein Leben gekommen war, die ihn in seinen Augen erhoben u. reifen ließen[,] ich kannte mich
am ersten Nachmittag u. Abend in Zürich als glückli-
chen Menschen, ich war euch ungeheuer zugetan, es war
mir oft in der Kehle voll von Freudigkeit u. am Abend
habe ich frei (u. mir den Magen angenehm gefüllt) mit
euch gelacht, war froh über das Leben, war froh, euch zu
kennen u. in der Nacht sprach ich noch lange mit Bob u.
er sagte: ich würde ihn oft aus seiner Zer[r]issenheit auf-
richten können durch meine Geschlossenheit u. durch
mein Wesen, das aus einem Stück sei. Wo war am nächsten Tage dieses *eine Stück*? Herrgott, wenn man sich
doch klarwerden könnte über sich. Ich sehe, ich werde
es auch heute nicht – u. es wird noch lange dauern.
Ich denke mir: wenn ich wirklich so charakterlos bin,
wie ich scheine, dann würde ich es doch nie zu etwas
Großem bringen können. Aber ich habe das Gefühl in
mir, daß ich in meiner Kunst etwas leisten kann, ich will
u. kann u. darf dieses Böse also nicht aufkommen lassen!
Ich, der ¦ich¦ im Kampf für die Wahrheit ¦stehe, bin ein

Lügner. Ich beherrsche die Lüge mit solcher Kunst, daß ich mich selbst so belügen kann, die Lüge zu vergessen u. nicht zu glauben. Herrgott, ich muß da die Erklärung finden u. ich glaube, ich kann nie wieder ganz glücklich sein, ehe ich nicht die Klarheit habe. Es geht ja hier nicht mehr um X, sondern um viel, viel mehr. Es geht um mein ganzes Leben als Mensch. Es geht darum, daß ich mir wieder glauben darf, daß ich mir wieder zutrauen darf, einen Menschen kenn[en]zulernen, gernzuhaben oder gar zu lieben. Ich habe mich selbst am stärksten belogen. Und ich muß mir verzeihen können. Das kann ich erst, wenn ich alles begriffen habe. Nein, es geht ja längst nicht mehr darum, daß ich X Bob # fortnehmen wollte u. zu feige war, den Kampf offen zu tun!
——— ##
X ist versunken, sie wird mich wohl selbst „verraten" haben u. wird Bob vielleicht heute „lieber haben als mich". Das ist auch ganz gleichgültig. Es handelt sich darum, ob ich wieder in ein richtiges Geleise geraten kann.
Wenn ich für Bob wirklich „gestorben" sei, wie er schreibt, dann würde ich sehr, vielleicht mein Leben lang, darunter leiden. Aber ich könnte es begreifen, ich könnte einsehen, daß es von ihm aus keinen Weg herab zu mir gibt. – – Vielleicht ist jetzt alles an Lüge, das in mir war, ausgebrochen, vielleicht kann ich jetzt wirklich ein neues Leben beginnen, wie du schreibst. Vielleicht vermag ich es, mich zu beruhigen. Vielleicht käme diese Ruhe früher, wenn Bob mir verzeihen könnte. Ich bringe es aber nicht fertig, ihm jetzt zu schreiben. ###
Mir ist recht traurig zu mute, ich komme mir ganz vor wie der reuige, zerknirschte Sünder, der dem Abt beichtet. Büßen tue u. werde ich sehr. Und ich glaube, ich darf bekennen, daß ich niemehr solch einen Betrug begehen kann.
Was soll ich noch schreiben. Die Hand tut mir weh, es schlägt Mitternacht, es läutet das Armesünderglöcklein. Ade, bitt für mich!

dein P., getreuer Bruder

Carabbietta 28. Nov.

7 *P. Weiss an H. L. Goldschmidt*

[Postkarte]

[Poststempel:] Figino 6. XII. [19]38

Lieber Hermann

Bob möchte mir doch gleich mein Traktat u. die Fotos
meiner Bilder schicken – ich brauche sie dringend. An
Bob ist schon ein Gruß von mir unterwegs.

Herzlich P.

8 *P. Weiss an H. L. Goldschmidt*

[Carabietta, 8. Dezember 1938]

Lieber Hermann – einen sehr großen Dank – ohne dich
würden Bob und ich wohl niemehr zueinanderfinden
können. Ich hoffe, daß ich bald von Bob ein paar Grüße
bekomme – ich schickte ihm Montag gleich eine Kaki-
frucht in einem kleinen Paket als Freundschaftsgabe.
Dir, weiser Abt, weiser Schlichter, schicke ich auch all
meine Freundschaft.

Wann fährst du ab? Ich bleibe hier in meiner Einsamkeit. Der Weihnachtsabend wird wohl ein wenig traurig
werden – so allein. Es ist kalt u. grau u. regnet. Ich muß
mich in meine Arbeit vergraben.

Wie lange bleibst du fort? Wenn du zurück bist, möchte
ich wohl gern einmal wieder nach Zürich kommen – obgleich ich ein wenig Angst vor dieser Stadt habe – jetzt.
Und mein Wiedersehen mit Bob – wie wird das sein –
wir sind doch arg auseinandergerissen worden!

Und all das *wegen eines kleinen Weibes*! Ach, wie weise bist
du! Alles wegen einer kleinen Teufelin, die den Sinn
raubt. Wie konnte man nur so schwach sein! Das alles
erinnert mich stark an Dostojewski.

Und die Unruhestifterin selbst – was tut sie? Weißt du
von ihr? Lebt sie noch? Verachtet sie mich gar? Nun, es
geschähe mir recht! Aber ich will nicht mehr von Zerknirschung reden. Mein tiefstes Sinkmaß habe ich überwunden, ich erhebe mich wieder. –

Du, Hermann, ich wäre dir dankbar, wenn du mir mein Traktat u. die Mappe mit den Fotos meiner Bilder schikken würdest. Ich möchte sie jemandem hier zeigen, der mir, was Ausstellungen betrifft, vielleicht nützlich sein könnte. Ich schrieb ja schon vorgestern die Postkarte. Vielleicht hat's Bob im Abreisetrubel vergessen.(* Was tut Bob drüben in London ? Neue Gesellschaften? Neue Weltfirmen? Niederlassungen gründen am Nord- und Südpol?

Hast du wieder etwas geschrieben? Ich habe ein paar Novellen fertig gebracht u. illustriert.

Schreib mir bald!

Addio dein Peter

(* Du findest die Mappe u. das Heftchen sicher unter seinen Sachen – verloren wird er es ja hoffentlich nicht haben – nur verlegt!

9 *P. Weiss an H. L. Goldschmidt*

[Carabietta, ca. 18. Dezember 1938]

Lieber Hermann, du hast meinen letzten Brief schlimmer gesehen, als er gemeint war: er war nämlich keineswegs böse oder überheblich gemeint. Vielleicht klang es so; jedenfalls waren die Worte wohl unvorsichtig u. „gehoben" gewählt u. ich danke dem Abt für die wohlgemeinte Zurechtweisung, die der sündige Bruder sich zu Gemüte geführt hat. Ich wollte keinesfalls die Schuld wieder auf andere führen, das mit der „Teufelin" war anders (ethisch) gemeint. Schuld trifft nur mich, ich weiß das u. würde nie mehr versuchen wollen, mich davon loszusagen. Da ich aber meine Schuld eingesehen habe u. sie mit Leiden u. Traurigkeit u. Zerknirschung getragen habe, darf ich wieder mich „erheben" (auch im ethischen Sinne). Ich meine damit, ich darf wieder meine Augen heben oder darf wieder Pit der Maler sein. Erheben bedeutete für mich nicht das Nichtigmachen der Schuld. Eine Schuld kann nie vergehen. Ich habe Bob gegenüber immer eine Schuld. Ob er sie mir vergeben kann ist Sache seiner eigenen Größe.

Für mich wäre es sehr schmerzlich, wenn es nie wieder einen Weg zu ihm zurück gäbe. Hoffentlich werden wenigstens wir in Verbindung bleiben.

Ich habe Bob geschrieben, von ihm aber noch nichts vernommen (Nur die Zeichnungen schickte er – übrigens sind noch 5 Rappen nachzuzahlen, ich lege sie bei).

Nach Weihnachten hörst du ausführlicher von mir.

Hier liegt hoher Schnee. Sehr mild die Luft, grau der Himmel. Heiligabend bin ich oben bei Hesse; zur Christmette werde ich in eine kleine Dorfkirche gehen. Und du? Womöglich bist du doch in London?

Wenn du Bob siehst oder schreibst, sag ihm einen Gruß von mir (wenn er den hören will). Ich werde ihm wieder schreiben – mir ist jetzt vor den Feiertagen so viel zu tun, daß ich keine rechte Ruhe habe.

Dir alles Gute! Verlebe Weihnachten schön; schreib mir einmal.

Herzlichst dein Peter

Titelblatt *Traktat von der ausgestorbenen Welt*, 1938/39

Zeichnung von Peter Weiss: Ausblick aus HLG's Zimmer in
Zürich

10   P. Weiss an H. L. Goldschmidt

[Federzeichnung auf dem Briefkopf]
[Carabietta, erh. 18. Januar 1939]

Lieber Hermann, verzeih mein langes Schweigen – aber
ich habe alle meine Correspondenz brachliegen lassen
müssen; ich hatte Besuch, dem ich mich von morgens
bis Abends gewidmet habe u. bin so zu nichts anderem
gekommen. Jedoch fern sei mir die Klage; es war eine
schöne Zeit. Jetzt bin ich wieder allein, es ist trübe u.
regnerisch u. ich bin schon halb im Abschiedsweh. Ich
muß Ende des Monats abfahren. Dann gehts nach
Schweden. Ich fahre aber über Berlin, um Freunde u.
meine Brüder zu besuchen. Meine Adresse schreibe ich
dir dann.
Ich muß jetzt ein wenig kurz sein, ich habe viel nachzuholen, habe für H. H. ein Manuskript zu illustrieren u.
muß mich um meine Aus- u. Einreiseformalitäten erkundigen. Ich pfeiffe, was pecunia betrifft, so ziemlich aus
dem letzten Loch, ich will sehen, ob ich noch etwas von
den Bildern hier loswerden kann.
Wie ist das mit dem Bild[,] das du haben willst? Wie viel
willst du ausgeben ungefähr. Dachtest du nur so 10-20
Fr. für eine Zeichnung, oder wolltest du ein kl. Ölbild?
Ich habe ein Selbstbildnis, daß dir vielleicht gefallen
würde, im Interieur meines Carabbietta-Ateliers.
Laß es mich bitte gleich wissen. Hoffentlich bekommst
du den Brief noch rechtzeitig. Ich weiß garnicht, ob du
schon wieder in Zürich bist. Deine Londoner Adresse
habe ich verlegt. Mit Bob bin ich versöhnt. Es hat mich
unendlich erleichtert. Wir stehen wieder so gut wie
zuvor miteinander. Ich habe ihn noch lieber, weil ich
das Gefühl habe, noch immer viel gut machen zu müssen.
Hermann, wenn ich fortfahre, müssen wir unbedingt im
Briefwechsel bleiben. Ich bin nur zuweilen so schreib-
faul, das ändert aber nichts an meiner Freundschaft.

Addio, schreib mir gleich, wie es dir am liebsten mit
dem Bild wäre.

Herzlichst dein getreuer
Peter

Wie ist die Adresse von Bob? Grüß ihn bitte, wenn du
schreibst!

11   *P. Weiss an H. L. Goldschmidt*

[Carabietta, erh. 23. Januar 1939]

Lieber Hermann, Guter, besten Dank für Brief u. Inhalt.
Du treuer Waldemar. Du sollst ein gutes Bild bekommen. Ich komme Ende der nächsten Woche nach Zürich, dann kannst du dir eins aussuchen.
Ich dank dir für die Einladung. Davon mache ich gerne
Gebrauch für eine Nacht. Ich bin gespannt, auf deine
neuen Arbeiten – wenn solche vorhanden sein sollten.
Ich selbst kann viel mitbringen, einiges von dem Geschriebenen möchte ich auch gern mit dir besprechen,
ich habe ein paar Novellen u. eine Erzählung, alles reich
illustriert.
Ich schreibe dann noch die genaue Ankunft, freu mich,
dich dann wiederzusehen – wer weiß, für wie lang die
Trennung dann dauern wird.
Bob können wir dann ja gemeinsam von Zürich aus
schreiben. Hier finde ich doch keine Ruhe mehr. Ich
muß in diesen Tagen noch ein Manuskript von Hesse
für ein Privatgeschenk abschreiben u. illustrieren, eine
ziemliche Arbeit. Immerhin gibt das 100 frs.
Aus Schweden gibt es allerhand unangenehme Nachrichten – doch von all dem mündlich.

Herzlichst dein Peter

Lieber Herman, verzeih mein langes Schweigen – aber ich habe alle meine Correspondenz brachliegen lassen müssen; ich hatte Besuch, dem ich mich von morgens bis Abends gewidmet habe u. bin so zu nichts anderem gekommen. Jedoch fern sei mir die Klage; es war eine schöne Zeit. Jetzt bin ich wieder allein, es ist trübe u. regnerisch u. ich bin ihm halb im Abschieds weh. Ich werde Ende des Monats abfahren. Dann gehts nach Schweden. Ich fahre aber über Berlin, um Freunde u. meine Brüder zu besuchen. Meine Adresse schreibe ich dir dann.

Ich muss jetzt ein wenig kurz sein, ich habe viel nachzuholen, habe für H.H. ein Manuskript zu illustrieren u. muss mich um meine Aus- u. Einreise formalitäten erkundigen. Ich pfeife, was pecunia betrifft, sozusagen auf dem letzten Loch, ich will sehen, ob ich noch etwas von den Bildern hier loswerden kann.

Wie ist das mit dem Bild das du haben willst? Wie viel willst du ausgeben ungefähr? Dachtest du dir so 10-20 Fr. für eine Zeichnung, oder wolltest du ein kl. Ölbild? Ich habe ein Selbstbildnis, das dir vielleicht gefallen würde, im Interieur meines Laraschecka-Ateliers. Lass es mich bitte gleich wissen. Hoffentlich bekommst du den Brief noch rechtzeitig. Ich weiss ja nicht, ob du schon wieder in Zürich bist. Deine Londoner Adresse habe ich verlegt. – Mit Bob bin ich versöhnt. Es hat

Brief von Mitte Januar 1939 (Nr. 10)

12   P. Weiss an H. L. Goldschmidt

[Carabietta, erh. 24. Januar 1939]

Mein lieber Hermann
Ich habe in Zürich sehr viele Erledigungen und Besorgungen zu machen und wollte dich deshalb fragen, ob es dir und deiner Wirtin recht sei, daß ich (gegen Bezahlung) etwa acht bis zehn Tage bei dir wohne.
Ich käme dann wohl am Freitag, schreibe dir die genaue Ankunft aber noch. Es wäre sehr schön, wenn das möglich wäre, # wir würden uns dann auch sicher näher kommen und das wäre mein großer Wunsch.
Schreibe mir gleich, wie du darüber denkst.

Addio und Dank im Voraus
herzlichst dein Peter

13   P. Weiss an H. L. Goldschmidt

[Postkarte]
[Poststempel:] Lugano 24. I. [19]39

Lieber Hermann, wieder Änderungen: ich komme Donnerstag mit dem Mittagszug[,] so wie das letzte Mal, in Zürich an. Ich muß dann Sonntag Früh weiterfahren. Hoffentlich ist es dir recht, daß ich jetzt schon komme.
Alles weitere mündlich
herzlichst *P.*

14   P. Weiss an H. L. Goldschmidt

[Ansichtskarte]
[Poststempel:] Berlin Charlottenburg 30. I. [19]39

My dear Hermann
Everything quite allright. In two hours I'm in Berlin. All the best, my dear, I am thinking of the 3 last days with pleasure.

Y[ours] Peter

15   P. Weiss an H. L. Goldschmidt

Berlin Grunewald ⟨31.⟩ Jan[.] [19]39

Lieber Hermann, bitte schicke mir doch meine 70 oder
80 frs. an die Adresse: Villenheim Wildpfad, Wildpfad 7,
Bln[.] Grunewald – ¦per Postanweisung¦.
Es geht mir gut, die Tage sind recht ausgefüllt. Ich
werde wohl in 14 Tagen etwa weiter fahren nach Schweden. Die Schweizer haben mir ihre Schulden an die
Grenzstation geschickt, ich hatte aber keine Zeit, der
Zug hielt nur 4 min[uten], sie abzuholen u. so bekam ich
sie hierher nachgeschickt. Sie schickten sie aber in Briefmarken. Jetzt habe ich für 18 fr. Briefmarken, d. h.
Schweizer Briefmarken. Hoffentlich kann ich sie hier
einwechseln. Wenn nicht, kann ich sie dir vielleicht
schicken. Das ist doch eine Bande! Die Reise verlief gut,
war nur sehr ermüdend. Ich fahre vielleicht mit meiner
Mutter zusammen weiter, die hierher zu einem Besuch
kommt.
Addio, Hermann! Wie befreundest du dich mit dem
Herbst-Bild? Wächst es oder verkleinert es sich? Grüße
Bob, wenn du ihm schreibst. Im März sehen wir uns viel-
leicht schon wieder.
Schreib als Absender des Geldbriefes an mich bitte die
Keller-Wohnung.

Herzlichst dein P.

16   P. Weiss an H. L. Goldschmidt

[Berlin, erh. 13. Februar 1939]

Lieber Hermann, es ist gut, das du das Geld nicht geschickt hast, man hätte doch die Hälfte beim Wechseln
verloren. Ich bekomme Geld von meinem Vater aus
Schweden. Laß also die Franken weiter bei dir, bitte. Ich
werde wohl während des Febr. noch hier bleiben u.
dann – nach Prag fahren. Ich muß dort inscribieren, weil
ich die Belege zum neuen Militäraufschub brauche. Ich
bin ja vorläufig noch Tscheche u. es läßt sich nichts dran

ändern. Dort werde ich einen Monat bleiben u. dann sehen, wohin ich weitergehe: es kommt in Frage Schweden, Jugoslavien, Schweiz oder weiter ČSR. Keine Ahnung, mir ist recht unsicher. Ach Hermann, fände ich doch bald wieder die grüne Tür. Ich habe mich in einiges verstrickt, muß gegen die Stadt ankämpfen u. komme mir oft vor wie im Traum. Völlig irreal alles, ich frage mich, wo ich eigentlich bin, ob ich überhaupt lebe, da bin. Nicht übermäßig glücklich. Daß dir das Bild Freude macht, freut auch mich sehr, ich weiß es gerne bei dir. (Mit dem „Jüngling" bin ich sehr einverstanden) Bob wollte ich nicht kränken, schreib ihm dies, es tut mir weh, das ich ihn schon wieder verletzt haben soll. Jedoch kann ich mir nicht recht vorstellen, warum er sich so daran gestoßen haben will, das ich sagte, er wäre z. T. wohl selbst # an seinem Schicksal Schuld. Denn jeder Mensch tut doch letzten Endes das wozu es ihn treibt – u. hätte er nicht bei all dem eine gewisse Freude an dem großen, bewegten, geldumflossenen Leben, er täte es nicht. Deshalb auch das, vom Nichtbemitleiden. – Grüß ihn, wenn du ihm schreibst u. sag ihm, ich hätte es nicht böse gemeint. Laß wieder von dir hören, schreibe das nächste Mal aber *W50* postlagernd, ich ziehe höchstwahrscheinlich zu meinem Bruder für die restliche Woche. Sei Herzlichst gegrüßt von

deinem P.

P. S. Kennst du Dostojeweskis [!] „Jüngling"?
Lies ihn!

Ich habe am 7[.] Jan. morgens einen wunderbaren Traum gehabt:
wir beide waren einen steilen Felsen heruntergekommen u. standen am Gestade eines Meeres. Ganz helles Sonnenlicht, Luft u. Wasser flimmernd wie Edelgestein. Wir hörten einen seltsamen, metallischen Klang aus dem Wasser tönen. Da sahen wir eine große Glocke, die ragte aus den Wellen u. trieb auf u. nieder. Wir sprangen beide in das Wasser, wir hatten kurze Hosen an, das Wasser umspülte uns bald bis zum Gürtel. Du achtetest garnicht darauf, sprangst bis über die Schultern ins Was-

ser, ich wollte mich, deinem Beispiel folgend, auch in die Fluten stürzen, da trieb die Glocke aber auf mich zu, ich ergriff sie u. wir zerrten sie beide mit Hilfe der starken, 'drängenden' Brandung ans Ufer.

Dort stellten wir sie auf; eine # Inschrift, die wir jedoch nicht entziffern konnten, bestätigte, 'das wußten wir' daß es eine sehr alte, sehr schöne u. seltene Glocke war, die wir bargen.

Jüngling am Stadtrand, 1938, im Zimmer von Hermann Levin Goldschmidt

[Alingsås, erh. 2. März 1939]

Mein lieber Hermann, wieder ein Sprung. Wenn ich aus
dem Fenster sehe, habe ich einen See vor mir hinter
dem Garten, Felder, Wald u. darüber einen weiten Himmel. Zwischen den Bäumen stehen bunte hölzerne Häuser, auch unser Haus ist aus dunklem Holz gebaut, die
Wände meines Zimmers duften danach. Ich bin umgeben von meinen alten Büchern, meine Zeichensachen
liegen neben mir auf dem langen Tisch unter dem langen Fenster, rechts steht die Staffelei; bald werde ich
malen, ein paar Bilder plagen mich schon seit langem.
Ich bin allerdings ganz aus meiner Arbeit herausgerissen
u. bis ich den Weg zurück gefunden habe, werden noch
ein paar Tage vergehen. Dieser Berliner Monat war so
unproduktiv, daß ich beinahe abgestorben bin, auß[er]
lieben habe ich nichts getan, u. daß Wort: lieben wäre
auch näher zu überprüfen. Es ist für mich unmöglich,
längere Zeit mit einem Menschen zusammen zu leben,
ich habe ein ungeheures Bedürfnis nach Alleinsein; eine
Frau nimmt viel zu viel von der Zeit für sich in Anspruch, man wird dann nervös, es gibt Streit, Zweifel,
Unerquicklichkeiten; ich habe mich an meiner Freundin
übernommen – nicht, daß wir nun ganz und gar ent-
zweit wären, aber das wirklich tiefe Gefühl ist erloschen,
man ist wieder allein. Ich habe in den letzten Wochen
festgestellt, daß ich eigentlich ein unglücklicher Mensch
bin: ich vermag es nicht, eine Freude zu halten, ich muß
zerstören, ich kann nicht froh sein. Es überkommt mich,
mitten im Wohlleben, im ruhigen, freundlichen Tage,
plötzlich eine bedrängende Welle von ungeheurem
Schmerz. Es ist ganz sinnlos, dies bekämpfen zu wollen;
der Schmerz bleibt, frißt sich fest, ist im Herzen spürbar,
überall, durchflutet mich. Jedes Wort[,] das ich spreche[,] erscheint mir verlogen, völlig sinnlos das Leben u.
die Welt u., was am schlimmsten ist: völlig sinnlos der
Gedanke, wieder zu arbeiten.
Ich will dir nichts vorjammern. Ich weiß, diese Gefühle
sollte man für sich behalten. Aber wozu nicht ausspre-

Die Freundin in Berlin: Margarete Melzer (links, hier in einer
Aufnahme von 1930 zusammen mit Gina Falkenberg in Viktor
Barnowskys *Mädchen in Uniform*?)

chen, was mich ausfüllt. Ich werde in den letzten Monaten von wahnsinnigen Schmerzen verfolgt, klingt lächer-
lich, überheblich, weiß ich alles, aber es ist ja gleich!
Ich muß endlich einmal wieder Ruhe finden. Und: wenn
ich doch etwas fände, an das man sich halten könnte. Ich
verstehe garnicht mehr, wie es mir möglich war, so viel
u. so intensiv zu arbeiten. Ich verstehe jetzt Bob vielleicht: ob sein großes Hasten u. seine Schufterei nicht
Ablenkungsmaßnahme ist? Ich frage mich jetzt bei jedem Menschen: was gibt ihm die Kraft zur Arbeit? Ich
frage mich: Wozu? Wenn es nicht mir selbst Freude
macht. Für wen sonst soll ich arbeiten? Es sieht kläglich
aus?
Was hält dich? Was gibt dir den Mut u. die Festigkeit, jeden Tag zur Universität zu gehen, über deinen Büchern
zu sitzen, zu lernen, dich mit Wissen zu füllen? Er-
kennst du noch einen Zweck.
Die einzige Lebensart, die ich anerkennen könnte, wäre
die eines wilden Abenteurers, ganz diesseits, ganz welt-
lich. Ich sehe: ich bin irgendwo angekränkelt, daß ich so
spreche. Ich habe die Verbindung mit dem Hohen und
Schönen verloren. Ich habe sie in Deutschland jetzt verloren. Ich hätte diese Reise nicht tun dürfen, ich hätte in
Zürich bleiben sollen oder in Cara[bietta]. Aber, das
mußte wohl so sein. Cara[bietta] war für mich zuende.
Vielleicht gärt etwas neues in mir, ich weiß es nicht. Die
Bilder, die ich malen wollte – vielleicht werde ich sie
einmal malen, vielleicht nicht. Heute bin ich noch voller
Schmerz; das zieht durch den ganzen Körper.
Verzeih diesen Brief   Herzlichst dein P.

P. U. W. Alingsås, Post Box 114, Schweden

P. S. Herzlichen Dank für deinen letzten Brief. Bitte
schreibe mir Bobs Adresse noch einmal, ich habe die
⟨alte⟩ verloren.

[Alingsås, erh. 10. März 1939]

Mein lieber Herrmann, deinen Brief las ich abends bei recht trüber Beleuchtung im Notkontor meines Vaters, einem kleinen hölzernen Hause, das neben dem Neubau seiner Fabrik errichtet ist. Überall noch Gerüste, frische Kalkhaufen, Steine, Karren, das Büro selbst sieht aus wie das eines Landvermessers, hängt voller Entwürfe, Zeichnungen.

Der Brief – deine Klaue ist mir inzwischen schon gewohnt, ich lese sie leichter – tat mir wohl. Mir war an dem Tage noch recht elend. Gleich aber hob es mich. Ich hatte gearbeitet, nicht im Gefühl großer Lust, nur weil ich dachte: es müsse wohl sein. Und es muß auch sein. Die letzten beiden Tage war es auch wieder gut mit der Arbeit, ich habe ein großes Bild angefangen: Kinder, die in einem abendlichen Park mit bunten Reifen spielen. Und dann habe ich viel geschrieben. Eine Geschichte, die ich vielleicht nennen will: die Landschaften in den Träumen. Wenn ich sie je zuende schreibe ...

Denn – seltsam: warum legen einem gerade die eigenen Eltern so viele Hindernisse auf den Weg? Mein Vater, der keineswegs beschränkt ist[,] bedrängt mich mit einem Male wieder mit dem mir so unendlich verhaßten u. behindernden „Auf=den=eigenen=Füßen=stehen". Er sagt, ich müsse sehen, mein eigenes Geld zu verdienen, er beklagt sich – weil er garnichts sieht. Furchtbar: er ist mir gegenüber blind. Wie ist das schrecklich. Was soll mir den Mut geben, einer Kunst zu dienen, wenn sie die leiblichen Eltern nicht anerkennen können. Wenn die eigenen Eltern sagen: Diese Brotlosigkeit. Ich bin wieder nahe daran, auf u. davon zu laufen u. irgendwo zu verrecken! Natürlich steigere ich mich wieder in meine Unglücklichkeit hinein. Wäre ich doch so hart, daß mir alles gleichgültig wäre, was die andern sagen. Wäre ich doch so herzlos, die anderen kalt auszunützen u. ihre Hilfe zu benutzen als selbstverständlichen Obulus. Ich aber setze mich hin u. verzweifle.

Ich bin hier abgeschieden. Die Möglichkeit u. Hoffnung, Bücher zu illustrieren (was ich doch brennend gern tuen würde u. was ich vortrefflich könnte) ist hier geringer als sonst irgendwo, d. h. sie ist gleich null. Mein Vater will nicht begreifen, wie schwer ich es habe, er sagt mir immer: wenn du doch mehr Sinn für die Wirklichkeit hättest! Das ganze ist tragisch. Und komisch zugleich. Ich weiß nicht, soll ich lachen oder weinen.

Meine Bilder aus Prag sind hierher unterwegs (ein Foto von Caspar H. liegt bei), bald habe ich also alle meine Werke um mich versammelt u. kann mir aus ihnen meinen Sarg zimmern lassen. Sie werden dann alle dicht nebeneinander in dem Speicher neben meinem Zimmer stehen. Niemand wird kommen um sie sich anzusehen. Die schönen großen Fotographien, die ich mir gerade habe anfertigen lassen[,] liegen im Schreibtisch, es ist also alles da – nur nie ein Kunsthändler, ein Aussteller, nur Schisser und Pisser!

Die schöne Natur kann mir merkwürdigerweise nichts bieten. # Übrigens haben mich von je her freie Landschaften weniger gereizt als Landschaften in der Stadt – vor allem Vorstadtbilder. Die trübe Vorstadt birgt die Landschaften, die mich bannen können. Der See hier u. der große Himmel vermag mich – zumindest im Augenblick – nicht zu erregen. Aber ich Kläglicher klage schon wieder! Dabei hatte ich mir vorgenommen, nicht zu klagen. Ich wollte es versuchen, zu tragen. Du siehst aber, es geht nicht. Und übrigens: wozu Held sein? Es geht mir schlecht, ich gestehe es also ein. Wenn ich's nicht schreiben würde, das es mir schlecht geht, würde ich garnicht schreiben. Was ist dir lieber?

Dich hält dein Glaube, Hermann? Was nutzt dieses: Nicht sinnlos leben wollen? Vielleicht kann man überhaupt erst ohne diese Zweifel am Sinn leben, wenn man das Leben in seiner ganzen erhabenen Gleichgültigkeit erkannt u. abgetan hat. So weit bin ich aber noch nicht. Was mich am stärksten im Augenblick berührt ist diese völlige Unvorhergesehenheit der Ereignisse im Leben, diese Aneinanderkettung von scheinbar beziehungslosen Dingen, die einen mitreissen. Hier eine Beziehung suchen! (etwas ähnliches ist auch das Thema der Geschichte, an der ich arbeite)

Du hast recht: man arbeitet, um dem EWIGEN näherzukommen. Ich weiß schon[,] was du mit diesem „Ewigen" meinst (obgleich man ja auch daran zweifeln kann!); wenn es ein wenig ruhiger in einem ist, wie es z. B. in der ersten Carabietta-Zeit in mir war, dann arbeitet man blindlings, man arbeitet, eben weil man berufen ist, zu arbeiten. Dann aber denkt man über diese ⟨seine⟩ Berufung garnicht nach. Diese Grübeleien entstehen nur in Krisen, wie # eine mich jetzt umfangen hält. Vielleicht aber gibt es wieder mal einen Ausweg. Obgleich ich über diesen Ausweg noch nichts weiß. Weder in der Stadt gab es das grüne Tor, noch auf dem Lande.

Übrigens ist das einzig Ermutigende die Tatsache, daß mein Bild bei dir hängt u. daß du ihm so zugetan bist. Allein dafür lohnt es sich, zu malen. #####

Wie ich mich hier endlich wieder zurechtfinden werde weiß ich noch nicht. Die Arbeit ist nicht gänzlich aus. Ich schreibe bis in die Nacht hinein, baue mir also eine eigene Welt, schaffe meine eigenen Gestalten, alles Flucht, wie ja die Tätigkeit eines Künstlers überhaupt Flucht ist. Jedoch vermag es mich abzulenken von den bedrückenden Gesprächen, die ich mit meinem Vater zu führen gezwungen bin. Das Mädchen, das ich zu schildern versuche[,] sehe ich genau leibhaftig vor mir, ich bin in sie verliebt, unglücklich, da ich sie wohl nie besitzen werde. Alles ist Traum. Was ist für dich die Wirklichkeit? Die Wirklichkeit ist das Geld – oder ist das auch Schein. Nein, für mich ist das Geld die einzige weltliche Realität. Bob hat die Macht über diese Realität. Darin ist er mir überlegen. Ich bin ihm überlegen darin, das ich diese Macht nicht besitze. Wie relativ ist alles!

Schreib mir gleich, Hermann, lang u. ausführlich. Und deutlich! Einzelne Worte blieben immer noch ungeklärt. Wenn es auch reizvoll ist, dieser kleine Mystizismus, mir ist es lieber, jedes Wort zu verstehen.

Wenn du jemanden weißt, der Illustrationen wünscht, denke an mich. Wenn du Kunsthändler kennen lernst, denke an mich, ich schicke dir Fotos, Zeichnungen, alles was du brauchst.

In Prag war ich nicht. Vielleicht brauche ich garnicht mehr hin. Gebe es Gott! Vielleicht komme ich frei vom Militär!

Sei herzlichst gegrüßt von deinem getreuen P.

P. S. Bob habe ich geschrieben.
Grüße ihn von mir.

P. S. Bitte laß auf meine Kosten eine gute, sehr klare Aufnahme von dem Jüngling machen, *der Abzug auf glattem Pap⟨ier⟩ wie der Caspar Hauser*[,] jedoch 3 x so groß.

19 *P. Weiss an H. L. Goldschmidt*

[Alingsås,] 24. März [19]39

Lieber Hermann, es ist einige Anstrengung nötig, diesen Brief zu beginnen. Denn ich bin ziemlich aus meinem Gleichgewicht gebracht, es gelingt mir nicht mehr, mich in meine abgeschiedene Arbeitswelt zu flüchten, ich bin im Augenblick völlig wurzellos. In den Tagen, als alles drunter u. drüber ging[,] kam dein Manuskript. Es atmete so viel Ruhe aus – obgleich ja garnicht von Ruhe darin die Rede ist – man fühlte aber *dich* dahinter. Das half ein wenig. Die Lektüre hat mich für eine Zeit auf andere Gedanken gebracht. Ich finde es sehr schön, wie du das Entdecken des Lebens beschreibst, sehr durchdacht, sorgfältig erwogen, – vielleicht ein wenig zu sehr analysierend, aber von großer Schärfe u. deutlichkeit [!]. (Darf ich's behalten, oder willst du das Manuskript zurück!) Ich kann diese Problematik sehr gut nachfühlen – mir ist es ähnlich ergangen. Sehr schön die Begegnung in der Geisbergstraße, sehr schön auch der Arrest im Schulkorridor – diese Ängste. Einige kleine Schönheitsfehler nur empfand ich in der Beschreibung der Schritte am Anfang, im Lehrerzimmer: „da-horch, tapp-tapp, tapp-tapp-tapp, tapp macht das eine Bein, tapp das andere Bein"[.] Das fällt etwas von der beherrschten Sprache der andern Absätze ab (ich persönlich bin überhaupt gegen allzu deutliche Klangmalerei). Und dann noch: vielleicht wäre es schöner, wenn du die *Person des Schrei*benden ganz aus dem Spiel ließest – du schreibst: „ich weiß noch genau – wie Eduard über den Schulhofgang usw." Dann aber kommen die Beschreibungen von Eduards innersten Auseinandersetzungen – wie kannst du die wissen, wenn du ihn nur über den Schulhof kommen sahst? Du warst auch im Lehrerzimmer nicht zugegen u. doch wußtest du alles! Dieses Ich in einer Erzählung kann, glaube ich, nur äußerliche Ereignisse schildern, die es *selbst* mit *ansah*. Anders ist es, wenn man gleich mit der Beschreibung einer Persönlichkeit beginnt u. sein Selbst ganz zurückhält, so daß man gleichsam nur als schauender Gott über allem schwebt. Dann darf man es wagen, die Seele eines anderen zu schildern. Oder man schreibt alles in der Ich-Form. Das ist das Ehrlichste, oder das Schamloseste, wie mans nimmt. Aber ein schaffender Künstler muß ja schamlos sein. Er entdeckt ja vor anderen seine Seele. Er zeigt, u. muß zeigen, was andere sorgfältig verbergen.

Dieses „Ich" also am Anfang erscheint mir eine kleine Unlogik in dem anderen, sehr logisch zusammengefaßten Ganzen der Erzählung.

Ich habe vor einigen Tagen auch meine Erzählung beendet. Es war eine große Arbeit u. ich glaube, sie ist mir ganz gut gelungen. Ich bin dabei, sie an ein paar Verleger zu schicken. Sobald es möglich ist, lasse ich sie auch dir zukommen.

Solange ich diese Arbeit hatte, konnte ich mich noch leidlich zusammenhalten. Jetzt aber bin ich wie ausgelöscht. Hinzu kommt die ungeheure Sorge um meine Bilder, die immer noch aus Fahrlässigkeit der Speditörfirma in Prag sind. Wer weiß, was mit ihnen geschieht. In die Firma ist ein Nazi-Kommissar eingesetzt worden u. ich werde schwerlich im Laufe der nächsten Zeit, etwas darüber zu hören bekommen, geschweige denn ein Bild sehen. Du kannst dir meine Verzweiflung denken. Alle meine Bilder – 30 an der Zahl – auf einem versinkenden Schiff u. ich # zur Untätigkeit verurteilt am

Ufer. Kannst du ermessen, was ein – Gott sei davor! – Verlust aller Bilder für mich bedeuten würde. Ich selbst kann nicht hin, man ließe mich nicht mehr fort. Mein Paß läuft ab, ich weiß nicht, ob man ihn verlängert, was für einen Paß ich überhaupt bekomme. Außerdem weiß ich nicht im geringsten, wo ich hin soll in einem ¡halben¡ Monat, wenn meine Aufenthaltserlaubnis hier abläuft. Die Existenz meines Vaters ist hier sehr, sehr fraglich. Mit Mühe kann er gerade für die Mutter, die beiden kleineren Geschwister sorgen. Ich muß also unverzüglich bald verdienen. Ich muß alle Malerei, alles lassen, ich muß mich aus meiner Welt ⟨[lösen]⟩, – u. habe es heute schon – Ich habe schon an Bob geschrieben, ob er in London nicht ein Reklameatelier, irgendetwas für mich weiß. Ich würde heute als Kellner, Telleraufwäscher gehen. Ich sehe heute ein, das das Leben, das ich bisher führte, keine Berechtigung mehr hat. Ich bin heute – ganz ohne Zynismus – bereit, Geld zu verdienen, gleich auf welche Art. Das Land, oder vielmehr die Insel der Kunst bleibt mir ein fernes Idol – einmal wird es den Weg zurückgeben. Ich muß heute meinen Pinsel, meine Farben verpacken. Ich bin wie ein Wahnsinniger mit tausend Gedanken umsponnen, wie ich Geld verdienen kann, um selbstständig [!] zu werden. Und selbstständig [!] muß ich innerhalb der kürzesten Zeit werden. Nur: wie! Heute bin ich heimatlos, ich kann nichts als meine holden Brotlosigkeiten, ich habe kein Vermögen, ich weiß nicht, wo ich mich aufhalten werde können. Doch ich muß irgendetwas finden. Das alles ist noch so neu für mich, das es mich zu überwältigen scheint. Ich muß aber standhalten, ich muß durchhalten. Ich werde das alles überleben u. vielleicht einmal zurückkehren. Jetzt aber muß ich in den Trubel – wie Bob. Du mußt aber nicht glauben, daß ich darüber nun verzweifelt bin. Keinesfalls. Dieses: Sichlosreißen von alle⟨m⟩ Vertrauten scheint mir eine Notwendigkeit. ¡Bob treibt herum im Strudel, jetzt werde auch ich losgerissen – bleibe wenigstens du fest!

Addio, laß es dir gut gehen – Es grüßt dich:
ein tapferer Streiter!

[Stockholm, 30. März – 1. April 1939]

Donnerstag

Einen seltsamen, unheimlichen Traum hatte ich heute nacht: ich habe mit jemandem gerungen, während des Kampfes sehe ich, daß ich meinen Doppelgänger als Gegner habe, der Kampf geht anscheinend um die Gunst eines Mädchens, sie ist irgendwo zu sehen, bald weiß ich aber, das es um viel mehr noch geht. Ich jedoch bin der Überlegene, meinen Doppelgänger habe ich unter mir, meine Arme durch seine Achseln gesteckt u[.] die Hände hinter seinem Nacken ineinander verschrenkt. So halte ich ihn umklammert u. drücke sein Genick hinab. Ich frage, ergiebst du dich? Er aber bittet nicht um Gnade. Ich weiß auch, er wird nicht um Gnade bitten. Obgleich er in meiner Gewalt ist, fürchte ich mich doch vor ihm. Ich denke daran, ihn zu erwürgen, dann hält mich der Gedanke an Mord jedoch ab, ich presse seinen Kopf tief herab, schlage ihn gegen den Boden u. gegen eine Wand, er aber ergiebt sich nicht. Dann erbricht er, das stößt mich ab, ich lasse ihn los. Dann aber litt ich Qualen. Ich wußte, er verfolgte mich, er wollte mich erschießen, in einem Bahnhof versteckte ich mich, in einem Garten. Später, kurz vorm Erwachen trat er an mich heran, ich glaubte, er wolle mich erschießen u. hatte Angst. Seine Hände aber waren leer. Trotzdem erwachte ich mit dem Gefühl großer Pein.

Ich habe einen wunderlichen Abend hinter mir, nachmittags, nachdem alle Versuche für Verlage zu arbeiten, gescheitert waren, saß ich in einem kleinen Café, darin brannten nur schwache, verhängte Lämpchen, an den Tischen, im Halbdunkel saßen ein paar Liebespaare, die sehr leise miteinander sprachen. Ich trank einen Cocktail, der machte mich ganz leicht. Ich vergaß die Enttäuschungen des Tages, rauchte, saß still u. untätig stundenlang in meiner Ecke. Abends war ich im Kino u. sah Citadel, da war noch mehr alles vergessen u. unwirklich geworden. Für den Abend hatte ich mich mit einem Mädchen verabredet. Ich war vor 9 Jahren bei ihr und

ihren Eltern eingeladen – vielleicht habe ich es dir einmal erzählt – damals waren wir noch Kinder, es gibt Fotos, die sie in einem kurzen weißen Kleidchen zeigen u. mich in Knickerbockers u. einem kurzärmligen Hemd. Diese Inga, sie ist jetzt 19, habe ich also getroffen, sie ist recht hübsch geworden, hat einen schönen, schmalen Körper, blonde lange Haare. Wir gingen in ein kleines Tanzlokal, sehr gute Musik, eine Reihe von klein[en] Tischen rings um die runde Tanzfläche, Atmosphäre traumhaft u. verwunschen, wie Nachmittags im Café. Wir tauschen alte Erinnerungen aus, verstehen uns gut, lachen, tanzen. Und die ganze Zeit sehe ich ein Mädchen unter den Tanzenden, so schön u. anmutig, wie ich noch kein anderes sah. # Ihr Gesicht war sehr ernst, der Mund groß, die Haare blond u. schwer hinabfallend auf die Schultern. Sie trug ein einfaches, enganliegendes schwarzes Kleid, Beine u. Hände von edelster Form. Tanzen konnte ich nicht mit ihr, Inga durfte ich ja nicht allein lassen. ⟨Das⟩ Herz blutete mir. Ich tanzte mit Inga immer dicht neben der Unbekannten. Sie sah mich sehr ernst an aus dunklen Augen. Sie scheint Engländerin zu sein, denn sie saß am Tisch mit drei ⟨Männern⟩, sie sprachen schnell u. englisch. Es war keine Möglichkeit, sich ihr zu nähern, es mußte beim Ansehen bleiben. Kennst du das: dieses Berührtwerden vom Strom eines Blickes?
Ich brachte Inga nach Hause u. lief stundenlang noch durch die nächtliche Stadt. Todmüde fiel ich ins Bett im Hotel, lag aber noch lange wach. Dann kam der Traum. Im Laufe des Vormittags habe ich folgendes Resumée zusammengestellt u. folgenden Entschluß gefaßt:
In diesen Tagen hatte ich alles versucht – das letzte –, um Gelegenheit zu finden, das zu arbeiten, wozu es mich treibt: zum Buchillustrieren. Ich muß einsehen, daß dies hier unmöglich ist. Auf eine gute Buchausstattung legt man keinen Wert mehr; würde ich schlechte Reißer malen, dann könnte ich vielleicht Erfolg haben. Meine Kunst ist mir aber etwas viel zu Heiliges und Wertvolles, als das ich es fertig brächte, sie so in den Schmutz zu ziehen, wie es die Verleger wollen – alle-

samt! Ich bin darum soweit gekommen, daß ich dies endgültig den Pseudo-Künstlern überlassen will, die es ja
auch vortrefflich verstehen, weil sie viel tüchtiger sind
als ich. Ich will in die Kunst kein Geschäft bringen, das
ist mir zu elend. Ich will das alles beiseite lassen u.
irgendwann einmal, das ist ja gewiß, zu meiner Malerei
zurückkehren. Ich werde in einer Textildruckerei arbeiten, in die ich durch meinen Vater kommen kann, ⟨da-
mit⟩ mache ich mich vertraut mit dem System des Film-
drucks, eine Neuerung, in der ein Spezialist selten ist.
Dann will ich sehen, ob ich, fertig ausgebildet, eine An-
stellung in London bekommen kann. Tagsüber tue ich
diese Arbeit, Abends ⟨will⟩ ich schreiben u. die eigenen
Arbeiten illustrieren. Für die Öffentlichkeit ist ja keine
Möglichkeit zu arbeiten, so tue ich es nur für mich. Ich
habe in diesen Tagen gelernt, daß sich *kein Mensch im geringsten um den andern kümmert*, und daß ich ein Tor war,
da ich dies einmal idealistischerweise glaubte. Man kann
nur durch sich selbst leben. *Man darf von niemandem auch
nur die geringste Hilfe erwarten*. Die Welt ist kalt u. grausam
u. ich war ein harmloser Irrer. Es gibt nur noch zwei,
drei Menschen, die Freude an meiner Arbeit haben,
Hesse, Hermann u. du. Davon kann ich nicht leben. Es
gibt also *keinen anderen Ausweg*. Bitte nenne mich nicht
⟨abtrünnig⟩. Ich muß mich jetzt aufraffen. Es ist das
letzte Mittel. Würde ich die ⟨Überzeugung⟩ haben, ich
müsse jetzt meiner Kunst treu bleiben, dann würde ich
verkommen. Verkommen werde ich vielleicht früher oder
später sowieso; ich habe das Sinkenlassen im Blut.
Übrigens habe ich ja die Abende u. Nächte für mich, in
denen ich bei starkem Kaffee *schreiben* kann, was mich
gegenwärtig mehr noch lockt als das Malen. Vielleicht
gibt es irgendwann einmal einen Ausweg. Heute werden
mir die Musen verzeihen. Mir ist es lieber, ich habe eine
Tätigkeit, die nicht[s] mit Kunst gemeinsam hat, irgend-
einen Broterwerb, als das ich mit meiner Kunst zu
Kreuze krieche. ## Da würde mir so windig weh zu
mute sein, das ich's nicht ertrüge. Es wird auch so gehen. Ich habe die Insel verloren, ich bin aber noch jung.
Einmal werde ich auf den Kreuzzug gehen, um sie wie-

der zu suchen. Vielleicht kommst du dann mit. Wir sind
Helden, Bob! Wackre Kämpen! Heil dir!

Später.
Ich habe ¡mich, im Verhältnis zu gestern wieder ziemlich
in der Gewalt. Gestern ging es mir recht übel. Der Brief,
den ich dir schrieb, wird dir das wohl gezeigt haben.
Wie mag es dir wohl gehen in diesen Tagen? Schreibe
mir genau, wie du deinen Tag verbringst. ¡Wenn du dich
von deinem eigenen Leben lösen kannst u. wie ein
Fremder umhergehst, warum soll ich es nicht auch können. Ich werde den Sprung schon überstehen. Ich habe
trotz aller Schwäche u. trotz meinem großen Pessimis-
mus eine ungeheure Zähigkeit, die mich gerade heute
verwundert.
Heute abend will ich wieder in das Nachtlokal gehen, allein diesmal, vielleicht kommt sie wieder. Wie schön
wäre es! God [!] bye dear!
Wir wollen uns viel schreiben, Bob, gerade jetzt, wo alles andere auseinanderfällt!

6 Uhr.
Weißt du, wie der wackre Krieger seinen Nachmittag
verbringt? Er liegt im Hotelzimmer auf dem Bett. Das
Fenster ist offen, die Sonne scheint, der ¡Rollvorhang ist
halb herabgezogen u. das Zimmer liegt im Halbdunkel.
Er vertrödelt die Zeit, indem er pfeift, Schlager u. ein
Flötenkonzert von Bach, dirigiert dazu und malt sich Begegnungen aus mit dem schönen, unbekannten Mädchen. Er wartet auf den Abend. Die Zeit vergeht sehr
langsam. Bob, wenn du hier wärst! Ich habe darüber
nachgedacht, wie merkwürdig sich unsere Freundschaft
entwickelt hat. Die erste Begegnung in Prag. Damals haben wir noch kein starkes Verhältnis zueinander gehabt,
da⟨nn⟩ kam auch Maggie dazwischen. Da allmählich hat
sich etwas Festeres gebildet in den langen Gesprächen,
in den Abenden. Ich finde, unser Zusammengehörig-
keitsgefühl drückte sich am stärksten immer in unseren
Begrüßungen aus, die beinahe von russischer Empfind-
samkeit sind. Seltsam: erst nach dem großen Zwiespalt,

nach der Schufterei, die ich mit Ann begangen habe, nach unserer „Wiedervereinigung" fühle ich dir gegenüber eine wirklich große Freundschaft, wie ich sie stärker nie fühlen könnte. Aber diese Dinge sollte man vielleicht garnicht aussprechen.

Ich bin aber augenblicklich schwatzhaft. Das wollte ich nur sagen. Jetzt lege ich mich wieder hin. Später esse ich eine Apfelsine.

Freitag.

Ich habe heute nichts mehr zu tun als auf das Mädchen zu warten. Stell dir vor, sie war da, ich dachte, das Herz würde mir bersten. Sie heißt Meybrid – schön ist der Name, nicht? Um halb sieben treffe ich sie in dem kleinen Dunklen Café, in dem ich vorgestern war. M. ist Schwedin, spricht aber sehr gut englisch, auch deutsch. Ich bin ziemlich verliebt. Ich liege untätig auf meinem Bett u. stelle den Kriegsplan zusammen, wie ich sie dazu bekommen kann, heute Nacht mit mir zu schlafen. Ich bin richtig aufgeregt u. voller Unruhe. Den ganzen Vormittag lag ich im Bett. Die Stadt selbst geht mich nichts mehr an, ich bin nur noch für die schöne Meybrid da. Komisches Leben! Das verdammte ist nur, daß ich so knapp mit Geld bin, ich habe, um für den Abend zu sparen, heute bei Bekannten sozusagen ein Mittagessen geschnorrt u. sonst noch weiter nichts als eine Apfelsine gegessen. Ich möchte, wenn ich die Göttin dazu bekomme, ein hübsches Hotelzimmer nehmen, mit Bad u.[.] s. w., kein übeles, stinkiges Loch. Ach, Bob, was sind wir für Kreaturen! Gestern jammert man, alles sei zum kotzen, man wolle Selbstmord begehen. Und heute überlegt man erhitzt, wie man irgendein Mädchen für sich gewinnen kann. Kann man daraus klug werden, aus diesem höllischen Auf u. ab?

Endlos lange ist dieser Nachmittag. Ich bin unruhig, als sollte ich zum ersten Mal mit einer Frau schlafen. Seit einer halben Stunde gehe ich im Zimmer auf u. ab. Jetzt ist es $\frac{1}{2}$ 4. Noch drei Stunden. Was magst du zur selben Zeit tuen. Hast du das Mädchen wiedergetroffen, dem du so oft begegnest? Warum bist du immer noch an Maggie gekettet, wenn sie dich im Grunde anekelt. Sicher ist es schwer, nach solch langer Zeit zu brechen, sicher würdest du sie sehr verletzen. Aber ich bin gewiß, sie wird es überstehen. Ich bin gespannt, wann du diesen Schritt wagst. Natürlich bietet die Gute ja viel Bequemlichkeit⟨,⟩ sie ist sicher stets da, wenn man sie haben will – aber ——, was tut sie in London? – Warst du mal im Restaurant CHATTA in der Bakerstreet, ich glaube es war Nr. 100. Es liegt auf der rechten Seite, wenn man von Oxford Str. in Richtung Marylebone Rd[.] geht. Man muß ein paar Stufen hinabsteigen. Frag doch mal, ob man wieder mal was gehört hat von Jacques Aischmann, weißt du, dem plötzlich verschwundenen. Und hast du im Times Book-Club mal nach Elaine Shanks gefragt, in der Kinderbücherabteilung? Dann müßtest du unbedingt noch einen Mann aufsuchen, der heißt Bossany – oder Boszany – oder Bossyani. Es ist ein großartiger Kerl, ein Glasmaler, der sich sehr freuen wird, wenn du ihm von mir Grüße bringst. Er ist ein ganz unkonventioneller 100% Künstler, etwas wunderlich, mit einer sehr netten, sehr musikalischen Frau u. einem reizenden Sohn. Er wohnt in Camden Rd[.] in Camden Town. Die Nummer weiß ich nicht genau, aber es ist ein ziemliches Stück, wenn du von der U[-]Bahn Station Camden Town die Camden Road hinaufgehst, auf der linken Seite. Und zwar ist es nach einer großen Garage oder Tankstelle, da ist in der Straße ein Einschnitt, ein kleines Rondell:

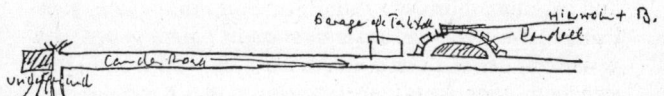

Wir haben schon schwierigeres gefunden, will ich meinen. Suche nicht im Telefonbuch nach der Hausnummer, sondern versuche es unabhängig zu finden. Ich bin gespannt. Der Besuch lohnt! Er ist Deutscher, Jude; du mußt aber laut sprechen, denn er ist schwerhörig! Wenn du mal zufällig durch die Little Kinnerton St. kommst, dann sieh einmal in die Kinnerton Garage hinein. In den mews dort, oberhalb der Garage, hatte ich damals meine Ausstellung . Mehr fällt mir im Moment nicht ein. Aber jedenfalls habe ich so doch wieder eine halbe Stunde verbracht. Noch 2½ Stunden! Ich bin tatsächlich verrückt! Wie kann man sich nur so beunruhigen lassen. Kennst du diesen Druck in Magen u. Unterleib? Verrückt was?

6 Uhr. Ich habe Obst gekauft. In der Hoffnung, daß wir es in der Nacht Arm in Arm essen können. Ein wunderbares Zimmer habe ich schon ausfindig gemacht, groß, gutes Bett, da werde ich heute Nacht vielleicht als Mr. Veiss from Oklahoma, U.S.A. mit Gemahlin übernachten. Ich bin ganz kindisch u. werde wenn sie nicht will, sehr traurig sein. Denn bis jetzt mache ich ja die Rechnung ohne den Wirt, oder, wie man so schön sagt: ich zerteile des Bären Fell, bevor ich ihn erlege. Hoffentlich bin ich ein guter Jäger u. bringe das seltene Wild zur Strecke. Das ist tatsächlich im Augenblick mein einziger Lebensinhalt. Ich glaube, es ist die Reaktion nach den letzten wahnsinnigen, aufreibenden Tagen. Die guten Götter seien mir gnädig!
Du solltest jetzt den Brief für einige Stunden beiseite legen, um wenigsten[s] ein bis[s]chen an meiner Spannung teilzuhaben!

Sonnabend
Und Zusammenbruch auf der ganzen Linie , wie es sich für das böse Zeichen, unter dem mein Leben gegenwärtig steht – gehört. Mein Fehler war: ich wollte zu hastig vorgehen, angesichts der Tatsache, daß ich ja nur den einen Abend u. die eine Nacht vor mir hatte u. am nächsten Mittag abfahren muß. Ich wollte die Festung im Sturm nehmen u[.] das gelang nicht. Es war ein harter Kampf, von ½7 Uhr bis Nachts gegen 3, dann aber mußte ich allein, geschlagen, zermürbt in das Hotelzimmer zurückkehren, von dem ich in Gedanken schon

hoffnungsvollen Abschied genommen hatte. Es war Schneesturm u. ganz verteufelt traurig. Ich hätte für Meybrid viel Zeit haben müssen. Sie war ein Gegner, den ich ⟨ehren m⟨uß⟩te. Ich glaube, sie hat sich an ihrem Siege geweidet. Sie blieb unendlich zurückhaltend u. ich wurde immer mehr von einer wilden Erbitterung erfaßt. Ich glaube, ich habe noch nie so eindringlich u. erregt mit einem Mädchen gesprochen u. noch nie so viel überlegene, spöttische Kühle entgegengebracht bekommen. Mir schien es schon, als sie hereintrat in das Café – groß, im schwarzen Pelz – absurd, daß ich den Gedanken ⟨f⟩assen konnte, in der Nacht schon so weit # zu sein, daß wir miteinander schlafen würden. Ich hatte mich aber nun schon darein verbissen, auch aus Verzweiflung über das irrsinnige, zwecklose, verpfuschte Leben u. # spielte die Rolle des Eroberers weiter, obgleich ich von der Sinnlosigkeit dieses Unterfangens bald überzeugt war. Ein einziges Mal nur – wir waren # auf ⟨unserer⟩ langen Nächtlichen Rundreise gerade in einem kleinen Tanzlokal gelandet – kamen wir uns plötzlich sehr nahe: ihre Augen dicht vor meinen, einen Augenblick lang Schweigen nach dem vielen Sprechen, einen Augenblick lang ihre Maske fort – wenn wir allein gewesen wären, hätte ich sie in die Arme schließen können – da aber brach die Tanzmusik wieder los u. alles war aus. Sie wurde wieder fremd, war wieder fern u. ging mir immer mehr verloren u. ich wurde immer verzweifelter. Allmählich packte mich sinnlose Wut, ich hätte schreien mögen u. ⟨...⟩ [Unleserliche Halbzeile]
Ich habe mein Geld verbraucht bis auf den letzten öre u. hungere heute. In einer Stunde geht mein Zug u. ich fahre zurück nach Alingsås. Dies war die tollste, wahnsinnigste u. furchtbarste Reise, die ich je getan habe. Heute morgen war ich vollkommen erloschen, ich mußte mich lange besinnen, bis ich begriff, das ich in einer Stadt war, die Stockholm heißt. Am Donnerstag habe ich so schön von meinen Plänen geschrieben, heute scheint das alles wieder unmöglich. Wie soll das nur weitergehen?
Morgens kam ein Brief von Hermann. Merkwürdig, Her-

manns Briefe kommen immer gerade dann, wenn es mir schlecht geht. Wie eine Warnung höherer Mächte sind seine ruhigen, männlichen Worte, seine Ermahnungen, ein Gedicht, das er einlegt. Auch er schreibt: Peter, du darfst nicht aufgeben, du mußt weitermalen!

Aber wozu wird es dann so furchtbar schwer gemacht? Welch unglaublicher Widerspruch: Dem zum Künstler berufenen Menschen, der Werke schaffen soll, daran sich die anderen erfreuen können, wird halb zu Tode gequält von jenen anderen, sie legen ihm nichts als Schwierigkeiten in den Weg, so daß er, gehetzt, mit lechzender Zunge u. verkrampften Gliedern sich die Arbeiten abringt, die später einmal, wenn er sich ganz zu Tod gequält hat, gepriesen werden von seinen Quälern.

Ach, Bob, ich beginne allmählich die Welt zu durchschauen, diese ungeheure, erhabene Verlogenheit u. Sinnlosigkeit, diese herrliche Anhäufung von Ignoranz u. Hetze u. Betrug.

Wenn ich nicht bald wieder etwas finde, woran ich mich klammern kann, dann – ich habe Angst davor – werde ich mich doch in ein Schicksal treiben, wie Kleist es erlitt .

Dein P.

[An den Rand geschrieben]
Zu weiteren Briefen bin ich nicht mehr fähig, wenn du Hermann schreibst, *bitte berichte ihm ein wenig von mir, oder schicke ihm diesen Brief nach.* Ich kann ihm im Augenblick nicht schreiben. Ich muß erst mal wieder ⟨ein wenig⟩ zur Vernunft kommen.

21   *P. Weiss an H. L. Goldschmidt*

[Alingsås, erh. 15. April 1939]

Mein lieber Hermann, es läßt sich an, es läßt sich an – von vorwärts ist gar keine Rede. Ich lebe, oder besser: ich vegetiere. Die Mauern meiner Klause sind auseinandergeborsten, Spalten klaffen überall, kein Gerüst mehr hält es zusammen. Ich bin geflohen, fort, fort nur! daß ich nicht unter den Trümmern begraben werde.

Wären wir drei, du u. Bob u. ich nur zusammen, dann wäre vielleicht alles gut. Jetzt ist nichts gut. Hab vielen Dank, auch für den Vorschlag mir auszuhelfen ¦mit einem Vorschuß auf meine künftigen verkauften Werke. Von diesen Werken ist keine Spur. Und die alten Bilder liegen immer noch irgendwo in einer deutschen Zollstation, der Teufel weiß, wo! Meine Nationalitätenfrage ist völlig ungelöst, ich habe keinen Paß, weiß auch garnicht, was werden wird.
Addio, Hermann, schreib mir, ich kann's nicht.

Dein getreuer P.

Deine Gedichte brachten Freude.

22 *P. Weiss an H. L. Goldschmidt*

[Alingsås, erh. 23. April 1939]

Mein lieber Hermann
Ich bitte dich um folgendes:
Mit der gleichen Post schicke ich dir ein Manuskript u. Robert schickt dir aus London ein zweites, das ich ihm zum Lesen sandte. Diese beiden Manuskripte nun sende bitte (auf meine Kosten natürlich) an den Verlag in Zürich, in dem dieses Buch von Glaeser erschienen ist über die Monate, das Bob hat. Du wirst die Adresse sicher erfahren können. Eingeschrieben, bitte. Inliegend ist ein Brief an den Verleger, in mehreren Exemplaren, falls dieser Glaeser-Verlag es zurückschickt, könnte man versuchen, es Oprecht zu senden oder dem Seldwyla Verlag oder Rascher. Vielleicht weißt du auch einen Verlag der vielleicht in Frage käme. Du wirst mir nicht böse sein, daß ich dich in Anspruch nehme. Weißt du, die Monate, die ich hier durchlebe, zerstören mich so, daß ich – solange ich noch Kraft zum Widerstand habe, alles versuchen will, um hier herauszukommen. Du mußt dir einen

trostloses, kleines Provinznest vorstellen, in dem die Leute auf der Straße sich um ihre eigene Achse drehen, um mir nachzusehen. Tagsüber arbeite ich in der Textilfabrik, schreibe Geschäftsbriefe, kann oft vor innerem Schmerz kaum atmen.

Abends habe ich noch meine eigene Welt, doch wer weiß wie lange die sich noch zu halten vermag. Ich schreibe und zeichne bis lange nach Mitternacht u. bin dementsprechend mit meinen Nerven ziemlich herunter. Ich weiß aber: länger als einen Monat werde ich dieses wahnsinnige Leben kaum ertragen können. Ich will alles versuchen, um wieder in die Schweiz zu können. Wie schön wäre es, wenn du u. Robert u. ich wieder zusammen wären – kaum vorstellbar.

Zu den Manuskripten noch folgendes: Ich # möchte als Absender angeben: Weiss, bei Keller, Zürich, dann denken sie vielleicht[,] ich bin Schweizer u. das erleichtert alles. Frau Keller kannst du ja sagen, ich käme vielleicht für einige Tage zu dir zu Besuch, damit sie die Post für mich annimmt. Für die eingeschriebenen Sendungen hier auch eine Vollmacht für dich zur Annahme.

Bei dem Manuskript, das Robert aus London schickt, ist noch meine schwedische Adresse angegeben, die vernichte bitte.

Ich bin sehr gespannt, ob wir Erfolg haben.

Herrgott, Hermann, wann haben wir endlich einmal Erfolg? Ich glaube ja kaum, daß ein Schweizer Verlag etwas von mir drucken wird.

Schreib mir bald wieder.

Briefe sind noch das einzige, das etwas Halt geben kann!

Herzlichst dein P.

P. U. Weiss
bei Keller
Bolleystr. 50
Zürich VI

Sehr geehrter Herr,
Ich überreiche Ihnen mit der gleichen Post zwei Manuskripte („Die Gezeiten" und „Die Landschaften in den
Träumen") zur Ansicht, da eine Veröffentlichung in
Ihrem Verlage erstrebenswert wäre.
Es sind bisher noch keine meiner Arbeiten im Druck erschienen und ich wäre bereit, als Unbekannter, der ich
bin, bei dieser ersten Auflage auf ein Honorar zu verzichten.
Ich erhoffe Ihre baldige Nachricht und verbleibe
hochachtungsvoll

Ihr
Peter Ulrich Weiss

24 Anlage 2 zu Nr. 22

Zürich, Anfang Mai [19]39
Ich bevollmächtige Herrn Hermann Levin-Goldschmidt,
eingeschriebene Postsendungen im Falle meiner Abwe-
senheit in Empfang zu nehmen

Peter Ulrich Weiss

[Alingsås, erh. 26. April 1939]

Lieber Hermann, lieber Bob – ich schreibe an euch beide zusammen, da ich nicht weiß[,] ob Robert inzwischen London schon den Rücken gewandt hat – wenn nicht, willst du ihm diesen Brief bitte nachsenden, Hermann. Aber aufb[ew]ahren tue *du* ihn. Er ist nämlich wichtig – und vielleicht werde ich es einmal nötig haben, daß du mich an ihn erinnerst u. ihn zitierst!

Um das Wichtigste vorweg zu nehmen: Ich habe mich für ein halbes Jahr verpflichtet, in der Textilfabrik zu arbeiten, in Kraft tretend ab 1. Mai, mit Zugabe eines Monats, während dem ich meinen späteren Nachfolger dann ausbilden muß. Ich arbeite in der Fotochemischen Abteilung, bin mit dem Umdruck beschäftigt der Fotografischen Platten, die die Stoffmuster auf das Material reproduzieren – eine neue Art des Stoffdruckverfahrens, in der ich – als Spezialist, der ich dann sein werde – stets einen sicheren Rückhalt habe u. wenn die Not am ärgsten ist: in die ich flüchten kann. Du wirst ja wissen, daß ich damals in London 1 Jahr auf dem Polytechnicum Fotografie studierte, ich habe also noch eine schwache Ahnung von den Entwicklern u. Fixierern, habe ein Certifikat als Fotograf u. kann deshalb hier aufgenommen werden. Ich habe ein Zimmer im Haus meiner Eltern, brauche als[o] nichts für den Unterhalt zu bezahlen u. kann so alles bald, das ich verdiene, zurücklegen. Nach Ablauf des halben Jahres werde ich etwa 1500 Kronen zusammen haben. *Ich tue dies alles für meine Malerei.* Ich habe Abende u. Nächte, in denen ich schreiben kann – wenn ich nicht zu müde bin, ich werde unabhängig von allem weiter versuchen, eine Ausstellung zu bekommen, oder Illustrationen u.s.w. Und ihr müßt mir dabei helfen! Wir müssen in dieser Zeit in engster Verbindung bleiben. Ich brauch euch! Ich brauche lange Briefe von euch, längere, als ich euch sicher werde schreiben können. Ihr müßt mir von euren Arbeiten berichten, müßt mir alles zum Lesen schicken, was Ihr euch ausgedacht habt, es ist für mich von äußerster Wichtigkeit.

Und vor allem: 1. Beklagt mich nicht! 2. Verurteilt mich nicht! 3. Versucht nicht, mir zu erklären, was ich anderes hätte tun sollen! 4. Nennt mich keinen Abtrünnigen!

Denn: 1. bin ich nicht beklagenwert. Die Zeit des Klagens ist vorüber. In den letzten 3-4 Wochen habe ich genug Schmerz u. Untergangsstimmung in mir gehabt. Das ist nun vorbei. Man darf sich nicht so gehen lassen.

2. habe ich das Urteil ja selbst gefällt, es heißt: 7 # Monate Abschied von Pinsel u. Farben. Es gibt kein anderes Urteil!

3. Es gab keinen anderen Ausweg. Ihr wißt, das man in dieser wahnsinnigen Welt von Idealen allein nicht leben kann!

4. Ich bin der Insel treu wie je! Denn ich tue es nur für die Insel. Dieses halbe Jahr wird vorüber gehen. Wir werden alle wieder beisammen sein u. dann – hoffentlich – bei fruchtbarer Arbeit. Das Weihnachtsfest wollen wir (dessen bin ich ganz gewiß) gemeinsam verbringen, sei es in Zürich, London oder im Urwald von Peru).

Ich bin so froh, daß ich Euch habe. Wir müssen zusammenhalten! Wir wollen ein Triumvirat gründen! Denkt doch nur: wir sind 3 Mann, welche Kraft, welche Macht! Was geht uns da die Welt an!

Nach Ablauf dieses halben Jahres habe ich – nebenbei werde ich vielleicht noch dies oder jenes Bild verkaufen können – ein hübsches kleines Kapital zusammen. Die Reise – wo immer sie mich hinführen wird – bekomme ich von meinem Vater bezahlt, so daß mir der reine Verdienst aller Monate bleibt.

Und dann auf! Irgendwo hin. Aber wir müssen alle Drei zusammen sein. Herrgott, was werden wir für ein Leben führen. Es zieht mich nach allen Teilen der Welt gleich stark – nur fort vom Zentrum Europens! Ich glaube, Amerika wird doch unser zukünftiger Lebensraum werden müssen. Vielleicht könnte man gemeinsam zur Weltausstellung herüber fahren u. dann dort bleiben! Wie sind eigentlich eure Zukunftspläne bis jetzt gewesen, glaubt ihr denn, ihr könnt in der Schweiz bleiben Und seht ihr denn eine Möglichkeit, daß auch ich da leben könnte? Ich glaube nicht. Dort sind wir auch in allzu großer Nähe unseres Nachbarungetüms! Außerdem weiß ich noch nicht, was aus meiner Staatsbürgerschaft wird – was für einen Paß ich bekomme. Im Juni ist er abgelaufen. Augenblicklich bin ich Slovake. Noch. Doch wie lange? Wie lange gelten eure Pässe?

Schreibt mir gleich, schreibt mir, wie ihr eure Tage verbringt, vor allem Kleinigkeiten will ich wissen, von den Straßen bei euch, von den Bäumen, von Gesprächen.

Und Bob – bist du noch in London – was versprichst du dir von den Sendungen an englische Autoren. Glaubst du, daß sie im Augenblick Sinn für diese bibliophilen Arbeiten haben? Bitte, sei so gut u. achte ein wenig auf die Illustrationen, daß sie nicht verlorengehen oder verderben. Hast du Elaine # Shanks gefunden oder Roland oder Bossiany ? Oder bist du zu sehr von London verschluckt. Laß dich nicht verschlucken! Ich werde mich auch nicht verschlucken lassen!

Auf unbedingtes Wiedersehen spätestens Weihnachten u. inzwischen viele Briefe! viele Briefe!

Alles Gute von eurem getreuen
Peter

26   *P. Weiss an R. Jungk und H. L. Goldschmidt*

[Alingsås, erh. 4. Mai 1939]

Lieber Bob, lieber Hermann. Eben kam der Brief, gleich will ich antworten. Zwei Glückwünsche zunächst: einen für Hermann – Lob u. Heil dem Sieger, dem ehrenwerten Preisträger u. Lob u. Heil dem Sieger Robert. Hoffentlich wirst du nicht noch einmal Umwege gehen müssen. Für mich sehr ermutigend – euch beide in Zürich zu wissen, ein sicherer Halt. # Wenn ich euch auch ein wenig beneide, so bin ich doch nicht unglücklich. Denn was ich hier tue[,] ist ein Opfer an die Götter. Desto größer u. glückhafter wird später die Befreiung sein. Dies alles ist nur ein Erkaufen! Dieses halbe Jahr wird vorüber gehen. Zum ersten Mal in meinem Leben habe ich ein festes Ziel vor Augen: Das Wiedersehen mit euch Weihnachten, da ich *Ich Selbst* sein werde, hervorgegangen aus einer Schmiede. Ein Tag vergeht schnell nach dem anderen. Ich fühle mich so wenig – am Tage – nicht in der Nacht. Nachts stehe ich oft auf dem Balkon vor meinem Zimmer, sehe über den Garten, die Felder, den See. Über euch u. mir stehen die gleichen Sterne. Schön.

Wie ist noch alles kahl. An den Büschen nur kleine Knospen, ein rauher Wind streicht durch die Straßen, wirbelt den Sand auf u. rauscht in den Telegraphendrähten. Noch nirgends Blüte, noch kein Schmetterling, noch keine Biene.

Ich lese D. H. Lawrence, ein herrlicher Mann. Woman in Love und The white peacock herrliche Bücher. Haben die Engländer auch keine großen Maler u. Musiker, so doch große Dichter.

Nach dem Arbeitstag in der Fabrik laufe ich mich müde auf den Landstraßen, gehe durch die sanfte, abendliche Hügellandschaft. Alles still – nur ein Vogel singt irgendwo im Baum.

Ach, Bob, Hermann, was für ein seltsamer Irrgarten ist die Welt. Ob man einmal wohl klüger wird und etwas versteht?

Wie ist es bei euch jetzt im Frühling – liebt ihr, oder seid ihr allein. Ich bin allein und werde es bleiben. Nicht eben leicht, wo man sein Blut zuweilen laut rauschen fühlt. Ich sehe immer wieder, wie ungeheuerlich die Sehnsucht nach Liebe ist – wie groß, wie unaufhaltsam der Trieb in einem ⟨fort⟩. Ich denke mir: hätte ich ein Mädchen zum lieben, wäre alles leichter. Da's aber nicht kann sein, da's aber nicht kann sein...

Nun, vielleicht doch noch – was weiß man. Und wenn nicht – ich werde es überleben. Ich werde diese Zeit aufs Beste überleben. Und dann soll mich nichts – NICHTS – mehr hindern – Entwürfe für die Bilder, die ich malen will, mache ich schon jetzt. Ich dachte, einen langen Brief zu schreiben – sehe eben, daß ich nicht weiter komme. Schreibt ihr mir desto mehr. Ich bin mit einmal sehr müde. Muß morgen früh um 7 Uhr in die Fabrik, d. h. um 6 Uhr aufstehen. Von 7 Uhr morgens bis 5 Uhr Nachmittags. ###

Die Mappe, Bob, mit den Illustrationen, schickst du mir ⟨die⟩ zurück – ja – daß können wir ruhig hinausschieben – ich würde ja zum Illustrieren jetzt doch nicht kommen. Doch das mit den Schweizer Verlagen versucht bitte für mich, ich wäre euch dankbar! Also die Gezeiten u. die Landschaften in den Träumen.

Seid herzlichst gegrüßt von eurem
P.

27 P. Weiss an R. Jungk und H. L. Goldschmidt

[Alingsås, erh. 5. Mai 1939]

Lieber Bob, lieber Hermann – ich sitze in dem Bretterverschlag, dem Notkontor neben dem Fabrikneubau, die Sonne scheint durch die vernagelten staubigen Fenster, es gibt nichts zu tun im Augenblick, da will ich ein wenig an euch schreiben. Ich hatte ein paar Geschäftsbriefe geschrieben auf schönem weißen Papier, daß ein breiter Kopf mit der Fabrikmarke ziert, bin durch die Räume des Fabrikbaues gegangen, die bald fertig zum Einzug sind, habe zugesehen wie die Maschinen montiert wurden, habe das Hämmern der Arbeiter auf Stein und Eisen gehört, bin wieder zurückgegangen über den grell besonnten Hof, der voller Gerümpel, Brettern, Karren und Sandhaufen ist und auf dem eine Zementmischmaschine knatternd und ununterbrochen singt. Nun in dieser, etwas qualmigen, ungelüfteten Bude. Schreibmaschinen klappern, Leute laufen ein und aus, wieder fahren Lastwagen vor, bringen neue Maschinen; mit Hau-ruck Rufen werden sie hinuntergeschoben und gezerrt. Die Räume in der Fabrik sind groß und hell und sauber, alles nach den modernsten Regeln erbaut, ein prächtiger Tempel unserer Zeit. Das ist nun mein Aufenthaltsort für ein halbes Jahr. Wer hätte das gedacht. Hätte es jemand gewagt, mir dies zu prophezeien, nicht gering wäre mein Gelächter oder meine Wut gewesen, # jetzt sehe ich dies alles recht gefühllos an. Ich tue so als sei ich sehr beschäftigt[,] verziehe mich in eine Ecke an die Schreibmaschine und denke an euch. Gestern las ich die Züricher Zeitung, ich las den Festakt eurer Universität nach und dann mit Stolz und Zufriedenheit von eurem Sieg. Daß du, Hermann und Liepmann die Preise bekommen habt[,] ist ja für die Schweizer nicht gerade erbaulich. Aber ein Zeichen von unerhörter Tüchtigkeit der guten alten Deutschen. Ein Beweis, daß noch etwas in ihnen steckt, daß sie es mit den anderen aufnehmen. Ich habe mich sehr gefreut # und die Siegesbotschaft immer wiede[r] gelesen. Und ihr werdet natürlich auch nicht von geringem Stolz sein, habt ihr es ordentlich begossen – und auch an mich gedacht und mich nicht vergessen, habt ihr mich hochleben lassen? Das solltet ihr tun! Wenn ihr es noch nicht getan habt, so holt es gefälligst nach. Ich möchte, daß auch einer mal auf mich einen Trinkspruch ausbringt. Man ist schauerlich allein hier! Nie habe ich mich mehr nach einem Menschen gesehnt als jetzt.

Aber es sieht beinahe so aus, als sei ich für dies halbe Jahr außerdem auch noch zum Mönchtum verurteilt. Wenn man eine Arbeit hat, die einen ganz ausfüllt[,] kann man das ertragen, dann ist es sogar gut – aber unter diesen Umständen ist es ein Kelch. Die Arbeit, so ermüdend sie sein mag, sie läßt mich am Abend doch wach und völlig unbefriedigt zurück. Ich streiche stundenlang durch die Wälder, über Feldwege und Landstraßen im Eilmarsch, um wenigstens hernach schlafen zu können. Die Nächte sind jetzt schön. Vollmond hinter wildbewegten Wolken, Wind im kahlen Gezweig, Nach[t]vögel, die über den Seen schreien.

Und trotz allem lerne ich jetzt eine ganz neue Freude kennen, eine Freude, die fast unpersönlich ist, eine Art seelischer Befreiung. Ich erkenne, daß das was ich hier tue, dieser Verzicht auf MEIN Leben, dieser Verzicht auf alle Freiheit, auf alles Schöpferische ein Obulus ist an das Schicksal oder an eine Gottheit, an die Musen.

Und ich glaube, daß die Belohnung groß sein wird, die ich erhalten werde, wenn dieses halbe Jahr vorüber ist. Dieser Gedanke, sich die Freiheit so teuer erkauft zu haben, der Gedanke, nach diesem gewaltigen Eindämmen ausbrechen zu dürfen und all das zu malen, zu bilden, was sich in dem inneren Staudamm ansammelt, das verursacht jene übermäßige Freude. Meine Arbeit kann nur gewinnen dadurch. Ich glaube, daß ich später bessere Bilder malen werde als bisher.

Ich bin auch nicht mehr versucht zu sagen: wie schwer macht man es dem künstlerischen Menschen – warum legt man ihm Widerstände in den Weg, warum ignoriert man ihn. Denn jetzt verstehe ich erst die große ¦Gnade[,] die darinnen liegt: Künstler sein zu dürfen. Unser Leben ist so unendlich reicher als das der anderen, daß wir zufrieden und beruhigt die Schwierigkeiten auf uns nehmen können. Scheint uns auch einiges verloren zu gehen, scheinen wir uns auch zu quälen, viel, viel mehr bleibt uns doch als all den anderen. Meine einzige Sorge ist nur: wo kann man endlich einmal eine längere Zeit leben, ohne das man Gefahr läuft, herausgeworfen zu werden? Ich möchte gerne große Bilder malen im Winter und die kann ich nicht in irgendeiner gnadenhaft[e]n Durchgangsstation malen. Ich muß an die Transportschwierigkeiten ¦denken, ich muß so lange irgendwo sein können, ¦bis ich genug für eine Ausstellung gearbeitet habe. Die Bilder die ich hier in Alingsas habe, kan[n] ich nicht immer mit mir herumschleppen, sie müssen hier # Verwahrt bleiben, also alle Bilder aus dem Tessin und die von früher. Mit den Prager Bildern hat es noch eine große besorgniserregende Schwierigkeit. Sie sind nämlich immer noch nicht aus Prag abgegangen, liegen dort in einem Lager und werden bis jetzt nicht herausgelassen. Allerdings habe ich die Nachricht erhalten, daß sie endlich demnächst abgehen soll[en] – das alles aber erscheint mir sehr ungewiß und nicht gerade erfreulich. Es sind immerhin ¦20 Bilder, z. T. sehr großen Formates, darunter mein geliebter Caspar Hauser. Ich bin besorgt um ihn[,] wie ein Vater um seinen Sohn besorgt sein kann. Wenn endlich alle Werke wohlbehalten hier sind erst[,] kann ich ganz ruhig sein. Nun, hoffen wir zu Gott! Wenn ich nach Zürich komme – wenn man mich überhaupt herein läßt, ich muß da vorher genaue Informationen von der Gesandtschaft haben – komme ich ohne ein einziges Bild. Jedoch ist es wohl verfrüht, sich jetzt schon Gedanken darüber zu machen – wer weiß, was sich bis dahin nicht alles ereignen kann. Könnt ihr denn noch lange dort bleiben, bitte schreibt es mir! Laßt ihr es darauf ankommen? Zukunftspläne kann man ja nicht mehr machen. Welches Glück, daß du, Bob, über die Grenze gekommen bist – ich kann mir deine Freude vorstellen und deine Gefühle, als der Zug in Zürich einlief und du zum ersten Mal wieder durch den Wald auf dem Zürichberg gingest. Wie geht es dem Pfau-Pfau und dem Esel Jock? Und hast du Meggeli wieder gesehen – bitte grüße Sie von mir, ich habe sie gern.

Und Hermann – schreibst du etwas? Bitte schicke es mir wieder! Bob, hast du schon feste Pläne für das Buch oder ist das Chaos noch in Wallung?

Merkwürdig – ich hatte jetzt eben meine Umgebung völlig vergessen, jetzt ruft mich erst das Dröhnen eines Lastwagenmotors wieder wach. Der schwere Wagen manövriert kunstvoll zwischen dem Baumaterial hindurch, er bringt riesenhafte eiserne Leitungsröhren. Der Motor heult auf, die Räder drehen sich wahnsinnig und leer, ohne Halt auf dem aufgewühlten Boden zu finden, Holzleisten werden unter die Reifen gelehnt, endlich saugen sie sich fest und unter vor und zurück schiebt sich der Wagen vor das Kesselhaus. Balken und Rollen werden nun angelegt, ein Dutzend blaugekleideter, schmieriger, bartstoppliger Monteure und Arbeiter bewegen die Rohre hinab.

Eben werden große Pakete durch den Kontorraum getragen, dicht an mir vorüber, es sind die Filzbelage für die Drucktische, die Schritte der Träger dröhnen auf dem Bretterboden, Staub wirbelt auf.

Was mögt ihr jetzt wohl machen? Bei euch blühen schon die Bäume? Hier will es nicht grün werden, einzelne Büsche nur zeigen # schüchterne zarte Knospenspitzen, die Bäume aber sind noch kahl und glatt. Die Sonne ver-

mag noch nicht zu wärmen und der Wind ist kalt. Er braust durch die Straßen, die sehr eng sind und an deren Seiten rote Holzhäuser stehen, er wirbelt Sand und Papierfetzen auf und drückt Staubwolken gegen den Kontorschuppen. Ein Gang durch diese Stadt hinterläßt einen hamsunischen Eindruck: ein kleines Provinznest voller Klatsch, eine Hauptstraße mit Läden und dem Kino, einem Marktplatz mit dem bronzenen Denkmal des Stadtgründers, hölzerne Gebäude zu den Seiten mit hohen weißen Fahnenstangen, die Post, das Hotel, die Polizei, die Feuerwehr mit dem hohen Wachturm und die Kirche, umgeben von einer kleinen Baumanlage und bankbestandenen Wegen. Auf dem Markt stehen die Fischhändler mit ihrer glitzernden Ware, die Weiber stehen in dunklen Röcken mit Körben davor und schwatzen und der Stadtgraben fließt mit trägem, schmutzigem Wasser unter den Brücken hindurch[,] auf denen die Kinder stehen mit Schulmappen und Fahrrädern und schiefen Sportmützen und über das Geländer spucken. Gehe ich an ihnen vorüber[,] so rufen sie mir unverständliches nach, ich bin als Ausländer hier eine Berühmtheit. Einige, ein paar ganz kleine, ein Junge mit grüner Schürze und finnigem Gesicht ruft mir nach: hej hatten! denn mein Hut hat's ihm angetan, der graue, weiche, ein anderer übrigens – nicht der von Prag und Zürich, doch ein ähnlicher – das heißt soviel wie: Hallo Hut! und entlockt mir immer wieder ein Lächeln, so oft ich diesen Ruf auch schon vernommen habe.
Die Mädchen hier sind an sich zugänglich, jedoch ohne jeglichen Reiz. Frauen ohne Hintergrund, Augen ohne erregenden Schimmer, langweilig, sofort zu erschöpfen. Die Männer sind ähnlich, interesselos, flach, ohne einen Funken in sich, seltsamer Menschenschlag! Nie werde ich ein Verhältnis zu ihnen gewinnen können. Die Gegenwart dieser stupiden Provinzler kann mich manchmal erbittern – ich kann mich unauffällig machen soviel ich will – gehe ich durch die Straße[,] so ist es ein Spießrutenlaufen, die Leute bleiben stehen und sehen mir nach, schnattern, recken die Hälse, dabei sollten sie mich doch nun endlich kennen!

Ich werde später noch oft von Alingsas träumen, wenn ich wieder frei bin, von diesen engen, winddurchwehten Straßen, vom unheimlich kahlen großen Marktplatz mit dem Fischduft, von den starrenden Blicken, die mich verfolgen.

Eine Oase ist mein Zimmer. Hier ist ein wenig noch von der alten Luft. Meine Bücher stehen im hohen Regal in einem Erker, neben der Tür zum Balkon, den ich ganz für mich habe. Der Raum ist hell, das Bett steht darin, daß schon im Prager Atelier stand, mit der bunten Decke, auf der Paradiesvögel und Blumen ineinander verschlungen sind, wir haben oft darauf gesessen, Bob, erinnerst du dich? Wir lagen dort, du und ich und Lise, Evchen saß dort und sang, Agathe saß dort, Maggie, Xenia, alle, die ich in Prag kannte, Peter Kien, Max Barth, Anita, Plowitz und wie sie alle hießen – entschwundene, unfaßbare Wesen – zerstoben in alle Winde. Was bleibt? Schauerlich ist dieses Dahinströmen, dieses haltlose, unaufhörliche Fluten – was bleibt?

Du bist der einzige, Bob. Und auch der wichtigste, das ist gut.

Du schreibst, wir hätten uns an dem Tage ¦kennengelernt, als Hermann auch gerade nach Prag gekommen war. Ich wußte das nicht. Seltsamer Zufall! Was für ein merkwürdiges Spiel des Schicksal[s] – sicher war etwas in den Sternen für uns an jenem Tag geschrieben!

Ja, was bleibt, ist das Werk. Du hast ¦es in deinem letzten Brief auch geschrieben, Bob. Das einzig Bleibende im Menschenleben ist das Werk, das aus unserem Innersten kommt. ### Alles äußere und alle Menschen – mit sehr wenig Ausnahmen – entschlüpfen unseren Händen, nichts bleibt zurück. Was ist wertvoller: unser Werk oder ein Mensch? Vielleicht das Wertvollste: unser Werk für einen Menschen. Wenn es uns gelänge!

Die Vogeldecke, ja, das bunte Tuch, dann noch der viereckige rote Teppich mit dem weißen Rand, der kleine Tisch mit der blauen Decke neben meinem Bett. An den Wänden hängen Bilder, Fotografien aus dem Tessin, zwei kleine bunte Zeichnungen von Hesse. /Hesse übrigens geht es nicht gut. Er leidet unter Gicht und seine

Augen werden schlechter und schlechter. Ich glaube aber, daß er noch lange leben wird, er will ja im Grunde leiden und hat in sich noch eine große Zähigkeit. Sein rotes Haus ist eine Art Idol für mich, eine lichte Höhe, und es ist gut, ihn leben zu wissen./
Durch die Fenster meines Zimmers habe ich einen weiten Blick, über die ganze klägliche kleine Stadt und über die zahlreichen Fabrikschornsteine. Aber auch über freies Feld, über Wasser und Wald. Die Fenster gehen nach Westen, und Abends liegt das Zimmer im goldenen Glanz der untergehenden Sonne.
Ich habe schon wieder angefangen mit einer Erzählung, das ist eine gute Sache, sich eine Welt aufzubauen, in die man sich flüchten kann. Wir sind ja Flüchtlinge, Träumer; das ist gut, daß wir nicht genug an dieser „realen" Welt haben, daß wir zum Leben noch eine zweite brauchen. Wie tief kann man in dieser zweiten Welt versinken, wie gut und mütterlich ist sie – was wäre das Leben ohne sie!
Die Sirenen, die Sirenen! Die Sirenen ertönen. Es ist Mittagspause.
Ich schreibe später weiter, wenn's geht, jetzt will ich essen, addio!

Später
Wieder im Kontor. Nichts verändert. Ich habe wieder Zeit gefunden, den Brief einzuspannen. Den weiteren Verlauf des Tages weiß ich schon im Voraus. Im Kontor, in der Fabrik bis 5, dann ein Gang durch die Ortschaft, über die Eisenbahnschienen zum Haus, dann der Sonnenuntergang in meinem Zimmer – ich werde D[.] H[.] Lawrence weiterlesen, diesen Großen – kennt ihr ihn? – werde vielleicht ein wenig schreiben, werde Abendbrot essen im Kreis der Familie, werde wieder hinaufgehen in mein Zimmer, wieder lesen, ein wenig schreiben und dann mit einem Male hinausrennen in die Dunkelheit, die weiße Landstraße entlang, werde den blassen, milden Himmel sehen, die weichen, grünen Hügel, die Wände der Wälder, Silhouetten von Bäumen gegen den Himmel, werde die Stimme eines Vogels hören, der al-

lein und verloren in dem Gezweige sitzt und spät zurückkehren in das Zimmer, das mich dann in seiner Ruhe aufnimmt, werde schlafen, vielleicht noch ein wenig wachliegen, aber dann schlafen, schlafen und träumen bis zum nächsten Morgen. Dann wieder das selbe wie heute. Auch übermorgen, auch überübermorgen und so fort.

Bitte, schreibt mir lange Briefe, sehr lange Briefe! Ich muß aufhören.

Euer getreuer
P

28   P. Weiss an H. L. Goldschmidt (und R. Jungk)

[Alingsås,] 9. Mai [19]39

Mein lieber Hermanus, Schutzheiliger der Brunnen. Ich schreibe wieder in meiner Fabrik, wieder Sonne, Staub, Motorenlärm. Für eine Weile ist es mir gestattet, meine Gedanken abschweifen zu lassen in heimische Gefilde, zu euch nach Zürich. Hermann, du hast mir eine sehr große Freude mit deinen Reisetagebuchblättern gemacht. Ich habe sie oft gelesen. Das schönste, was du bisher geschrieben hast! Du bist ja musikalisch, Hermann, obgleich du es ableugnest.
Die Knappheit der ¦Aufzeichnungen vermag eine ungeheure Nähe zu geben, man fühlt den Herzschlag dahinter, sehr schön, Hermann. Bezaubernd ist die Beschaulichkeit: immer wieder die Bank[,] auf der du ruhst u. betrachtest u. bedenkst. Immer wieder der Ausblick in die freie Ferne, ganz goethisch zuweilen; keine Beengtheit, kein „Treibenlassen", kein „haltloses Dahinfließen", sondern lebensbejahendes, erdnahes Erleben. Du hast eine glückliche Natur, wenn es dir gelingt, alles Negative zu verneinen.
Du hast recht mit allem was du über meine Arbeiten schreibst. Du hast recht: man darf nicht flüchten. Ich

will es mir zu Herzen nehmen. Obgleich letzten Endes eine Dichtung doch stets etwas von einer Flucht hat. Du flüchtest vom Außen in eine eigene Welt, in dein innerstes Selbst, du denkst dir Menschen aus[,] bläst ihnen Atem ein wie ein Gott, läßt sie leben u. sterben, machst dich zum Herrn über eine Eigene Welt. Du bist als Künstler notgedrungen ein Flüchtling, oder zum mindesten ein Träumer.

Was du malst oder schreibst[,] entsteht in dir, wie ein Traum entsteht, irgendwann einmal befruchtet von einem äußeren Eindruck u. dann magisch verwandelt u. geformt zu einem festen Werk. Was du von der Wanderung geschrieben hast[,] ist vielleicht ein anderes Ding, da ist unmittelbares Erleben.

Bei einer größeren Erzählung aber, deren Gestalten u. Tatsachen erdacht sind, müssen wir Träumer sein. Ich weiß, ich war's in zu starkem Maße. Ich dachte, da die Dinge in meinem Leben unfaßbar an mir vorüberzufließen scheinen, da ich losgelöst, ohne Beziehung zu ihnen stand, so müsse das Abbild auch ohne Halt, ohne beherrschenden Willen sein. Doch du hast recht: es verliert sich so ins Bodenlose. Ich hatte mir auch wohl zu viel vorgenommen. Man sollte vorläufig noch beim Kleinen bleiben, bei kurzen, absolut durchdachten Arbeiten – wie z. B. deine Wanderungsblätter es sind. Jedoch, das Schaffen einer Welt ist eine zu reizvolle, zu verlockende Aufgabe u. für mich die Rettung, denn es war wirklich *Flucht* aus einer Welt[,] die mich dem Wahnsinn nahe trieb. Nun habe ich mich ja wieder in der Hand. Das Leben sieht anders aus. Ich weiß, daß dies was ich hier tue nur Mittel zum Zweck ist, darum werde ich auch nie dieses Leben mehr *hassen* wollen! Ob ich es mir „einverleiben" u. somit überwinden kann, weiß ich nicht. Ich finde mich damit ab, vielleicht ist dies schon das Überwinden. Anerkennen kann ich diese Arbeit ja nicht, nie u. nimmer. Höchstens anerkennen eben als *Mittel zum Zweck*. Genügt das nicht? Um etwas sich einzuverleiben, muß man ihm zugetan sein, etwas ganz fremdes, etwas, auf das ich nie zurückkommen werde, will ich nicht in mir haben, kann ich auch nicht. Diese Zeit wird unerfüllt bleiben. Und ich weiß auch sehr gut warum.

Herrgott, wie werde ich im Winter arbeiten, wenn dies alles hinter mir liegt!

Um noch einmal auf die Erzählungen zurückzukommen: Du hast mir mit deiner Kritik sehr geholfen, ich habe jetzt eingesehen, welche Fehler ich gemacht habe[,] ich bin selbst nicht kritisch genug gewesen. Ich hatte mich, als ich die „Gezeiten" u[.] die „Landschaften" schrieb[,] in Traumlandschaften vergraben, ich wollte von der Welt nichts wissen. Jetzt bin ich wacher. Wenn ich jetzt wieder schreibe – und abends schreibe ich lange – bis spät in die Nacht – so baue ich zwar wieder erdachte Welten auf, will aber die „Wirklichkeit", die „Beherrschung" nicht vergessen u. ich glaube, das in meiner nächsten Arbeit jenes „Treiben, und Dahinfluten" von festerer, sicherer, wachsamerer Hand beherrscht wird.

Doch TREIBEN, SICH-VERFLÜCHTIGEN, SICH[-]AUFLÖSEN, VERGEHEN, DAHINFLUTEN: das, Hermann, sind Dinge, auf die ich nicht verzichten kann, denn dies, scheint mir, sind die beherrschenden Elemente im Leben. Nur in die richtige Form müssen sie gebracht werden. Was mich an einer Dichtung reizt, sind die gesponnenen Fäden hin u. her, die hier abbrechen, dort neu sich knüpfen, mit anderen verbinden, sich verwirren oder reißen, und dann: das Dunkel aus dem alles ersteht u. das Dunkel in das alles wieder entschwindet.

Ich weiß, du bist stärker, oder sagen wir, irdisch fester. Du lehnst den Quai des brûmes ab.

Darin bist du so wertvoll für mich (für Bob liegt es übrigens ähnlich), du # hast eine festere Hand, bist vertrauenseinflößend.

Dann, glaube ich, daß du ungeheuer rein bist. Viel reiner als Bob u. ich. Wir sind irgendwo Sünder u. „düster im Geiste". Ich habe das aus deinen Wanderungsblättern gesehen. Auch deine Liebe zum Brunnen scheint in eben dieser Reinheit zu wurzeln. Der innere Zwang, oder dieser Wille zu einer Art Weihehandlung, deine

Hand unter jeden Strom zu legen, der kühl aus dem Inneren der Erde tritt, diese immerwährende Sehnsucht nach einem Brunnen, das scheint mir ein Gleichnis.
Du fragst, ob ich bei Bermann war. Bermann gerade hat all das verursacht, was ich jetzt zu tue[n] gezwungen bin. Die Tage in Stockholm vor einigen Wochen haben doch alles umgestürzt. Ich will u. kann darüber nichts mehr schreiben. Vielleicht hat Bob noch die Tagebuchblatt-Briefe aus jenen Tagen. Dann kann er sie dir ja # zeigen, wenn es dich interessiert. Obgleich sie kein ehrenvolles Licht auf meine innere Verfassung werfen!
Nun Schluß, Hermann, bei Zeit weiter. Auch von dir u. Bob kommt hoffentlich bald ein Brief. Grüß Bob u. du kannst ihm diesen Brief ja auch zeigen, ich schreibe ihm heute nicht extra – auch weiß ich ja seine Adresse nicht.

Alles Gute dein *P.*

29   *P. Weiss an H. L. Goldschmidt und R. Jungk*

[Alingsås,] 11. – 13. Mai [1939]

Drückende, feuchte Schwüle. Die Zeit schleicht. Es gibt noch keine rechte Arbeit. Die Fotografische Abteilung ist noch nicht eingerichtet, wird auch nicht vor Juni fertig sein. Ich bin im Büro, in der Holzbaracke, schreibe dort Briefe u. verbringe die übrige Zeit, da es nichts zu tun gibt, in einer Art Benommenheit.
Auch draußen im Fabrikhof ist es heute stiller. Im Gebäude selbst nur Hämmern, ein Klirren von Ketten, ein paar hallende Stimmen. Die Eisenbahn, mit langen Güterzügen, fährt zuweilen über den hohen grünen Bahndamm hinter dem Hof. Hinter dem Damm erheben sich die Bäume, ganz hauchfein mit zartem Grün ## bedeckt.
Ein Mann kommt in das Kontor, ein Ingenieur, der ein paar Pläne abholen will. Er hat seinen Hund mitgebracht, ein weißer, weichfelliger großer Polarspitz, mit rosa Nüstern u. rosa Schnauze. Das schöne Tier legt sich

neben der Tür nieder, gleich neben mir, sieht mich an. Seine eine Vorderpfote ist in schöner Bewegung zurückgebogen, seine lange dunkle Zunge hängt heraus, leckt das Maul, hastig u. warm kommt der Atem. – Wie frei, ungekünstelt und wie sehr: für sich diese Kreatur ist! Natürlich, anmutig, voller Leben. Jetzt erhebt er sich, trottet durch den Raum, schnuppert hier u. dort, legt seinen weichen Kopf an mein Knie, ich kraule seinen flaumigen Hals, er leckt mir zum Dank den Handrücken. Das alles rührt mich. Seltsamerweise bin ich mit einmal sentimental u. fast bis zu den Tränen gerührt.

Kürzlich abends war es ähnlich: ich ging hinaus vor die Stadt, über Feldwege, hügelauf u. hügelab zum Waldrand. Die Sonne war gesunken, der westliche Himmel erhellt vo⟨n⟩ matte⟨m⟩ milde⟨m⟩ Abendlicht. Es war sehr still, zuweilen nur irgend ein ⟨feiner⟩ Ton aus der Stadt, ein Rollen der Eisenbahn, ein Hundebellen, ein Glockenton. Über ein dunkelviolettes Feld ging ein Bauer u. säte, nahm dann seine leeren Säcke zusammen u. ging fort, gemächlich, zündete sich eine Pfeife an. Dunstige Dämmerung. Wie ich langsam über tiefen, sandigen Weg am Waldrand entlanggehe, ertönt drinnen in den Bäumen ein zaghafter, schon schlafumfangener Vogellaut; ein paar mal, verhalten, ein dunkler Mollton, sehr langgezogen, wie ein Klageruf. Ich bleibe stehen u. stehe dann sehr lange so, wieder aufs sentimentalste gerührt. Dann, vielleicht durch eine Bewegung von mir aufgeschreckt, streicht eine große Krähe durch das Gehölz, mit rauschenden, knisternden Flügelschlägen. Sie flattert durch das Gezweige u. läßt sich dann wieder nieder, schlägt ein paar mal noch mit den großen Schwingen u. beruhigt sich.

Als ich weiterging war alles still, alles schlief. Überm See lagen milchige Nebelstreifen, nur ein schmaler, blaugrüner ## Lichtschimmer am Horizont u. von Osten her kam die Nacht dunkelblau mit ein paar Sternen. Das ist alles. Ein Hund mit weichem, weiße[m] Fell; ein Vogellaut im Wald; Abend überm Feld; der Bauer, der langsam, mit rauchender Pfeife über den Weg geht; Nebel

überm See; Abendhimmel mit Sternen; einsamer nächtlicher Heimweg auf stillen Straßen. ———
Die Zeit schleicht.
Was tut Ihr, liebe Bundesbrüder? Eure Karte aus Bremgarten erhielt ich hier u. las ich hier. Was gäbe ich drum, dabei gewesen zu sein. Berichtet mir genau von der Wanderung.
Was arbeitet Ihr? Habt Ihr Frieden?
Vor allem Bob, hast du alle Londoner Nachwehen hinter dir?
Wie lange gelten eigentlich eure Pässe? Bis zum nächsten Frühjahr? Verlängert bekommt ihr sie wohl nicht mehr? Ich bin übrigens zu meiner Beunruhigung nicht sehr sicher, ob man mich überhaupt in die Schweiz wieder hereinlassen wird. Die Grenzbehörden sind ja wachsam wie die Schießhunde. Und völlig ungewiß, was ich für einen Paß bekommen werde. Im Juli ist er abgelaufen – und in der Slovakei bestehen mit einem Mal wieder Militärbindungen. Wenn nun dieses Schlimmste aller Übel mit einem Male doch wieder an mich herantreten würde – dann flüchte ich lieber nach Südamerika. Herrgott, die Existenz, die zu führen wir heute gezwungen sind, ist doch fast unerträglich! Was wird aus diese⟨m⟩ armseligen, kleinen Menschenleben alles gemacht!
Wo in der Welt gibt es noch Frieden? Auch in uns selbst (der einzige Ort, wo man vielleicht ein wenig Frieden schaffen könnte), schwinden die letzten Reste dahin. – #### Ach, ich will nicht wieder klagen!

12. Mai
Lieber Hermann, lieber Bob, schreibt mir ganz ehrlich, was ihr glaubt: haltet ihr mich für schwach u. feige? Vielleicht bin ich es. Meine Weiterarbeit mußte an dem Bürgertum meiner Eltern scheitern. Hätte ich mich durchsetzen müssen? Aber alle ihre Argumente waren so ungeheuer logisch u. überzeugend, so ganz von dieser Welt (im Grunde also verlogen) daß ich nachgeben mußte. Immer wieder steigt schwer der Gedanke in mir auf: Wie verbringst du jetzt deine Zeit! Was alles könn-

test du jetzt arbeiten! Und es gibt einfach, es gibt keine Möglichkeit, einfach unmöglich!

Es ist seltsam, wie die Entfremdung hier zuhause immer stärker wird.

Vielleicht mache ich wieder alles verkehrt.

Ich habe manchmal das Gefühl, irgendetwas ganz außerordentliches würde sich noch ereignen u. mich befreien.

Doch was ist dies Außerordentliche! Könnt Ihr es mir sagen?

Bitte schreibt mir doch mehr! Denkt daran, was eure Briefe mir bedeuten!

Herzlich[s]t euer
P

13. Mai

Bei uns im Norden kommt der Frühling spät. Jetzt aber wird es von Tag zu Tag grüner. Heute Abend fand ich einen wunderbaren Weg, der mich für den ganzen Tag entschädigte. Über eine Brücke ging er, im Fluß lag ein abgetakeltes Segelboot mit vielen kleinen bunten Fahnen am Mastseil. Dann eine lange Allee durch die in der Ferne der rote Abendhimmel schimmert. Links grüne Wiesen u. die Bäume am Rande ganz zart, gelblich ⟨grün⟩. An einem alten Schloß geht es vorüber, das im verwilderten Park liegt. Am See, ganz mit Schilf umwachsen, flattern Wildenten schreiend auf. Dort steht ein Liebespaar unter einer Weide. Dann rechts in den Wald. Der Boden ist weiß übersät mit Anemonen. Es ist sehr warm, drückend warm. Ich gehe hügelauf, stehe plötzlich auf hohen Felsen u. vor mir öffnet sich der Wald u. ich sehe tief unter mir die Landschaft mit dem glitzernden Fluß, dem rotübergossenen See u. der kleinen Stadt hinter den Bäumen. Ganz still. Addio!

[Alingsås,] 17. Mai [19]39

Ich hatte doch das Gefühl, du habest in diesen Tagen
Geburtstag, lieber Bob, denn um diese Zeit vor einem
Jahr war es wohl, daß wir den bei mir im Atelier feierten.
Aßen wir nicht eine Schokoladentorte? Herrgott, das
liegt schon ein Jahr zurück? Eine bunte, erfüllte Zeit
seitdem! Ein ziemliches Auf- und Ab. Prag – Zürich –
Cara – Berlin – Alingsås. Was wir für ein unstetes Wan-
derleben führen. Wir reisen, von Dur nach Tengest oder
Paloo, oder nach Vierbäume und Klein-Dur, über
Sümpfe und die Roten Felsen – wann hinein in den Urwald? – oder sind wir gar schon mitten drin? Das Ge-
burtstagsgeschenk für dich kommt nun, nachträglich,
mit der gleichen Post, schön, daß du gerade diesen
Wunsch hattest – ich habe für mich diese Karte schon
lange gezeichnet, nun schicke ich sie dir, ein wenig ver-
bessert. Nur eines hoffe ich: daß nun nicht die Geheim-
polizei in dein Haus kommt und dich als Spion verhaftet, denn die Karte stellt ja Befestigungen dar, ein
wachsamer Spürhund könnte also ohne weiteres annehmen, du stündest im Dienst einer feindlichen Nation,
denn wer weiß etwas von Dur und Anchor! Nun, Glück
auf! Und dann, alles Gute, Bob! Wie alt bist du eigentlich, du Greis? 25 oder 26? Gott, wie werden wir alt!
Aus deinen Briefen lese ich, wie wichtig für dich dein
Zimmer ist – wir haben ja auch oft schon darüber gesprochen. Mir geht es ja genau so. Ich kann Menschen
nicht verstehen, die keinen Wert auf den Raum legen, in
dem sie wohnen. Ein Zimmer gehört zu uns, wie ein
Teil unsrer selbst, wir sind damit verbunden und es
nimmt unsere Atmosphäre an. Denn man fühlt ja sogleich, wenn man in ein Zimmer tritt, mit welchem Bewohner man es zu tun hat. Und, wenn man in einen
fremden Raum tritt, nimmt man wahr, ob der Raum
einem wohl gesonnen ist oder nicht. Wir beide sind nun
ganz besonders verwöhnt. Wir sind immer auf der Suche
nach einem Zimmer mit # liebenswertem Zauber, so wie
wir auch stets auf der Suche sind nach der Frau. Mit

dem Zimmer ist es doch ein wenig leichter. Wir haben schon ein paar recht hübsche Stücke in unserer Sammlung, nicht wahr? Wir haben da ja den gleichen Geschmack – wie wir uns ja in vielem überhaupt verdammt ähnlich sind. Das Zimmer, das ich hier habe, ich schrieb es ja schon, gefällt mir gut. Ich sitze jetzt viel auf dem großen Balkon, auf den es führt – viel, d. h. abends. Nun blühen auch hier die Bäume, weiße duftende Blüten unter mir, und der Wald hinter den Feldern von zartem Grün.

Ich bin jetzt wieder in der Fabrik. Wir sind jetz[t] übersiedelt in das neue Gebäude. Drüben, in der Brette[r]bude wars mir eigentlich lieber. Es war phantastischer, es glich Wild-West. Die kleinen verstaubten, verrammelten Fenster, der Qualm, das Dröhnen der Schritte, der wahnsinnige Lärm der Zementmaschine und abends, wenn es dunkel war und die kleine, ohne Schirm von der Decke herabhängende Glühlampe angezündet war, dann gab es ein flackerndes, zitterndes Licht. Denn die Turbine, die den Strom liefert, arbeitete unstet und so wurde das Licht unruhig flimmernd. Ganz phantastisch war's. Hier nun haben wir große, moderne, ganz sachliche, saubere Räume mit großen, breiten Fenstern und glatten hellen Wänden.

Gestern war ich lange unten im Maschinenraum und habe zugesehen, wie die Druckmaschinen zum ersten Mal Probe liefen. Summend und brausend setzten sich die Getriebe in Gang und die Arbeiter und Mechaniker standen davor wie vor Göttern, mit gespannten Gesichtern, ganz andächtig. Ja, dies ist die moderne Andacht, die Maschinensäle sind die Kirchen von heute, die Maschine ist der Gott. An den Gesichtern der Männer habe ich gesehen, wieviel Ernst diesen Göttern entgegengebracht wird, wieviel Sorge. Und wie sie dann die Götter pflegen, um sie nicht zu erzürnen, um sich ihre Gunst zu erhalten, wie sie sich ihnen unterwerfen! Chaplin hat es als Weiser in „Modern Times" uns ja gezeigt. Nur vergaß er die naive Verehrung der Sklaven, die sie dem Herrn entgegenbringen, obgleich er sie zermürbt und quält. Denn wirklich furchtbar sind die Verrichtungen des Opfers, die der Mensch am Altar dieser Götter leistet. Seine Sinne werden abgetötet, sein Kopf dröhnt vom Widerhall des schaurig-Göttlichen Sausens und Lärmens, er ist verkrampft in einer ewig gleichen Haltung, keinen Augenblick darf er einen Gedanken fühlen, der ihn ablenken könnte, er muß sich abtöten[,] es bleibt ihm garnichts anderes übrig. Und doch stehen sie da mit dankbaren Gesichtern auf denen sich eine kindliche Freude spiegelt, als die Maschine losläuft, als sich die Kolben drehen, als sich das „Wunder" vollzieht und der Geist des Gottes sich zeigt. Nun, in dieser Welt werde ich leben, ein halbes Jahr lang. Ich werde sie gründlich kennen lernen. Auch ich werde diesen Göttern opfern müssen, denn mit der wahren Frömmigkeit ist es ja heute nicht mehr getan! Märtyrer kann man nicht mehr sein – ach, könnte man doch noch für seine Ideen sterben! Doch was sage ich da – wir sind ja schon viel zu sehr abgehärtet, als daß wir mit echter Überzeugung diesen idealistischen Gedanken ausdenken könnten. Weder du noch ich noch Hermann noch sonst jemand in der Welt wird sich heute wie Sebastian an den Pfahl binden lassen. Wir haben ja auch noch nichts geleistet – also wäre der Opfertod sinnlos. Ich glaube, wir werden immer wieder einmal zu den fremden Göttern zurückkehren müssen, unser Inselgott wird es uns verzeihen.

Die Novellenidee Hermanns zu deinem Geburtstag ist sehr gut – jedoch fürchte ich, werde ich mich kaum daran beteiligen können. Ich bin in einer Arbeit, # die meine ganze, spärliche Freizeit in Anspruch nimmt, eine Erzählung, die einen immer größeren Umfang einnimmt, obgleich ich sie zuerst klein plante, sie wächst aber stetig und nun habe ich ein dickes Heft vollgeschrieben, ohne daß ich noch recht begonnen hätte. Hermann wird sagen: dies sei wieder Flucht, was ich triebe, denn ich lasse die Erzählung in England spielen, in Chislehurst bei London, bin also mit meinen Gedanken mehr dort als hier. Es ist das Thema, was mich so reizt und immer wieder gefang[e]n halten wird: jenes Verbindungsuchen von Mensch zu Mensch /ich schrieb im

letzten Brief schon davon/ jenes Ausgehen von Strömungen, jenes sich Nähern und ¡Wieder-ab-treiben, und diesmal will ich ¡wirklich versuchen, aus dem Dahinfluten etwas zu formen. Es soll sich nicht im Bodenlosen verlieren, soll nicht bloßer Traum werden. In diesen Maschinenhallen habe ich es gelernt. Das ist der Inbegriff der Kunst, ich weiß es jetzt: eben aus dem Strom, dem Fließen und Treiben zu formen, etwas wesentlich machen und zu gestalten. Und vielleicht gelingt mir jetzt der erste Versuch. Denn natürlich ist dies ja, wie alle # Arbeiten jetzt noch: Vorstufe. Ich will den Gedanken: jetzt etwas wirklich Vollendetes zu schaffen[,] überhaupt nicht nahe kommen lassen. Ich glaube, daß war /auch beim Malen vor allem/ mein größter Fehler, ich wollte schon immer gleich etwas abgeschlossenes machen. ##
Ich finde, von allen Arbeiten, deine und meine und Hermanns ist die vollkommenste die letzte von Hermann, jene Reiseblätter. Sie sind absolut beherrscht und geformt – vielleicht bis auf einen Satz: dieses: Ach Gott, ist das Schön! das er beim Erblicken der freien Weite ausruft. Das ist für uns, die wir ihn kennen, außerordentlich erfreulich, ich höre richtig seine Stimme, aber da verliert er ein klein wenig seine sonore Beherrschtheit. Ich wundere mich immer wieder über Hermanns gesunde, goethische Anschauungskraft, er ist uns in vielem sehr überlegen – doch scheint es ihm # an etwas ungewissem zu mangeln, an dem, was wir beide manchmal zu viel haben, was für uns beinahe gefährlich ist, jenes Gefühl für die brûmes. Geht ihm nicht etwas verloren, wenn er so sorgfältig und genau darauf bedacht ist, alles Ungewisse zu vermeiden? Das soll nicht Beanstandung sein, denn Hermann ist ja gerade so, wie er ist, wertvoll für uns, er soll sich also um Gottes Willen nicht verändern!
Dieser Brief ist auch für Hermann, bitte vergiß nicht, ihn ihm zu geben, ich werde immer an euch zusammen schreiben. Und Hermann bitte ich, diese Briefe aufzubewahren, denn sie sind für mich eine Art Tagebuch. Im Winter, wenn ich bei euch bin, würde ich sie vielleicht

gerne wieder lesen, als Rückblick, und Hermann ist als Bibliothekar am sichersten. Deiner Ordnung traue ich nicht ganz, ehe ich nicht unwiderlegbare Beweise derselben habe.

Übrigens: die Mappe mit den Zeichnungen, #### wirst du mir die gelegentlich zurückschicken?

Sei vielmals gegrüßt, alter Knabe, und auch du, Hermannus, von Pit

31 P. Weiss an H. L. Goldschmidt (und R. Jungk)

[Alingsås, 31. Mai 1939]

Lieber Hermann, vielen Dank für Brief mitsamt ⟨Glut⟩[-]Gedichten u. Postkarte. Doch wir sind hier trocken gesetzt – kein Regen, keine Kühle, sondern Sonne u. Staub. Ich komme jetzt nicht recht zum Schreiben. Ich tue es dir gleich u. sage, daß es ja nicht die äußerliche Länge allein ist, sondern u. s. w. Es geht mir nicht sonderlich gut, drum ist auch nichts wesentliches zu schreiben. Mit meinen Büchern tu' was du für richtig hältst. Versuche vielleicht, ob sich doch ein Verlag dafür interessiert, ich will *kein Honorar dafür*! Wenns nicht[s] ist, schicke sie bitte zurück. Die Zeichenmappe mit meinen alten Resten erwarte ich also auch. Unkosten ziehe bitte von meinem Konto bei dir ab. Schreib bald wieder u. schickt mir eure Arbeiten! Wie gehts mit Bob ⟨voran⟩? Grüß ihn.

Herzlichst euer getreuer P.

31. Mai 39

[Alingsås,] 2. Juni [1939].

Es kommt mir schon wieder endlos lange vor, daß ich dir schrieb, die Tage sind so lang, die Stunden schleichen, dazu ist es warm, drückend schwül, ein Wind mit viel Staub weht, in der Fabrik ist Qualm und Staub, ich schwitze, mein Kopf schmerzt und dabei gibt es doch nichts rechtes zu tun. Am 1. Juli wird erst die fotografische Abteilung mit der Arbeit beginnen, bis dahin helfe ich hier im Büro aus, ich schreibe Briefe, bin regelrecht angestellt, für das kärgliche Gehalt von 100 Kr. Dafür opfere ich meine Freiheit und frage mich immer wieder, ob es so sein muß, und ob meine ganze Freiheit, meine Arbeit nicht mehr als 100 Kr[.] wert war. Doch diese Frage ist wohl ein Trugschluß, so oft ich mich frage, immer wieder versuche ich mich auch zu trösten: dies alles sei Notwendigkeit, kann aber trotz allem den Sinn nicht erkennen. Ich sitze vor allem herum, muß meine Zeit hier absitzen – jedoch bekomme ich wenigstens 100 Kr[.], die sichern mir einmal (wann ist dies einmal ?) einen Monat ungestörter Arbeit. Ich habe hier gelernt eine Kunst zu entwickeln, beschäftigt zu erscheinen. Da ich ja nicht nur rumsitzen kann und vor mich hingrinsen, lese ich in den Ordnern, die all die Geschäftsbriefe enthalten, ich eile hin und her durch die Fabrik, will # auch vor den Arbeitern und anderen den Anschein geben, ich habe eine wichtige Beschäftigung, ich halte ein Notizbuch in der Hand und einen Bleistift, das sieht schon nach etwas aus, zuweilen treibe ichs sogar so weit, daß ich stehen bleibe und eifrig etwas auf die Seiten kritzele, in tiefem Überlegen eine Maschine betrachte, um sie herum gehe, schreibe, nachsinne, bedächtig weiter gehe. Manchmal sind mir die Tränen nahe. Ich steh in den heißen, hellen Drucksälen, die großen Leitungen der Ventilatoren werden gerade gelegt, ich sehe zu, nicke fachmännisch, klopfe gegen das Metall, als verstände ich mich besser auf seinen Klang als auf irgend sonst etwas in der Welt, dann gehe ich nach unten, sehe den Monteuren bei der Aufrichtung der großen

Mas[c]hinen zu. Briefe sind einzuheften in die Mappen, Muster zu sortieren, Aufstellungen zu machen, ich tue langsam, bedächtig, dann gibts einen Brief zu schreiben. Hinten am Schuttabladeplatz stehe ich eine Weile im Staub, hier ist kein Mensch, hinter dem Bretterzaun, der weiß vom Kalkstaub ist, fließt der kleine Fluß, schmutziges Wasser, dahinter der Bahndamm, die Telegraphenstangen, zuweilen ein langer Güterzug. Dahinter Bäume, blühende Kastanien, rote Dächer, blauer Himmel. Hier hinter der Mauer schlage ich mein Wasser ab, eine Elster kommt herab, sie setzt sich auf das Gitter und fliegt krächzend davon. Ich denke daran, was ich alles arbeiten könnte in dieser Zeit. Und seit einem Monat habe ich nichts mehr getan, nur zuweilen in den Abenden ein paar Seiten meines Heftes gefüllt, in das die neue Geschichte zu stehen kommen soll. Allmählich schwindet aber die Spannkraft. Bob, man kann nicht zwei Dinge zur gleichen Zeit # tuen! Vielleicht werde ich durch diese Zeit hart. Dann aber muß der Übergang zum Hartwerden eine große Sentimentalität sein, ich war nie so leicht zu rühren wie jetzt. Die kleinsten Dinge bringen mich den Tränen nahe. # Ich stehe zum Beispiel am offenen Bürofenster, draußen auf der Straße spielen zwei kleine Jungens Indianer. Einer, vielleicht 5 Jahre alt, mit ganz weißblondem Haar und einem feinen, hübschen Gesicht hat eine Indianerfederkappe auf dem Kopf und in der Hand einen Bogen und ein paar Pfeile. Sie haben mich bemerkt, der kleine kommt unter das Fenster und lacht mich an. Da niemand sonst im Zimmer ist, schneide ich Fratzen, tue so, als würfe ich mit einem Speer nach ihnen, dann als sei ich erschrocken, als sei ich von seiner Waffe tödlich getroffen. Daß macht dem kleinen viel Spaß, er lacht und hüpft von einem Fuß auf den anderen. Bald aber treiben sie weiter, der Blonde blickt sich nach mir um, verschwindet. Und jetzt krampft sich das Herz zus[a]mmen, als # habe ich alles auf der Welt verloren, ich kann kaum atmen. ———
Gestern abend habe ich mir von einem Bekannten ein Paddelboot geliehen und bin hinaus auf den großen See gefahren. Der streckt sich viele Kilometer weit, an den

110

Ufern dichter Wald, überall kleine felsige Inseln, verborgene, verschwiegene Buchten. Die Sonne stand um 9 Uhr noch am Himmel, wie sie dann sinkt, ist alles blutrot, drüben steigt schon der Mond auf, Vollmond. Mitten im Wasser ist eine kleine Insel, ein Holm, schroffer Fels, niedriges Buschwerk, ich hatte das Gelüst, dort zu landen und fuhr näher. Doch plötzlich stieg ein Schwarm von Möven auf, die Insel ist ihre Heimat, ihre Nist- und Brutstätte, erregt und mit ihren häßlichen heiseren Schreien flattern sie auf. Sie wollen mich, den Eindringling nich[t] auf ihre Insel lassen. Sie stoßen ganz dicht zu mir herab in rasendem Flug, auf mich zu und ich muß sie mit dem Paddel abwehren. Von allen Seiten stürmen sie auf mich ein, das beunruhigt mich, immer wieder stoßen sie auf mich nieder, in der Richtung auf meinen Kopf, sie lassen sich durch die warnenden Schläge mit dem Ruderholz nicht abweisen. Schauerliches Geschrei. Ich gebe es auf, hier zu landen, es scheint mir gefährlich, obgleich ich nicht recht einsehe, was mir die Möven für Leid antuen könnten. Ich wende und die Vögel rufen mir noch lange Tiraden von Schimpfworten nach, sie rufen mir nach, wozu ich ihnen gut bin. Das war recht aufregend. Heute erfahre ich, daß die Möven wirklich auf den Menschen, der sie bedrängt losgehen, u. z. versuchen sie, auf den Kopf los zu stürmen, um ihm die Augen aus zu hacken. Die Gefahr war also nicht gering. Nachträglich kommt mir noch ein Schauer, denn sie waren beängstigend dicht an mir vorüber geflogen und nur das Paddel hat sie abgewehrt. Nun, sie haben ihre Wohnstätte gut verteidigt und den Feind abgeschlagen.

Frühling und Sommer gehen hier fast ineinander über, der Frühling selbst währte nur wenige Tage, er kam spät doch gleich war alles grün, jetzt ist der Wald schwer vom Duft der Bäume. Die Tage sind sehr lang. Bis halb elf ist es hell. Um drei Uhr früh kommt die Sonne schon wieder.

Es geht mit meinem Schreiben nur stoßweise. Heute ist schon der 5. und ich will sehen, ob ich jetzt ein wenig weiter schreiben kann. Am Sonnabend war ich abends im Folketspark in Alingsås. Der liegt auf der Anhöhe, ein großer Platz mit einem runden Tanzpavillon, ein paar Restaurationsgebäuden und einem gedeckten Theater, dessen Wände jedoch offen sind und durch diese kann man weit über die Bäume blicken bis über den See. Es sang am Abend eine Gruppe von Mädchen auf der Bühne in schwedischen Nationaltrachten, Volkslieder. Das war sehr schön. Es war gegen neun, noch hell, doch nicht mehr heller Tag, sondern ein ganz bleicher Tag, den ihr im Süden garnicht kennt. Der Himmel goldblau hinter den grünen Bäumen, von den blühenden Kastanien ein schwerer Duft und angenehm kühl. Die Mädchen sahen reizend aus in den bunten Kleidern, vor allem eine große, schwarzhaarige gefiel mir gut, sie wiegte sich ganz leicht zum Takt der Lieder, während alle anderen still standen. Schöne Lieder, Grieg, den ich bisher nicht mochte, ist erst jetzt zu verstehen, denn seine Musik geht direkt aus den Volksliedern hervor. Ein paar kleine Liebeslieder, die ganz bezaubernd waren.
Später trieb ich [mich] dann noch bei der Tanzfläche herum, tanzte auch einige Male, mußte aber allein, ohne süße Begleitung nach Hause gehn, [w]as mir sehr schwer fiel, denn überall waren Liebespaare, hinter jedem Busch, in jedem Schatten, überall leise verhaltene Stimmen, Geflüster, ersticktes Lachen, schweres Atmen.
Heute ist es drückend heiß, noch nie habe ich unter Sommerhitze so gelitten.
Von Peter Kien hörte ich, daß er nach Palästina ginge, er ist deprimiert bis zum äußersten, noch schlimmer aber gehts Max Barth, von dem ich lange keine Antwort auf verschiedene von meinen Briefen bekam und der mir heute auf einen dringlichen Brief schrieb (denn ich war ein wenig besorgt um ihn – und mit Recht), daß er sich umbringen wollte, wenn dies Leben so noch ein wenig weiter ginge. Er sagte nicht viel, aber die wenigen Worte

klangen so verzweifelt, daß ich mir sehr viel Gedanken um ihn mache. Wenn jemand schreibt, er wolle Selbstmord machen, so tut er es ja meistens nicht, nur die Stillen bringen sich um – doch bei Barth bin ich nicht so gewiß. Er hat bisher nie geklagt, so schlecht es ihm auch in den letzten Jahren ging. Hoffentlich kann er sich wieder aufraffen. Herrgott, welch ein Elend ist doch jetzt in der Welt.
Und wo wird es mit uns noch hinführen?
Ich muß jetzt aufhören. Hebe diese Blätter bitte auf, Bob. Später einmal möchte ich sie gerne wieder sehen. Sie sind die einzigen Dokument[e] aus dieser Zeit und einem Tagebuch ähnlich. Ich schreibe sonst nichts. An Hermann ist dieser Brief auch gerichtet. Schreibt mir mehr! Addio – was tut ihr im Sommer? Ich hörte, deine Mutter sei in Zürich, wie geht es ihr? Was macht die Arbeit? Hat Hermann nicht mal wieder ein paar Fotos gemacht? Wenn ja, schickt mir Abzüge aus eurer Welt. Ich lege auch ein Foto ein von meinem Balkon und dem Blick auf den Wald.

Herzlichst P

33   *P. Weiss an R. Jungk (und H. L. Goldschmidt)*

[Alingsås, vermutlich 19.] Juni [19]39

Lieber Bob, zuerst muß ich dir eine Geschichte erzählen, eine sehr hübsche u[.] abenteuerliche Geschichte. Ich bin endlich verliebt. Nachdem ich nun fast 4 Monate allein war[,] habe ich ein Mädchen gefunden, das überaus liebenswert ist.
Vorgestern kam ich kurz nach 12 Nachts aus dem Stadshotellet, wo ich mit einem Bekannten saß. Wir verabschiedeten uns vor dem Eingang, er ging stadtwärts u. ich war noch so wach u. ging unschlüssig auf der Straße auf u. ab. Hier stehen große Bäume, die ganz schwer duften – auch von der Erde strömt ein starker Duft, es hatte den ganzen Abend geregnet, die Luft aber ist noch warm, doch sehr rein u. gut. Gegenüber vom Hotel ist

der Bahnhof, auch ganz von Bäumen umgeben. Eben
läuft der Nachtzug von Göteborg ein, die Menschen
kommen aus dem Bahnhof, wenig nur, am Ende kommt
ein Mädchen. Sie geht sehr langsam. Genau so unschlüssig wie ich. Als sie an mir vorüber geht, fühle ich, daß
ein ## elektrischer Verbindungsstrom zwischen uns
entsteht. Wir sehen uns an, zögern schon. – Sie sieht
sehr schön aus, sehr ernst, ein knabenhaftes Gesicht, sie
sieht aus wie Annabelle, doch hat sie schwarze kurzge-
schnittene Haare. Groß, schlank. Sehr langsam geht sie
weiter, ich folge ihr. Diese warme, dämmrig-feuchte
Nacht ist so seltsam u[.] außergewöhnlich, daß ich den
Mut finde, sie anzusprechen. Ich raffe alle schwedischen
Sprachkenntnisse zusammen u. es geht sehr gut, ein wenig stockend, doch darauf achte ich nicht. Während ich
zu ihr spreche[,] kommt sie mir merkwürdig bekannt
vor, ich sinne nach, wo ich sie gesehen haben konnte,
finde es aber nicht. Ich bin selbst überrascht, wie gut es
mit einmal mit dem Schwedisch geht. Mein Kauder-
welsch belustigt uns beide, wir kommen gleich in ein
fröhliches Gespräch u. da sie sehr viel Fantasie hat, # gelingt es ihr, darauf einzugehen. Sehr schön die Stimme,
ich denke mir, daß sie sehr musikalisch ist. Nach einem
kleinen spöttisch-scherzhaften Hin u. her entschließt sie
sich, noch einen Nachtspaziergang zu unternehmen, wir
gehen über den Bahnhofsweg u. da die Landstraße entlang, die nach Göteborg führt. Im Nordosten ist der
Himmel schon wieder hell, es ist ½ 1 Uhr und während
wir gehen – wir gehen bis 2, ½ 3, graut der Morgen
schon. Wir kehren zur Stadt zurück und morgen (d. h.
vormittags am selben Tag, ⟨denn⟩ es ist ja nun schon
Sonntag) wollen wir mit dem Paddelboot herausfahren.
Sehr glücklich kehre ich zurück, es ist schon hell und
sehr warm, schwül, und in der Ferne grollt Donner. Die
Vögel singen schon. Heimgekehrt falle ich gleich in
Schlaf u. träume alles wieder in dumpfen Traumlandschaften. Morgens wache ich vom eintönigen Strömen
des Regens auf. Es donnert, ein schweres Gewitter geht
nieder, das macht mich traurig, doch ich hoffe u. bete,
daß es um 11 Uhr sich wieder aufklärt.

Wirklich lichtet sich auch der Himmel gegen ½ 11 und dann bricht die Sonne strahlend hervor. Ich setze mich aufs Rad u. fahre zum rendez-vous-platz [!], einer kleinen, geschwungen[en] Brücke, die über den Fluß führt. Gleich kommt Barbara. Sie trägt lange Hosen, ein buntes Hemd, rotgemustertes Kopftuch u. Sonnenbrille. Der Mund sehr rot. Ich verliebe mich sogleich von neuem. Nun zum Boot. Bald ist es zu Wasser gelassen u. flußab gehts dann u. in den großen See[,] auf dem die Wellen hoch gehen. Wir haben die Badea[n]züge an u. lassen uns von der Sonne verbrennen. Sie liegt zurückgelehnt, den Kopf auf meinem Schoß. Und nun ergibt es sich auch aus dem Gespräch, woher ich sie kenne u. da fällt es mir wie Schuppen von den Augen.

Habe ich dir damals von dem Volksliedabend geschrieben im Theater im Park. Da war ein Mädchen – ich hatte sie nachmittags schon in der Stadt getroffen u. in mein Herz geschlossen – sie trug ein rotes, schwedisches Kostüm u. stand sehr aufrecht da, den Kopf zurückgeneigt. Sie sah ich all die Zeit an. Ich hätte viel darum gegeben, wenn ich sie ken[nen]gelernt hätte, es gab aber keine Möglichkeit. Das war vor 2 Wochen. Seitdem habe ich oft an sie gedacht u. immer gehofft, sie wieder zu treffen. Nie mehr aber habe ich sie gesehen.

Und nun erkenne ich sie mit einem Male, seltsam, daß es ganz in mir verschüttet war, daß sie ja schon eine alte Liebe von mir war u. ich ein Wiedersehen ersehnt hatte.

Wir landeten an einer stillen, verlassenen Halbinsel, zogen das Boot an Land u. legten uns auf den Felsen. Heiß brennt die Sonne. Dann baden wir. Dann liegen wir wieder auf dem Felsen u. küssen uns, Gesicht u. Körper ganz ⟨naß⟩ vom See, auch die Lippen feucht – und süß. Wir liegen lange hier. Gegen 3 zieht schweres Gewölk auf. Wir zögern mit dem Aufbruch zu lange. Mitten auf dem See überfällt uns dann der Sturm u. wir paddeln mit aller Kraft auf eine schützende Insel zu. Wir zerren das Boot über das steinige Ufer, nehmen die Kleider, werfen die Bademäntel über u. eilen bergauf unter die Bäume. Dort steht ein kleines Holzhäuschen. Wir klopfen an die

Tür. nie[m]and dort. Die Tür ist verschlossen. Nun kommt ein Hagelsturm, Donner u. Blitz, der Regen strömt so dicht, daß man keine 2 meter weit sehen kann. Ich stoße mit dem Fuß das Fenster ein, öffne den Riegel u. hebe Barbara ins Haus.

Völlig durchnäßt, doch in Sicherheit, springen wir in den kleinen Raum, zwei Wandbetten, ein Tisch, ein Waschbecken, ein Spiegel. Der Regen rauscht schwer auf das Dach, Blitze zucken auf, es ist sehr dunkel. Wir ziehen die Hemden aus, hängen alle Kleidungsstücke zum Trocknen auf. Hier ist es drückend heiß, es riecht dumpf nach dem Holz der Wände.

Ich habe Barbara sehr lieb. Und es ist ihre erste Liebe.

Um 5 versiegt das Gewitter erst, doch es ist kaum abgekühlt.

Plötzlich ertönt in der Nähe eine Kinderstimme. Furchtba[r] erschrocken springen wir auf. Wir sind unbekleidet, stürzen uns in die Hosen, streifen die Hemden über. Ich spähe aus dem Fenster. Niemand zu erblicken. Ich lasse 10 Kr. auf dem Tisch zurück als Schadenersatz für das zertrümmerte Fenster u. als Gabe für die Götter. Dann springe ich hinaus, hebe Barbara hinaus u. hinab gehts in eiliger Flucht. Dann spähe ich zurück. Niemand zu sehen. Doch beim Boot finden wir, daß es ein Leck hat, wir waren auf einen spitzen Stein gestoßen u. müssen es nun flicken. Dicker weißer Bootsleim wird auf die Wunde gestrichen, mit dem Finger, denn einen Pinsel haben wir nicht da. Ein Fetzen Leinen darauf geklebt u. wieder Leim. Immer noch ist der Himmel dunkel. Der Leim muß eine Weile trocknen. Da aber beginnt es wieder zu regnen. Barbara geht tapfer auf Erkundungsfahrt, wo die feindlich[en] Eindringl[ing]e geblieben sind. Sie kehrt zurück und berichtet, daß ein Motorboot nur angelegt habe u. schon wieder in See gestochen habe. Wir atmen auf. Der Sturm bricht wieder los. Wir kehren in unser Haus zurück, u. spielen Robinson u[.] Freitag. Ich bin R., sie ist F. Seit dem nennen wir uns nur noch Robinson u[.] Freitag. Freitag ist entzückend, wunderhübsch u. wirklich überaus musikalisch, wie ich es erwartete. Wir sitzen in der

116

Hütte, singen u. küssen uns. Ihr kurzes, nasses, schwarzes Haar hängt offen u. wild herab.

Niemand meh[r] stört uns. Um 7 Uhr brechen wir auf, obgleich es noch regnet. Doch wir müssen nun jedenfalls zurück. Mitten auf dem See überfällt uns noch einmal das Gewitter, dem wir nachmittags entflohen sind. Freitag liegt ausgestreckt im Boot in Bademäntel eingepackt, zuweilen beuge ich mich herab und küsse ihren nassen Mund. Der Regen peitscht herab.

Laut singend u. völlig durchnäßt kommen wir, nach einer Teufelsfahrt – ich arbeite u. schufte wie lange nicht mehr – im schützenden Fluß an. An den stillen Bäumen gehts vorbei, deren Zweige ins Wasser hängen. Ich p[f]lücke am Ufer noch ein[en] Strauß gelber Schwertlilien für Freitag.

Dann landen wir. Hungrig und müde. Unterwegs haben wir nur von Obst gelebt.

Und heute abend sehe ich sie wieder.

Deinen Brief las ich gestern, als ich müde und mit einem herrlichen Muskelkater ins Bett sank. Er machte mir viel Freude. Was du über die kabbalistischen Spiele schreibst ist interessant, doch hege ich seit je her gegen diese Art von „Schicksalsherausforderung" eine Abneigung. Ich lehne es ab, eine wirkliche Bedeutung daran zu sehen, es ist unterhaltend, – doch es gehört für mich in die Rubrik: „Askona". Du weißt was ich damit meine. Daß du für diese Sachen leicht zu haben bist, ist eigentlich das einzige, was mir an dir nicht so gefällt. Es ging mir schon damals so mit der Frau in Prag , die diesen Kurs hatte, wo man angeblich lernte, sich selbst zu fühlen, indem man an seine Nase oder seine linke Gesichtshälfte denkt. Dies alles, wie überhaupt vieles auch in der Psychoanalyse empfinde ich als etwas Jahrmarktmäßiges u. ich nehme es nicht ernst.

Diese Blicke in die Zukunft, diese Einblicke in das Ich, diese Körperexperimente usw. halte ich[,] wenn sie auch zuweilen einen abenteuerlichen Reiz haben mögen, für sinnlos. Sie sind im Grunde unnatürlich. Und wirklich wichtig u. sinnvoll ist nur das allein-natürliche.

Dieser Brief steht unter dem Zeichen eines außerordentlich Allein-Natürlichen Erlebnisses, deshalb ist eine gewisse Tendenz # wohl verständlich u. du wirst sie verzeihen.

Alles Gute Bob, ich hab dich gern

Addio

Grüße auch ⟨an⟩ Hermann

P

34 *P. Weiss an R. Jungk und H. L. Goldschmidt*

[Alingsås, Mitte August 1939]

Lieber Bob, dein Brief erreicht mich, in der allmorgend-
lich ausgetragenen Post in mei[n]er Fabrik, gleich nahm
ich ihn, ging auf die Toilette, diesen stillen Ort, öffnete
ihn und laß ihn. Schön. Ich las ihn ein paar mal, so viel
Freude machte er mir[.] Wirklich, du schreibst, daß du
¦erwachsen wirst, und es schien auch eine andere Stimme
aus ihm zu sprechen – wohl die bekannte Stimme, doch
mit sonorerem Ton, was in diesem Falle nicht: abgeklärt
heißen solle. Du gefällst mir. Was du schreibst ist sehr
klug und richtig. Du bestätigst mir Dinge, über die ich
in der letzten Zeit selbst viel nachgedacht habe und ich
bin froh, daß du es aussprichst. Es hat mir viel geholfen.
Tatsächlich war ich in dem Irrglauben befangen, man
müßte lieben. Man muß es nicht. Ich sah jetzt, daß der
Schmerz, den ich nach den letzten unerfüllten Lieben
empfunden hatte, eben nicht unglückliche Liebe war,
sondern nur gekränkter Stolz. Daß ich abgewiesen
wurde, hat mich verletzt. Überhaupt habe ich etwas selt-
sames gelernt in dieser Zeit, sei es, daß es nur Zufall
oder Einbildung ist – oder Wahrheit: ich habe, seitdem
ich mich bemühe, das weltliche-tätige Leben zu leben
(das selbe daß du ja auch in London gelebt hast), kein
Glück mehr bei den Mädchen. Ich lebe ja eigentlich nur
im Verborgenen, was jetzt von mir lebt ist ein anderes
Wesen, irgendeine meiner bisher unbekannten Seelen,
eine aus dem tausendfältigen Spiegelkabinett, und die

scheint den Mädchen keinen Eindruck zu machen. Es
weiß ja von meiner früheren Existenz hier niemand.
Hier bin ich ein Mensch wie alle anderen auch. Höchstens daß ich manchmal einen etwas bizarren Einfall
habe, den man meistens jedoch garnicht begreift. –
Wenn meine frühere Erscheinung vielleicht im stande
war, ein Mädchen anzulocken, so ist dies nun garnicht
mehr der Fall. Ein Mädchen verliebt sich vielleicht gern
in das etwas außergewöhnliche und unalltägliche (und
ganz alltäglich war ich wohl früher nicht – du siehst, ich
bin auch überheblich), nun aber falle ich garnicht mehr
auf und das ist in gewisser Beziehung ganz gut und lehr-
reich – ich sehe leibhaft, wie du mir zustimmst! Weißt
du, – aber das wirst du ja selbst am besten wissen –
es ist manchmal spannend und aufregend: dieses Bewußtsein, tatsächlich ein Doppelleben zu leben, tatsächlich im Besitz einer zweiten, völlig, aber auch völlig
anderen Persönlichkeit zu sein, also einen Menschen
zu kennen, den auf der ganzen Welt niemand kennt
(höchstens du oder Hermann vielleicht), der also ganz
mein eigenes Geschöpf ist und zu dem ich – heimlich,
ganz heimlich – in verschwiegenen Stunden zurück-
kehre.
Nach außen hin aber ist nur der andere zu sehen, der tä-
tige, tüchtige Arbeiter in der Fabrik, der mit dem Sire-
nenton kommt und geht und monatlich seinen Lohn ein-
streicht, den er sich (das ist de[r] einzige Unterschied
von den anderen) sorgfältig und fast ungekürzt zurück-
legt für heilige Zwecke.

Herrgott Bob, wann werden diese heiligen Zwecke erfüllt werden können. Sicher ist es ja so, daß einmal der
Ausweg plötzlich da ist, doch wenn man mitten darinnen ist, in dieser freiwilligen Gefangenschaft, dann sieht
man keine Möglichkeit mehr. Du wirst das auch kennen.
Doch daß unsere Worte in Erfüllung gehen werden: wir
werden uns wiedersehen, das ist so bestimmt, als daß ich
lebe.

Ich las in der Zeitung von diesen Schiffen mit Emigranten, die vor den Küsten kreuzen an denen sie anlegen wollen, doch sie werden nicht an Land gelassen, sie werden wieder auf das Meer zurückgestoßen, Frauen, Kinder, hunderte. Verzweifelte springen in das Meer, kommen Sie an Land, werden sie auf Kähne verladen und wieder zum Dampfer zurückgebracht, einige stürzen sich in der Nacht über Bord, eine Mutter ein Kind, sie ertrinken. Das Schiff fährt zum nächsten Hafen[,] auch hier kommt ein Kriegsschiff, geleitet sie wieder hinaus über die Hoheitszone, so geht es fort und fort. / Dies ähnelt den furchtbaren Schreckenszügen der Türken gegen die Armenier: man trieb sie doch damals während des Krieges zu tausenden in die Wüsten, wo sie jämmerlich verreckten. Was könnte man aus dieser Schiffsreise ins Nichts für eine anklagende, ungeheure Geschichte formen. Ist das nicht ein Thema für Dich?

Auch eine andere Geschichte, ein wenig im Stil Kafkas ist mir hier eingefallen.
In der Fabrik ist in den Kellerräumen das Grundwasser nicht abzuhalten. Es dringt durch die Isolationen, die Ablaufkanäle sind überflutet und man muß nun hier unten in der Tiefe umbauen, um das Blut der Erde zurückzudämmen.
Wäre das nicht eine Geschichte: ein Mann hört in der Nacht in seinem Hause, das weit draußen in Einsamkeit liegt[,] immer ein Glucksen und Raunen. Zuerst werden die Kellerwände des Hauses feucht, dann rinnen, nach vielen Wochen Tropfen herab, er hört es rinnen, bald bilden sich Pfützen auf dem Boden, und nun gilt es zu beschreiben, wie sich allmählich die Keller mit Grundwasser füllen, wie er versucht, sie abzudämmen, auszupumpen, wie er die Wände abdichtet, wie er den Kellerboden erhöht – doch das Wasser drin[gt] immer wieder ein, bis es fußhoch, kniehoch im Keller steht. Ratten kommen nun, sie pfeifen dort, ihre unheimlichen Schritte erklingen auf den Treppen, nun ist nicht[s] mehr zu retten, ringsum werd[e]n auch die Wiesen sumpfig, der nachliegende Fluß ist aus seinen Ufern ge-

treten. Der Mann lebt nun in einer Dachkammer seines Hauses. In den unteren Räumen verfaulen die Möbel, die Wände werden schimmelig. Er hat es nun aufgegeben, noch etwas zu retten, bis er endlich ¦zu¦ entfliehen die Kraft hat.

Doch entspricht diese Geschichte nicht meiner augenblicklichen Verfassung. Ich lebe in keinem Hause, # das unter mir zusammenbricht. Mein Gefüge ist fest, wenn auch offen den einbrechenden Winden. Ich fühle mich stark und zäh, trotz allen Ausfällen. Ich weiß[,] daß ich durchhalten werde.

Hermann – an den Du diesen Brief bitte nachschicken willst! – mein treuer Schutzheiliger kann ganz beruhigt sein. Du mußt mir nicht böse sein, Hermann, daß ich nicht selbst an dich schreibe, meine Briefschreibekunst ist nicht ausreichend. Sie erschöpft sich gerade in diesem einen Brief. Ich kann nicht zwei Dinge mit der gleichen Intensität # tun. Dieser Brief ist also für euch beide gedacht. #

Übrigens bitte ich noch einmal darum, diese Briefe aufzuheben, ich möchte sie später gern einmal lesen, denn sie sind die einzigen Dokumente aus dieser Zeit. Ich schreibe kein Tagebuch, keine Aufzeichnungen.

Von dir, Hermann, habe ich lange nichts mehr lesen können. Wie steht es mit der Produktion. H[a]st du nichts mehr geschrieben. Ein Gedicht, ein kleiner Aufsatz würden mich sehr freuen. Doch jetzt in England wirst du ja soviel Eindrücke erst verarbeiten müssen, daß du zur eigenen Arbeit keine Muße haben wirst. Schreib mir einmal von drüben – es ist ja eigentlich meine zweite Heimat. Landschaftlich fühle ich mich mit England sehr verbunden. Ich denke oft an die grünen Hügel von Kent. Oxford, Cambridge, die dunstige Themse, Windsor, Littlehampten, die Wälder, die Golfplätze, die alten roten Häuser in den großen Gärten – diese Landschaften sind mir lieb und ich träume oft von ihnen. Und dann London – diese unendliche Stadt[,] die du ja sicher hassen wirst. Ich hasse sie – trotz allem nicht. Ich kenne sie zu lange, um sie hassen zu können. Grüß mir den Hyde park – ich lag eines nachts dort auf einer der großen Schafwiesen mit einem Mädchen, es war Sommer, sehr warm[,] ringsum war der Himmel rot von den vielen Lichtreklamen. In den Straßen, von den dunklen Bäumen verdeckt und gedämpft das abendliche Treiben des Verkehrs, das dumpfe eintönige Rauschen. Da wurde die ganze Stadt mit einem Male ## zu einem Zauber, wir lagen ʼauf einer Insel, mitten im Häusermeer, wir sahen ein paar Sterne am Himmel, hörten das Bellen eines Hundes im Parkweg – das werde ich nie vergessen.

Laßt es euch gut gehen, meine Lieben!
Euer getreuer
Peter

35 P. Weiss an R. Jungk

[Alingsås, vermutlich Ende] August [19]39
Lieber Bob, dein letzter Brief hat mir viel Freude gemacht, und daß du nun wieder auf deiner Ter[r]asse sitzt, ist ganz seltsam zu lesen. Dort also, im verlorenen Paradies landen meine Briefe, die ich hier im Nordland schreibe. Das ist schön. Manchmal ist es schwer zu ertragen, zu wissen: daß das alles einmal war u. nun für immer oder für lange Zeit verloren gegangen ist. Das Doppelleben, daß ich jetzt führe – werde ich's durchhalten können. Ich möchte es gern, doch wird es mir gelingen? Manchmal sehe ich gar keinen Ausweg aus diesem freiwilligen Gefängnis. Man kann doch seinem Schicksal nicht entfliehen. Mindestens ein halbes Dutzend Mal bin ich ja schon in diese Sache hineingeraten, immer habe ich mich überreden lassen. Stets aber brach alles nach kurzer Zeit zusammen, ich ließ alles liegen u. stehen u. kehrte zur Staffelei zurück. Diesmal nun hat's mich endgültig geschnappt. Und diesmal auch ordentlich! Eigentlich ist es garnicht so schlimm, bis auf die zeitweilige grauenhafte Leere. Es geht alles gut u. wüßte ich nicht in einer versponnenen Ferne meine Insel lie-

gen, dann lebte ich jetzt ein Leben wie jeder andere. Dies ist es überhaupt, was ich jetzt lerne. Wie arm ist doch das Leben aller Menschen. Hätte ich nur dies hier, die Fabrik u[.] die kleine Umgebung, und nicht meine Insel, wie kläglich wäre das alles. Wenn mir ein langes Leben beschert wäre, könnte man ja leicht mit dieser Zeitvergeudung vorliebnehmen. Doch denke ich oft, daß ich kein sehr langes Leben habe. Ich weiß garnicht, wie ich in 10, 20 Jahren sein sollte. Ich habe eine schreckliche Art, mich ganz auszugeben, eine lächerliche Art, mit meinen Gefühlen garnicht zu sparen (seltsam: da ich doch mit meinem Geld sehr gut haushalten kann). Es geht auf keine Kuhhaut, was ich mir an einem so ⟨kleinen⟩ Tag, wie ihn der Herr geschaffen, alles für Aufregungen schaffe. Allein schon meine ewigen Verliebtheiten, ohne die ich garnicht auskomme. Es ist lächerlich, du, ich bin ewig verliebt, ewig auf der Suche, ewig trage ich diese Sehnsucht mit mir herum, diese süße, kleine, unwichtige Sehnsucht. Doch bin ich nicht ausdauernd, sehr wenig ausdauernd, obgleich ich am Anfang stets glaube, dieses Mädchen nun könne ich wirklich lieben. Doch ich lerne nicht, stets falle ich wieder herein. Dieses ewige Brennen – und oft wegen eines Nichts, wegen einer Bagatelle. Wie ich nach Fabrikschluß erregt meine Zeichnerin abpasse; wie ich sie mit einem anderen davonfahren sehe. Und nun, du wirst lachen – und es ist auch lächerlich – da ist schon wieder ein anderes Mädchen, dem meine Sehnsucht gilt. Das ist es, was mich so erschreckt, wie soll ich das durchhalten können. Denn das sind alles keine kleinen Verliebtheiten. Ich liebe wirklich, schrecklich von Eifersucht u[.] Ungewißheit geplagt, schrecklich beschwert im Ausdrucksvermögen, denn diese Mädchen mit ihrer fremden Sprache u[.] teilweise fremder Mentalität sind mir – wie alle andere Mädchen in der Welt jedoch auch – recht unverständlich. Habe ich denn keine Ausdauer? Nein, daran liegt es nicht. Ich kann kein ruhig berechnetes Spiel treiben. Ich will gleich alles. Aber leider habe ich noch kein Mädchen gefunden, die darauf eingegangen ist, die Schritt halten konnte. Und dann kommt plötzlich der Tag, da erstarrt alles, das tut im Augenblick verdammt weh, und dann ist man wieder allein. |Doch| Dann # setzt der Funke wieder Feuer[.] Herrgott, gestern abend, als ich auf Ulla wartete, die gesagt hatte, sie wolle vielleicht ein wenig mich besuchen kommen! Obgleich ich von anfang an an ihrem Erscheinen zweifelte[,] richtete ich doch alles für sie her, zog mich um, stellte eine große Schüssel voller Kirschen auf den Tisch u. wartete in Spannung, bis es 8 Uhr schlug. Voller Unruhe ging ich auf mein[en] Balkon von dem aus man die Straße übersehen kann. Ulla hat ein kleines, grünes Automobil, nun zuckte ich jedesmal zusammen, wenn ein Motor aufklang. Sie kam aber nicht. Ich wußte es, konnte aber doch mich der Hoffnung nicht entledigen, daß sie doch noch, verspätet erschien. Es wurde kühl, ich ging auf dem Balkon hin u. her u. mir war windig weh zu mute als hätte ich eine Königin verloren. Zwischendurch aß ich die Kirschen auf, spukte die Steine in den Garten u. ging um 10 Uhr noch fort. Herzklopfend, wie ein Schuljunge schlich ich auf Umwegen zum Haus in dem die Geliebte wohnt, um zu sehen, ob ihr Auto dort steht. Und wirklich sah ich's, von einem schmalen Weg überm Bahndamm versteckt hinter den Bäumen liegen. Was aber ist mir damit gedient. Ich bin ein Tor. Durch die schwer duftende Abendluft zurück. Ich finde keinen Frieden.

Ich schreibe das jetzt in der Fabrik; bin heute ein wenig länger geblieben. Vom Schmerz gestern abend war ich den ganzen Tag mitgenommen wie von eine[m] schweren Traum.

Eben aber erhellte sich mein Gemüt ein wenig. Ich sah etwas lustiges[,] etwas, das Peter Kien auch gesehen haben könnte, etwas überaus Surrealistisches. Die Fabrik ist schon ganz leer, wunderlich still, alle Maschinen schweigen. Ich stehe im kleinen Waschraum und trockne mir die Hände ab, da ertönen Schritte, weiche Schritte. Ich sehe auf den Flur, verwundert, wer da noch kommen könnte. Und es ist unser belgischer Chemiker, den ich bei mir Pipierre nenne. Und denk dir seinen Aufzug. Er kommt aus der Toilette, die am Ende des Flures liegt u.

geht an den Bürotüren auf sein Laboratorium zu. Er ist ein dicker, schwarzhaariger Kerl, er muß sich gerade halb umgezogen haben, als ihn der Drang zu einem Püsch überkam. Denn nun, wie er da antappt ist er barfuß, trägt eine hellgrüne seidene Unterhose u. ein rosa Hemd mit kurzen Ärmeln, das offen steht u. seine haarige Brust freiläßt. Das ist ein so lächerlicher Anblick, das ich mich schnell abwenden muß u. das Waschwasser wieder andrehe, damit es im Rauschen meinen Lachkrampf übertönt. Doch muß ich ihm noch nachblicken, wie er mit seinen etwas steifen, blassen, behaarten Beinen u. nach auswärts zeigenden Füßen weitergeht.

Dies war heute ein endlos langer Tag. Es war heute wenig zu tun u. ich saß oft auf der Toilette, die für mich der Ort der Sammlung ist. Immer wenn mir mies zu mute[,] ist flüchte ich in diesen stillen kleinen Raum, in den man sich einriegeln kann u[.] in dem einen niemand stört. Eine Abhandlung über: Meine Toiletten zu schreiben war schon lange mein Plan. Das sind die stillen, sicheren Inseln ⟨in⟩mitten des Höllengewühls. Daraus könntest auch du sicher eine Geschichte spinnen. Denk an die unterirdischen Bedürfnisstationen Ecke Regentstr. u[.] Oxford Str[.] z. B. Flucht in die Tiefe!

Hier in meinem Asyl sitze ich, vergrabe ¦das ¦Gesicht in die Hände, bis ich mich ein wenig erholt habe. Auch läßt es sich hier hübsch singen, leise# u. gedämpft. Heute morgen sang ich eine Kantate mit dem Thema: Übers Jahr – – –

Wann werden wir wieder die Sauce, die das Leben würzt, gemeinsam über unsere Speisen gießen?

Ja, addio u. auf Wiedersehen, Bob! Auf sicheres Wiedersehen! Doch wann? Doch wo?

Wenn du Hermann schreibst, grüß den Getreuen von mir. Ich werde ihm selbst so bald als möglich schreiben.

Herzlichst
P.

Wie steht's mit deiner Schweizer Aufenthaltsbewilligung?

August 39

[Alingsås,] 20. Sept[.] [19]39

Lieber Hermann,

Vielen Dank für die Sendung der 65 Franken, der letzten Grüße aus Zürich. Aufsparen für eine Reise – wie stellst du dir das vor, mein Lieber, das ist doch ganz unmöglich! Es wird doch mit der Einreiseerlaubnis immer schwieriger werden in Zukunft. Auch will ich für eine Weile noch hier bleiben, meine großen Pläne und Hoffnungen gehen nämlich dahin, die hiesige Staatsbürgerschaft zu erwerben. Dann allerdings, wenn das möglich sein sollte, wäre natürlich eine Reise nach Zürich stets möglich. Das aber ist noch unabsehbare Zukunft.

Pläne machen – heute – das ist wohl das unmöglichste was man tuen kann, denn wie wird ¦Europa übermorgen aussehen?

Du fragst mich immer[,] was ich treibe und wie es mir geht – als wenn es mich garnicht interessieren würde, wie es euch geht. Schreib doch auch einmal von dir, gefälligst, alter Knabe. Bei mir hat sich nichts verändert, das alte – bzw. neue Leben geht seinen Gang. Ich finde mich fabelhaft damit ab, sehe eine lichtvolle Zukunft – allerdings eine Zukunft noch in weiter Ferne, doch immerhin Zukunft – und lebe wie es eben geht. Du siehst, im Norden nichts neues. Im Süden aber, ich weiß es, wird sich mehr gewandelt haben. Ich erbitte also einen kurzen Bericht – lange Briefe sind heutzutage wohl nicht möglich – wie euer beider Seelenzustand sich befindet, sodann, ob ihr die Möglichkeit habt, in eurer neuen Heimat zu weilen, ob ihr dieser Heimat in irgendeiner Art dienen könnt, ob ihr arbeitet oder euch nur dem Kummer hingebt, ob ihr allein seid oder liebt, wo ihr wohnt und wie ihr wohnt, ob sich Bobs Gefährnisse geklärt haben, kurz einen kleinen Umriß eurer Tage. Und bald, bitte ich! Vor allem Bob, der Schuft soll sich mal melden, der tut ja, ¦als sei er tot!¦

Addio, seid umarmt von eurem

Pit

[Briefentwurf]
[Alingsås,] 5. 10. [19]39

Ich sang mit mir wieder den Kanon: übers Jahr, übers Jahr... Welch unendliches Glück liegt vor mir, wie reich ist ¦das Leben, das auf mich wartet. Wirklich scheint's mir zuweilen, als habe mein Leben noch nicht recht begonnen, als sei dies alles Vorbereitung, Schule, harte Schule, und meine früheren Arbeitszeiten ¦seien nur kleine Kostproben gewesen. Ich bin voller Dank. Wie werde ich übers Jahr arbeiten! Ohne Müdigkeit; jetzt schon warten 30 Bilder auf mich, die gemalt werden müssen. Und 20 werden wohl noch hinzu kommen. Das Böseste, Häßlichste, Widerwärtigste könnte ich jetzt ertragen, nichts könnte mich verzweifeln lassen. Ich weiß, daß mei[ne] Bilder gut werden[,] die ich nach dieser Zeit erst male. Sie bilden sich ja unaufhörlich in mir heran. Kein Tag, keine Stunde ist verloren. Dieses Jahr, vor dem ich mich so gefürchtet hatte, gegen ¦das ich mich so sehr gewehrt hatte, ist gut u[.] fruchtbar. Mit keinem Menschen möchte ich tauschen. Ich kann mein Los, das Los eines, der mit Ruhe u[.] Gewißheit auf seine Zeit

Meine Fabrik. Im Drucksaal, Dächer der abendlichen Stadt

wartet, nur preisen. Und kommt zuweilen doch die Ungeduld über mich, so denke ich: sei nur ruhig, ein jeder
Tag, an dem ich jetzt schweige, wird in weit, weit größe-
rer u[.] herrlicherer Form wiederkehren u[.] mir Freude
bringen –
[an dieser Stelle bricht der Entwurf ab]

38   P. Weiss an H. L. Goldschmidt

[Alingsås, etwa 10. Oktober 1939]

Lieber Hermann,
Nach langer Bedrückung tritt oft plötzlich die Lösung
ein, man fragt sich dann, wozu man sich eigentlich so ge-
sorgt hat. Nun gibt es nichts mehr, was mich beunruhigen könnte. Am Samstag den 7. sind meine Bilder hier
angekommen. Neunzehn an der Zahl, alle in ihren schönen, zauberhaften alten Rahmen, vorbildlich verpackt
u[.] völlig unversehrt. Nur trägt ein jedes auf der Rück-
seite den Stempel des Devisenamtes, daß sie zur Ausfuhr freigelassen werden. Ich war am Vormittag mit den
Arbeitern der Fabrik auf den Schießplätzen u[.] habe
dort bei den Übungen feststellen können, daß ich ein
guter Schütze bin u[.] daß es nicht das Schlimmste ist,
mit schweren Mausergewehren umzugehen. Als ich Mittags nach hause kam, sah ich die beiden großen, 2m hohen Kisten vor dem Hause stehen u[.] mir versagte der
Atem u[.] der Herzschlag vor dieser unvorbereiteten Begegnung. Im wahren Sinne des Wortes: „zitternd vor
Freude" machte ich mich ans Öffnen der Kisten u[.]
nachdem Bretter, Holzwolle u[.] Rollpappe gelöst, hob
ich eines der Bilder ans Tageslicht. Ein und ein halbes
Jahr lang habe ich sie nicht mehr gesehen u[.] als der Caspar mich anblickte, genau so still u[.] unverändert wie
früher, waren mir die Tränen nahe. Den ganzen Tag lang
u[.] auch am Sonntag morgen ging es dann ans Aufhän-
gen. Die Wände meines Zimmers sind nun dichtgefüllt
u[.] aus dem Raum ist eine richtige kleine Galerie geworden. Die Wiederkehr hat mich natürlich recht mitge-

nommen, darin arbeiten kann ich garnicht, immer nur
mußte ich umher gehen, von einem der alten Freunde
zum anderen. Und ¦wunderlich war mir abends zu mute,
als ich sie im verdämmernden Zimmer alle rings um
mich hatte. Und herrlich schöpferische Gefühle kommen mich morgens an, wenn ich beim Erwachen im
Kreis meiner Gefährten liege.
Doch das schönste, und das was mich mit großer Sicherheit erfüllt[,] ist dies: Das ich warten kann, warten auf
etwas, das völlig gewiß ist; daß ich einen Reichtum habe,
den mir niemand stehlen kann. ⸺
Deinen Gotthelf habe ich mit Freude gelesen. Ich verstehe schon, warum du gerade ihn gewählt hast, es ist
viel Verwandschaft zwischen euch. Doch können wir
uns heute noch an Vorbilder halten? ##### Wie weit
auch in dir der Kampf zwischen Gut u[.] Böse stattfin-
det, würde ich gerne mit mehr Sicherheit wissen; du
weißt ihn ja gut zu verbergen.
Schick mir wieder etwas, wenn du was geschrieben hast.

Grüß Bob u[.] sei selbst herzlichst gegrüßt
von deinem Pit

Alingsås
Postbox 114

39   P. Weiss an H. L. Goldschmidt und R. Jungk

[Alingsås,] 7. XI. [19]39

* [Zeichnung]

Leitet ... leuchtet ... funkelt ...

Lieber Hermann, lieber Bob, ein Jahr, seit wir in Zürich
beisammensaßen u. ich den Bundesstern vergaß. Bob
bitte ich, daß er heute die letzten Reste meiner alten
Schuld vergessen soll.
Ein Jahr – welch eine Zeit! Und die Hälfte dieses Jahres,
wie habe ich sie verbracht! Wie hätte ich damals denjeni-

gen ausgelacht, der mir diese tolle u. doch so sinnvolle Zukunft vorausgesagt hätte. Und war diese letzte Zeit die Hälfte der Zeit seit den Züricher Tagen, so ist sie wiederum die Hälfte einer anderen Zeit, die sich nun bis zum Frühsommer fortsetzen wird. Wenn ich dann aufbreche, habe ich Geld genug, um ein Jahr lang unabhängig zu leben – und Maltafeln (deren viele), die habe ich heute schon geschnitten, mit Leinöl gestrichen u[.] glatter, geleimter u[.] polierter Kreide grundiert . Sie stehen, viele, viele Quadratmeter in meiner kleinen Nebenkammer u[.] duften gut nach Holz u[.] nach Arbeit. Die Bilder kenne ich schon zum großen Teil, die einmal darauf gemalt sein werden, Herrgott, eine solche Fülle wartet auf mich, daß einem manchmal des Abends, wenn ich vor den Tafeln stehe, das Herz zittert! ———

Hier war ein schöner Herbst, ein paar kurze, ganz goldene Tage u[.] nun das verhangene graue Novemberwetter. Es ist ein Wetter, das mir sehr lieb ist (alle Menschen schelten es jedoch), dieses Wetter hat mich ja als kleinen Erdenbürger empfangen ...

Ich habe in diesen Tagen viel Musik gehört, ich war häufig bei den schönen Göteborger Konzerten zu Gast, bei Bach, Mozart u[.] Haydn.

Auch die Dämonen von Dostojewski las ich, von denen Bob mir schrieb. Es ist aber zuviel unerlöste Schlechtigkeit in diesem Buch, die Gemeinheiten, die Krankheiten, der Zusammenbruch u[.] der Wahnsinn sind zu groß u[.] erdrückend. # Jedoch las ich ein herrliches Buch von Stifter: die bunten Steine u[.] ich glaube, daß gerade Hermann diese[n] Dichter sehr lieben wird. Er ist mit Gotthelf verwand[t] u[.] da Hermann ### auch mit diesem verwandt ist, wird es viele Brücken geben. Vor allem die Erzählung: Katzensilber war es, die mich sehr stark berührt hat, sie handelt von einem dunklen scheuen Mädchen aus dem Walde, einer Art weiblichen Kaspar Hauser. Der Typ der Schwester vom Kaspar Hauser interessiert mich sehr. Gemalt habe ich sie schon einmal; ich werde sie später nochmals malen. Und auch eine Geschichte über sie werde ich einmal schreiben. Zur Zeit arbeite ich immer noch in den Abendstunden an meinem Buch, das inzwischen sehr umfangreich geworden ist u[.] mir viel Freude macht.

Was arbeitet ihr? Wann wirst du den Nihilismus abgetan haben, Hermann? Dr. Levin-Goldschmidt klingt ganz gut! Ihr könnt mir dann auch den Doctor h. c. verleihen. –

Und Bob? Wer ist's? Hexe ⟨Toussaud⟩, Monsieur Hitler, oder die sündhafte Königin der Nacht? Und warum schreibst du mir garnicht?

Ich finde übrigens Dostojewskis Dämonen gleichwertig die Bücher des Franzosen Céline: Reise ans Ende der Nacht u[.]: Tod auf Kredit, die ich vor kurzem las, und die ihr auch lesen ¦sollt. – Übrigens sah ich auch Love affair, Bob, und ich habe Tränen geweint. Herrlicher, klassisch kitschigster aller Filme. Vom zweiten Carné-Film: Hotel Du Nord war ich allerdings enttäuscht. Was gibt es sonst zu berichten? Es wird kalt; und immer größer wird die Herrschaft der Nacht. Ich habe meine guten Stunden u[.] meine bösen. Von den bösen spricht man nicht. Ich warte auf den Anfang des Krieges, um endlich auf dessen Ende warten zu können. Vielleicht können wir alle einmal wieder nach Deutschland. Doch dann ... wie wird es dann sein? Wir können es uns schon garnicht mehr vorstellen, in einer äußeren Festigkeit zu leben. Wird es sie je wieder geben? # ¦Der Wunsch nach ihr¦ lebt doch in uns allen. Mein Wunsch, mit einer Frau ein ⟨Heim⟩ zu gründen, war dessen Ausdruck. Ich schrieb Bob davon, ich habe ein Mädchen gefunden, das hatte ich sehr gern, und da war dieser Gedanke da. Aber doch ist es nicht die Frau, die ich suchte. ## Hermann, du schreibst auch, du habest dich verliebt – vielmehr: du habest beschlossen, dich zu verlieben – wie sieht dir das doch ähnlich, dies zu beschließen u[.] es nicht kommen zu lassen – Aber weiter ... auch kein weiter? Ach, laßt uns weiter suchen!

Adio, liebe Bundesbrüder – dir vielen Dank fürs Gedicht, Hermann – lebt wohl u[.] laßt bald wieder von euch hören!

Euer Pit

[Alingsås, 7. Dez. 1939]

Lieber Hermann, ohne Rast
mal' ich, doch auch ohne Hast,
mal im Stillen, male leise,
mal auf unsichtbare Weise,
Bild auf Bild geht in mich ein,
Außen war es mir ein Schein,
Innen aber nimmts Gestalt an.

Und ich tu' mir nicht Gewalt an,
Laß es wachsen, laß es reifen,
Bis ich es einst werd begreifen,
Bis ich's aus der Tiefe rufe,
Bis ich mich auf jener Stufe
stehend find, die ich heute,
da sie steil und ferne, scheute...

7. Dez. 39

Lieber Hermann, ohne Rast
Mal' ich, doch auch ohne Hast,
Mal im Stillen, male leise,
Mal auf unsichtbare Weise,
Bild auf Bild geht in mich ein,
Aussen war es mir ein Schein,
Innen aber nimmts Gestalt an.

Und ich tu' mir nicht Gewalt an,
Lass es wachsen, lass es reifen,
Bis ich es einst werd begreifen,
Bis ich's aus der Tiefe rufe,
Bis ich mich auf jener Stufe
stehend finde, die ich heute,
da sie steil und ferne, scheute...

7. Dez. 39.

Briefgedicht vom 7. Dezember 1939 (Nr. 40)

1940

41   P. Weiss an R. Jungk (und H. L. Goldschmidt)

[Alingsås,] 15. 1. [19]40

Lieber Bob, die Zeit neigt sich ihrem Ende zu. Am 1.
März bin ich frei! Ich habe die Geldsumme die ich vor
einem Jahr haben wollte. Morgen fahre ich nach Göteborg u[.] beginne mit der Suche nach einem Arbeitszimmer. Ich habe alle Sperrholz-Platten grundiert u[.] weiß
40 Bilder, die bis zum nächsten Winter gemalt werden
müssen. Ich werde dann, wenn nicht Fliegerbomben alles zerstört haben, meine Ausstellung machen u[.] darinnen werden ein paar ganz gute Bilder zu sehen sein.
Auch mein Buch, an dem ich an allen Abenden nach der
Fabrik geschrieben habe[,] wird im März zum Großteil
vollendet sein; ich werde dann versuchen es zu veröf-
fentlichen, wenn es sein muß auf eigene Kosten. Viel-
leich[t] wird dann Ausstellung und Buchveröffentli-
chung (beides wäre innig miteinander verbunden) auf
die selbe Zeit fallen. Ich hoffe sehr, daß ein Gott mir bei
der Verwirklichung meiner Pläne hilft.
Wenn ich nur von dir etwas Gutes hören würde! Dein
letzter Brief klang sehr bedrückt. Schreib' mir bald.
An Hermann ist dieses Blatt auch gerichtet, ich grüße
ihn wie dich herzlichst in aller Freundschaft

Maler Pit

42   P. Weiss an H. L. Goldschmidt

[Alingsås,] 23. 2. [19]40

Lieber Hermann,
mir ist es ganz rätselhaft, warum ich von euch seit Weihnachten nichts mehr gehört habe. Ich habe Dir inzwischen einmal geschrieben und Bob müßte schon 3 Briefe
haben, wovon 2 sehr umfangreich sind und unbedingt
der Antwort bedürfen. Ich dachte, es läge vielleicht daran, daß die Schiffe, die die Post transportieren, im Eise

stecken geblieben sind, jedoch habe ich aus der Schweiz inzwischen mehrere Briefe erhalten, die mir zeigten, daß die Wege also doch nicht verstopft sind – auch könnte sich dies ja nicht auf eine solch lange Zeitspanne erstrekken. Also: was ist los? – Ihr werdet doch wohl nicht schlapp machen? Von Dir kann ich mir das schon garnicht vorstellen – Bob ist in dieser Beziehung ja labiler, doch könnte er ja (im Schmerz lassen sich ja immer gute Briefe schreiben) mich davon in Kenntnis setzen: nachfühlen könnte ich ihm die tiefsten Tiefen von Depressionen. Obgleich ich mich von dem ganzen Äußerlichen nicht mehr mitnehmen lasse; es berührt mich nicht soviel, wie ich Schmutz unterm Nagel habe. Den letzten Brief, den ich an Bob schrieb, wollte ich eigentlich auch an dich adressieren, aber es stehen da verschiedene Sachen drin, die zu dem gehören, was du nicht billigst, Dinge, vor denen du dich wohl verwahrst und die du garnicht an dich herankommen läßt. Die Briefe[,] die ich an dich schreibe[,] sind anders als die, die ich an Bob schreibe. Ich nehme mich in deiner Gegenwart (und ein Brief an dich bedeutet ja deine Gegenwart) immer ein wenig zusammen, während ich bei Bob leicht in Versuchung gerate, mich gehen zu lassen. Vorteil und zugleich Nachteil. Es wäre gründlich an der Zeit, sich einmal ### wieder zu sehen und miteinander zu sprechen – wir beide kennen uns ja eigentlich nur sehr unzureichend. Glaubst du, daß sich das alte Ideal einer gemeinsamen Wohnung zwischen uns Dreien ernsthaft verwirklichen läßt. Was hältst du eigentlich, ganz wahrhaftig, von Bob. Der Bursche macht mir manchmal Sorgen. Ich meine natürlich nicht im ökonomischen Sinne: darinnen ist er von uns dreien sogar der Tüchtigste. Aber er nimmt sich so viel vor, fängt so viel an, führt nichts zuende und ich fürchte manchmal, es mangelt ihm an einem gewissen Mut. Ich meine den Mut zum Sprung über den Abgrund, dessen Tiefe und Breite man # nicht kennt. Der letzte Brief, den ich von ihm besitze (um Weihnachten geschrieben), klang hoffnungslos – nun läßt sich Bob, umgekehrt, ja auch in meiner Gegenwart leicht gehen. Wir können halt immer auf gegenseitiges

Verständnis hoffen. Wie weit es überhaupt gegenseitiges Verständnis gibt, bleibt dahingestellt. Nun sind ja seither zwei Monate vergangen und er kann sich ja längst wieder gefangen haben. Was treibt er? Und was treibst du? Wie schon gesagt: von dir nehme ich an, daß du weiter ungestört bei deiner Arbeit bist. Ich bin's auch. Und ich werde in einem Monat mich ganz freigemacht haben und völlig meiner Arbeit leben können. Dann ist mein Jahr um. Und es ist dies eingetreten, was du mir gewünscht und prophezeit hast: daß man durchgehen müsse durch die ganze Fabrik (die ja Symbol ist) und daß man sie nur überwinden könne, wenn man sich selbst überwindet. Es ist gelungen. Ich habe sie mir unterworfen. Anfangs, ich erinnere mich noch sehr wohl, war es ein Zukreuzekriechen, heute bin ich der stolze Überwinder. Nur eines ist nicht geschehen: ich habe diese Welt nicht zu meiner eigenen machen können, ich konnte sie nicht lieben. Ich habe sie nur ganz und # gar erfaßt, bin mir ganz und gar über sie klar geworden und habe gelernt, über sie zu lächeln – was ich zwar früher auch tat, doch in einer ganz anderen Weise. Ein gutes, fruchtbares und schweres Jahr. Ich möchte es nicht missen.
Übrigens sollst du natürlich, wenn du Lust hast, die Briefe, die ich an Bob adressierte, lesen. Was dich in ihnen nicht anspricht, spricht dich eben nicht an. Ich habe auch garkeinen Grund, vor dir etwas verbergen zu wollen.

Ich schreibe diese Epistel mitten im durchdröhnten Kontor, wenn sie ein wenig zusammenhangslos erscheint, bitte also nicht übel zu nehmen.

Und nun aber, schleunigst, ergebenste Stellungnahme # ¦zu¦ meinen diversen Geehrten, das bitte ich mir aus. Schlimmstenfalls, bei Todesnachricht, bitt ich die Adresse des Begräbnisplatzes mitgeteilt zu bekommen, von wegen Kranzspenden.

> In alter Treue
> Euer und diesmal
> speziell D e i n
> Pit

[Alingsås, Anfang März 1940]

Flaschenpost, ausgeworfen für die Arche, von einem, der auf einer Insel im nördlichen Meere haust.

Man verzeihe mir, wenn ich mit Ausdauer spreche, ich bin aber allein, habe lange nicht mehr gesprochen und befreie mich nun von dem eisernen Ring, der seit vielen Monaten mein Herz umschlossen hält.

Heute morgen, als es noch grau war, flatterte eure Nachricht herab, sie blieb in der Erle hängen, die vor meinem Hause steht; ich kletterte am Stamme empor und löste die gelben Blätter aus den Zweigen. Die Zweige sind feucht vom Regen und Schnee, doch im Holz ist schon keimendes Leben, ich wittere an ihnen den Duft des Frühlings. Noch in der Astgabelung öffnete ich das wunderliche Heft, blickte zum Himmel auf und sah unter den trüben Wolken den blinkenden weißen Boten entfliegen. Und da ich zu lesen begann, vergaß ich, ins Haus zurückzukehren; ich blieb im Baume.

Liebe Freunde, einundvierzig Tage und länger seid ihr unterwegs und ich wußte es nicht!

Daß ihr eine Arche bauen wolltet[,] war mir seit langem bekannt, ich war einmal bei euch in der Schweiz (das ist jetzt länger als ein Jahr her), da legtet ihr schon die Bohlen und Planken zum Bau des Schiffes in euer Magazin; ihr habt sie von verlassenen Bauplätzen, von verfallenen Dörfern heimgebracht und ich selbst habe euch einmal tragen geholfen: erinnert ihr euch noch – wir trugen den Balken, den ihr später zur Kiellegung verwenden wolltet, vom Tessin her über den Gotthard bis zu eurer hellen Stadt mit den vielen Glocken. In Airolo seid ihr böse auf mich gewesen, ich hatte euch ausgelacht und Weltverbesserer genannt und euren idealistischen Bau bezweifelt. Doch ich habe weiter tragen geholfen und das Seltsame war, daß uns die Last, trotz der starken Steigung, nicht drückte. Von Andermatt aus war die Wanderung dann nur noch eine Spielerei.

Es ist dann lange nicht mehr über die Arche gesprochen

worden, ich bin hinaufgefahren in mein Nordland und ihr seid in der Glockenstadt geblieben; erst im vergangenen Herbst erinnertet ihr mich einmal in einem Briefe an unsere Wanderung über die Alpen und schriebt, daß ihr nun bald an den Bau des Berge-Schiffes gehen wolltet. Baut nur zu! dachte ich, eure Arche wird von den Wogen umgeschlagen und eure Botschaft vom Wind zerfetzt werden. Fast hätte ich eurer wieder gespottet. Denn ich hatte damals die Hoffnung aufgegeben: es sei noch etwas aus dieser trägen und vergifteten Welt zu retten und aus den verrosteten Herzen der Menschen. Ich verbannte fortan alle Gedanken an die Arche und ihr schriebt mir auch in der ganzen schrecklichen und unfaßbaren Zeit, die dieser verhaltene, # nur hier und da pestbeulenhaft aufbrechende # Weltkrieg währt, kein Wort mehr über das Fortschreiten eurer Bauarbeit.

Und nun habt ihr die Arche zu Wasser gelassen! Liebe Freunde, ich werde nie wieder über euch lachen. Im Gegenteil: als ich vom Baume herabstieg, waren mir die Tränen nahe und ich sah mich hastig um, ob jemand meine Rührung bemerkt habe. Doch es lebt ja außer mir niemand auf der Insel – nur ein paar Steine und die Vögel: vor ihnen brauche ich keine innere Bewegung zu verbergen.

Und doch glaube ich manchmal einen Menschen nahe, ich träume zuweilen davon, jemand habe sich zu mir eingeschlichen und hielte sich nur hinter einem Baume verborgen.

Ich ging auf dem nassen Wege hin und her, euer Heft in den Händen, und sah die Sonne durch die zerwehten Wolken brechen. Da leuchteten die kleinen Schneefleken im braunen kranken Gras wie flüssiges Silber auf. Wißt ihr; heute denke ich: warum sollen die Seiten aus eurem Logbuch nicht auch den Weg zu anderen finden, da sie mich in meiner Abgeschiedenheit erreicht haben. Warum soll es nicht Genossen geben, Schiffbrüchige oder solche die auf die Anhöhen geflohen sind, und die gleich uns auf den Anbruch eines neuen Tages hoffen. Das ist das Schöne, daß ihr nicht mit Prophezeiungen einer besseren Zukunft kommt, daß ihr keine Ziele aufstellt, sondern daß es euch nur darum zu tun ist, die Werte in euch selbst und in eurer Arbeit wieder zu finden. Wir sind auf der Suche nach dem verlorenen Menschen. Und, meine Lieben, ich glaube, das sieht garnicht so hoffnungslos aus; jedenfalls genügt es zu wissen, daß ihr unterwegs seid – und ich schließe mich euch an.

Eure Nachricht kam zur rechten Zeit. Wie ihr wißt, habe ich ein Jahr lang in einer Fabrik gearbeitet und meine Zeit nun abgedient. Ich habe mir Geld zurücklegen können, ich habe mich freigekauft – zwar nur für eine kurze Zeitspanne, doch ausreichend, um die Arbeit zu vollbringen, die ich mir gestellt habe. Als ich denn meine Ölfarben, meine Pinsel und die Staffelei aus ihrer Verborgenheit hervor nahm und Spannrahmen und Leinwände rüstete und auf meine Insel zog, tat ich's im Gefühl, mich nun in ein ausgiebiges Alleinsein zu begeben. Die Bilder[,] die ich malen will (es sind viele)[,] einmal der Welt zu zeigen, schien mir sinnlos – und: gab es denn noch eine Welt? Einesteils pfiff ich auf die Welt, die wiederum von mir garnichts wissen wollte. Doch ich brauche ja die Welt. Wir alle brauchen die Welt. Wir wollen unseren Platz auf dieser Erde haben. Ich wollte malen – weil dies das beste Ding ist von dem ich weiß. Jedoch würde ich „in den Wind" malen, denn ich glaubte, der Einzige zu sein, der der Malerei ihr Daseinsrecht zubilligte. Man hat mich tüchtig ausgelacht von wegen meiner sonderbaren Ambitionen und gesagt, der Zeitpunkt zu einem Künstlerdasein sei schlecht gewählt. Was bleibt mir aber anderes übrig? Ich habe ein Jahr lang im Kreise derer verlebt, die mich heute auslachen, oder die verständnislos über mich den Kopf schütteln. Und ich habe keinen getroffen, der meiner Meinung war. Ich habe auch keinen von meiner Meinung zu überzeugen versucht. Ich habe bei Jenen nichts gefunden, daß mich halten könnte, ich habe mich gründlich umgesehen, doch es gab da nichts, garnichts. Unverständlich, daß es Jene dort aushalten. Und daß sie nichts Anderes wollen. Oder daß sie sich dies nicht eingestehen...

Im Maße der steigenden Verheerungen des Zusammenbruchs unserer schönen, von Menschen bevölkerten Welt, wuchs in mir das Verlangen nach meiner Insel. Und nun – ich wußte nichts Besseres – bin ich aufgebrochen, gelandet, habe mein Lager hergerichtet und den Ofen gefüllt, der meine Stube heizt.

Und zur gleichen Zeit wird draußen, nah oder fern, vernichtet, was Menschen in unendlicher Geduld erschaffen und erdacht, werden Städte zertrümmert, die die Menschen Stein für Stein erbaut, werden Kunstwerke |/die aus der Hingabe und dem Herzen eines Menschen kamen/| von einer Bombe im Bruchteil der Sekunde in Atome verwandelt, werden Männer, junge blühende Männer, die eine Mutter geboren, genährt und aufgezogen hat, von Tanks zermalmt, von Geschossen zerrissen, werden Menschen gemartert, die im letzten Funken ihres Selbstbewußtseins für die Freiheit eintraten, werden Frauen, Kinder und Greise aus ihrem Heim vertrieben und in die Nacht gejagt. Auch dies, all dies ist in der Welt.

Und andere Dinge: das Wasser, das gegen das Ufer der Insel strömt, das zärtlich den Stein auswäscht, das singt und summt und in sich verliebt ist; die erste Amsel, die im Gezweig sitzt und ihre Stimme prüft, eine Stimme, die nun jeden Abend klarer wird; der Wind, der sich in den Dachziegeln verfängt und lacht; die Tonfolge aus einer Suite von Bach, die mir einfällt; der Sonnenuntergang unter den rostroten Wolken; der Ring, der den Mond umgab; die Erinnerung an die Zärtlichkeit einer Frau; der Geruch der Erde nach dem Regen...

Freunde, es ist an der Zeit, |daß wir| uns # besinnen. Es ist an der Zeit, daß wir alle Dinge in unser Logbuch schreiben, die uns lieb sind und an die wir glauben. Wir werden viele Blätter dazu brauchen, es wird ein großes Buch werden!

Addio

[Handschriftlicher Zusatz]
Lieber Hermann, jetzt verstehe ich euer langes Schweigen! Habt ihr Hesse die Arche geschickt? Wie denkt ihr euch das 2. Heft? Es wäre gut[,] wenn Rede u[.] Gegen-

rede darinnen sein würde – ruhig auch zuweilen eine Stimme der Opposition. Weil alles so ernst ist, wäre es nicht schlecht, wenn zuweilen ein Falstaff das Wort ergreifen würde. Und sichtet alle einlaufenden Antworten gut! Ja nicht alles aufnehmen, ## ein Mißton, irgendeine Frömmelei, ein ¦Salbatern könnte alles verderben!

Pit

44 *H. L. Goldschmidt an P. Weiss*

Zürich, den 17. 3. 1940

Lieber Pit,
Ich kam vorgestern abend von der Wanderung zurück und freute mich sehr über Deine Flaschenpost. Das sollte ja die Arche: den Freunden, den Gleichgesinnten, den vielen Einsamen Mut geben, Lust zum Schaffen, Vertrauen, Glauben an die schöpferische Tätigkeit, mag auch die Zeit selbst von den Kräften der Zerstörung beherrscht sein. Und nicht fliehen sollen wird – das ist ein Vorbehalt, mit dem ich Deinen Inselträumen, die ich schon selbst mitgeträumt habe, begegnen möchte – wir dürfen nicht fliehen, in eine Klause, auf eine Insel, ins Kämmerlein, sondern die Welt und Wirklichkeit, so wie sie ist annehmen und aufnehmen. So wie die Arche mitten in der Stadt Zürich abfuhr und noch fährt, im Geklingel der Tramwagen, so soll auch unsere Insel als Ort unseres geistigen Seins mitten in der Stadt unseres alltäglichen Seins sein – sie soll den Alltag heiligen und vom Alltag gesegnet werden können.
Bei der Aufnahme von Beiträgen werden wir natürlich sehr vorsichtig sein; wollen ja auch jede Nummer möglichst um ein Thema sammeln – so das nächste Mal in der im Brief angegebenen Weise um das Thema der Zukunftsbilder, Du hast noch Zeit, Dich zu beteiligen. Es wäre übrigens auch durchaus möglich, einmal eine Graphik beizulegen, unsere Auflage beträgt 250 Hefte.
Auf den umstehenden Seiten findest Du mein Wanderungstagebuch – unverändert, so wie ich es mir ins

141

große Tagebuch übertragen habe – vor; ich dachte, daß es Dir Spaß machen wird es zu lesen. Wir dachten oft an Dich auf der Wanderung, und einmal war ich enttäuscht, mein Lieber – als ich nämlich darauf hoffte, in Carabbietta ein Bild von Dir vorzufinden, aber nichts vorhanden war. Dabei fällt mir jetzt Montagnola ein, unterhalb dessen wir abends durch das Tal zogen, und Hermann Hesse; wir schickten ihm natürlich eine Arche, und er hat auch schon sehr nett darauf geantwortet. Stehst Du noch im Briefwechsel mit ihm?

Hast Du meinen Brief vom 3. März erhalten?

Ansonsten habe ich vor, in den nächsten fünf Wochen sehr fleißig zu sein und viel zu lesen, vor allem für die Universität.

Nun beste Grüße und die allerherzlichsten Wünsche für Dein neues Leben,

Dein Hermann

45 *P. Weiss an R. Jungk (und H. L. Goldschmidt)*

[Alingsås,] 19. 3. [19]40

Lieber Bob, mit zwiespältigen Gefühlen denke ich an Dich. Die Vorstellung, daß du jetzt meinen alten Palazzo in Cara bewohnst, auf den kleinen Hof mit dem Brunnen blickst, Helvetio und Peppina miteinander streiten hörst und das Bellen von Crack und Phöbo (wenn sie noch leben), daß du in dem kleinen Klostergarten von Frau Jacques sitzt oder durch meinen Wald streifst, in dem ich jeden Baum kenne, oder Montagnola besuchst, oder Lugano oder Carona, oder gar Hesse, überschüttet mich geradezu mit einer Welle von Heimweh. – Mir fallen die letzten zwei Wochen in der Fabrik nicht leicht: die Zeit will und will nicht vergehen. Zudem bin ich nun wieder auf dem Punkt angekommen, an dem ich auch begonnen habe: es gibt im Augenblick nichts für mich zu tun und indem ich so tue als habe ich etwas zu tun, wird mir der ganze Stumpfsinn, die ganze ungeheuerliche Sinnlosigkeit dieser Fabrik wieder bewußt. Wie in einem Gefängnis gehe ich stundenlang in meiner Dunkelkammer auf und ab.

Doch der Gigantensprung, den ich in zwei Wochen wagen werde, erfüllt mich mit abenteuerlicher Spannung. Wie wird er glücken? Wie wird es sein, wenn ich zum ersten Male wieder (nach nun 14 Monaten) die Pinsel zur Hand nehmen werde und vor der Staffelei stehe: eine Vorstellung, die eine kaum faßbare Freude enthält, aber auch eine kleine, fast kindliche, Furcht. Jedenfalls werde ich mich in meiner neuen Welt erst einige Tage assimilieren müssen und die Reste der alten Luft abstreifen müssen; ich werde nicht von einem Atemzug auf den anderen mich umstellen können. Was war das doch für eine Weltreise, Bob, und wie lange werde ich in meiner Heimat (die ja auch deine wahre Heimat ist) bleiben können? Doch das Nachher, das bedrückt mich heute nicht. Ich werde neun Monate mit meinem Geld auskommen können, neun Monate, die ein Mensch zu seiner Geburt braucht.

Und nun will ich dir mein neues Revier beschreiben:

Man fährt mit einer Kleinbahn eine Viertelstunde von Göteborg südwärts und kommt in ein Dorf, das Pixbo heißt. Das besteht eigentlich nur aus einem Schloß, in dem eine alte, etwas verrückte Gräfin wohnt (du wirst denken: das ist wieder einmal ganz typisch Peter! – Und ich hoffe, diese Gräfin, durch Verbindungen, die ich schon angeknüpft habe, einmal kennen zu lernen und in ihrem Schloß zu Gast zu sein), und einer Siedlung von Bauernhäusern, zu denen sich eine kleine Textilindustrie gesellt hat, nebst einer Mühle und einer Papierfabrik, und einer, eine Viertelstunde entfernt gelegenen Dependance, früherer Witwensitz des Schlosses, die zu einer Pension ausgebaut ist und völlig einsam direkt an einem großen, vielarmigen See liegt und von Wald umgeben ist. Die Dependance ist blendend weiß, mit Säulen, Balkonen, Portalen[,] Terrassen und Freitreppen, von etwas altmodischer Eleganz; innen gibt es große, etwas dunkle Räume, eine hohes Treppenhaus mit Oberlicht, eine Diele usw. 30 m vom Hause entfernt liegt ein kleines Nebengebäude, grün gestrichen, in dem die

Mägde und der Gärtner wohnen, im zweiten Stock liegen hier zwei Zimmer, zu denen man auf #### einem eigenen Aufgang gelangt. Da drinnen wirst du mich bald sehen.

Und zwar ist das erste, etwas kleinere Zimmer mein Schlafzimmer (ich werde dir bald Zeichnungen senden, die es dir näher erläutern) und das zweite Zimmer wird das Arbeitszimmer. Alle Fenster gehen hinaus auf den Wald, auf den See, es ist kein Radio im Haus, kein Klavier, draußen ist keine verkehrsreiche Straße, hinter den Bäumen werden nicht jeden Augenblick die Fabriksirenen losgelassen werden und auf mich einbrechen.

Ich nehme mir Jean Paul, Stifter, Immermann und Goethe mit und sehe nun, warum ich sie mir so lange vorenthalten mußte. Erst hier werde ich Muße haben, sie mit der ihnen zukommenden Hingabe zu lesen. Ich werde mir den Tag genau einteilen, zu bestimmten Stunden aufstehen und arbeiten und ruhen, ich werde nicht nur malen, sondern auch schreiben und hoffentlich auch lieben, im Sommer werde ich jeden Morgen im See baden. Eines nur fehlt: Du und Hermann. Eines nur fehlt: die Aussicht, in diesem völlig amusischen und stumpfsinnigen und verfressenen und eigensüchtigen Land jemals Erfolg zu haben, jemals Bilder verkaufen zu können, jemals die Gelegenheit zu einer Ausstellung zu finden. Eines nur fehlt: der Glaube an eine Wiedererrichtung Europas, an eine Wendung zum Besseren, Menschenwürdigeren, an den Sieg von Humanität und Demokratie.

Doch trotzdem, trotzdem, trotzdem gibt es kein Aufgeben!

Wann werden wir wieder von eurer Arche hören? Schwimmt sie noch? Habt ihr von Hesse einen Beitrag?

Ich schreibe mit einem Male Ihr, denn ich sehe, daß ich bei diesem Brief auch an Hermann gedacht habe und der diesen Brief auch lesen soll – *schicke ihn ihm bitte zu[.]*

Was willst du in Cara arbeiten, Bob? Ich hoffe, daß ich nun ## endlich einen *wirklichen* Brief von dir bekomme, der mindestens 10 Seiten lang ist und in dem alles steht, was du mir während der letzten drei Monate verschwiegen hast.

Eure Karte aus Ce-un-ballo habe ich mit heimatlichen Gefühlsregungen erhalten. Hat es diesmal wieder geregnet? Wie seid ihr eigentlich gewandert? War der Gotthard denn schon frei? Nein, ich will jetzt keinen Fragebogen ausschreiben – ihr, du und Hermann werdet schon wissen, was ich alles wissen will.

Euer getreuer
Pit

[Handschriftlicher Zusatz]
Grüße herzlichst Frau Jacques, Helvetio u[.] Peppina!

46   P. Weiss an H. L. Goldschmidt

[Alingsås,] 19. 7. [19]40

Lieber Hermann, Dank für deinen Brief. Auch ich hätte längst schreiben sollen, ich weiß es; was aber soll man machen wenn die Feder sich gegen die Finger wehrt. Fast schäme ich mich der beiden Episteln an Bob, obgleich weniger vor Bob als vor dir. Deine Überlegenheit im Zurückhalten der Gefühle scheint mir erstrebenswert. Jedoch kann ich gegen meine Natur ¦nicht¦ handeln. Ich empfinde sogar mit verbissenem Vergnügen: Es geht mir schlecht – dann lebe ich ganz für das Schlechtgehen. Das sind so russische Elemente, höchst ablehnenswert, doch Erbteile im Blut und ich verleugne sie nicht. Aber man hebt sich immer wieder aus dem scheinbar endlosen Jammer zu lichteren Höhen hinaus. Ja, die Hauptsache: man arbeitet. Viele Bilder. Kampf gegen Untergang, Tod, Aufgabe. Man verteidigt sich im Selbsterhaltungstrieb gegen jeden Gegner – sei er zehnmal stärker. Male # acht bis 10 Stunden am Tag, trage meinen corpus

durch die Landschaft, lausche andächtig den sehnsuchts-
vollen Rufen meines Herzens u.s.w. die alte Leier. Was
dabei herauskommt? Bilder, neue Bilder, mehr Bilder,
lauter im Hohlspiegel aufgefangene Energien. Kein Ex-
perimentieren mehr; ich weiß jetzt genau wie ich malen
soll, ich will die Natur nicht mehr zersetzen, zerlegen,
umwandeln, sondern ich will ihr so nahe kommen wie
möglich. Die größten Kunstwerke sind immer die, die
der Natur am nächsten sind, denn das größte aller
Kunstwerke ist die Natur selbst. Ich will einen Baum u[.]
ein Blatt malen u[.] nicht das Gleichnis eines Baumes
u[.] Blattes. Merkwürdig, was für kleine Nachäffer Gottes wir Künstler sind.
Sommernachtsfest! Ich teile deine Ansicht u[.] finde es
nahezu unverantwortlich, eine solche Veranstaltung
heute steigen zu lassen. Alleine ja, alleine kann man an
Drachen u[.] Luftballons denken, aber Menschen zusam-
menrufen, viele fremde Menschen und den Garten
schmücken u[.] laute Tanzmusik spielen, nein, das ist
wie der Eintritt einer bemalten Kurtisane in eine tote
Stadt. Wozu? Konntest du es Bob nicht ausreden? Seltsam, daß dieser großartige Kerl das nicht empfinden
kann. Er hat keine Kultur. Er ist viel roher als wir, und
deshalb auch viel kräftiger. ##### Gerade diesen gewissen [!] Mangel an Kultur ist der Grundstock zu seinem Erfolg, seinem Herrschen Können. Wie steht es
denn jetzt mit seinem Erfolg?
Erfolg – Herrgott, welch ein Wahn, und doch: wie sehnt
man sich nach ihm, wie lechzt man nach ein wenig Anerkennung, wie ringt man darum, selbst wenn man im Inneren weiß, wie eitel das alles ist, wie das alles zerstäubt.
Jetzt ist das Leben eines einzelnen Menschen so klein
geworden; unser Leben steht so verloren vor uns selbst
da, das man sich fragen kann, wozu es eigentlich gut ist.
Wer weiß, ob wir aushalten. Sammeln können wir uns
nicht mehr. An die Arche glaube ich nicht, habe ich
eigentlich nie geglaubt.
Ich habe jetzt wieder Hesse gelesen. Ach, welch ein
Duft aus fernen Welten! Wie unwirklich wird das alles,
was noch vor kurzem nah und lebensvoll war.

Ich möchte euch wiedersehen, dich u. Bob, ihr seid die einzigen von den alten Weltbewohnern die ich wiedersehen möchte. Glaubst du, ganz ehrlich!, noch daran, daß wir in Montagnöl einmal zusammen in der kleinen Küche ¦Gemüsesuppe gekocht, Strümpf über dem Ofen getrocknet und anbrennen lassen haben u[.] Lieder dazu sangen? Schreib mir bald, ob du noch etwas davon weißt, es wäre mir sehr wichtig.

Dem alten Knaben Bob kannst du, wenn du willst, den Brief ruhig zeigen – ich werde in den nächsten Tagen mich zum Schreiben an ihn ohnedies nicht aufraffen können. Das ich ihm Mangel an Kultur vorgeworfen ¦habe[,] soll er nicht als Beleidigung sondern als Lob hinnehmen.

Über den Ozean ein freundschaftliches Flaggensignal von meinem Schiff (das ziemlich seeuntüchtig ist und vom Sturm mitgenommen wird, sich aber doch trotz allem noch gut hält u[.] längst nicht alle Masten u[.] Raaen eingebüßt hat u[.] mit den noch erhaltenen Segeln jeden Wind ausnützt, obgleich es kein Ziel hat und garnicht weiß, wohin der Wind es treibt.)

Herzlichst Peter

P. S. Ward Ihr damals eigentlich bei Hesse oben?

47   *P. Weiss an H. L. Goldschmidt (und R. Jungk)*

Alingsås 6. 9. [19]40

Mein lieber Hermann, ich will gleich antworten. Es ist wahr, dies ist das einzig Bleibende auf der Welt: die Freundschaft mit euch und die Arbeit. Und da ich jetzt die Arbeit wieder ganz und gar besitze will ich auch die Pflichten der Freundschaft erfüllen und regelmäßig schreiben. Ich lebe jetzt ganz für die Malerei und arbeite täglich ebenso viele Stunden vor der Staffelei wie ich vorm Jahr in der Fabrik gearbeitet habe. Dieses seltsame Jahr, das nun schon wieder so weit hinter mir zurückzuliegen scheint, wie fruchtbar war es doch im Grunde, wie hat es mich weiter gebracht! Und dann die beiden Monate April – Mai[,] auf die ich mich während des ganzen Winters gefreut hatte und die dann auf sonderbare Weise zerrannen, in denen ich garnichts geleistet habe und garnicht glücklich war. Und dann war ich wieder hier in Alingsås und fand mich allmählich in die Arbeit, erst unregelmäßig, weil ich auch innerlich zerrissen und unsicher war und dann immer fester werdend. Seitdem ich euch nicht mehr geschrieben habe[,] verbringe ich fast jeden Tag mit der genauen Einteilung: 7 Uhr aufstehen; 8 – 1 malen; 1 – 2 Mittagspause; 2 – 5 malen. Viel handwerkliches ist hinzugekommen. Ich male nur noch auf Leinwänden, die technisch Vorteile bieten und die vor allem (bei unserem unsicheren Zeltnomaden-Leben) leicht transportabel sind – die ich mir allein zubereite, aufspanne, grundiere; sodann eigene Zubereitung von Malmitteln, eigenes Anreiben der Farben usw.; alles Dinge, die ein viel individuelleres Arbeiten ermöglichen und die dabei die Sicherheit geben über die Beschaffenheit des Materials, das ja, fabrikmäßig hergestellt, mit allen möglichen unsicheren Hilfsmitteln verunratet ist. Ich male große Formate, weil ich immer viel G e s c h e h e n in meine Bilder hereinbringen will und die G l e i c h z e i t i g k e i t von vielen einzelnen Handlungen darstellen möchte, die sich doch zu einem E i n z i g e n und G e s a m t e n zusammenschließen. Hierbei muß natürlich alles auf *einen* Nenner gebracht werden und gerade dies ist das was die schöpferischen Freuden gewährt: dieses Schaffen einer eigenen kleinen Welt, das ja auch du kennen wirst beim Schreiben, wenn es gilt, aus zahlreichen Charakteren, Handlungen und Stimmungen die Geschlossenheit eines Buches zu bilden. Wir können schon glücklich sein, das uns diese Gnade gewährt ist.

Bob in Carabietta! In den letzten Tagen habe ich viel an Cara gedacht. Die Morgennebel und das verfrühte Herbstwetter, das auch durchsichtige klare blau-goldene Tage hatte, erinnerte mich immer wieder an den See, an die Weinberge. Und ich habe mir gelobt: wenn es wieder einmal möglich ist, dann komme ich wieder. Dann ziehen wir wieder alle Drei über die Alpen, sehr viel verständiger, erfahrener, weiser geworden, begehen keine jugendlich-egoistischen Sünden mehr – werden aber doch in unserem Benehmen zueinander sein, als hätten wir uns gestern erst getrennt. Wann wird das sein, Hermann, Bob?!

Dank für dein Gedicht. Schick mir mehr, schickt mir überhaupt etwas von dem was ihr gearbeitet habt. Sobald ich meine neuen Bilder einmal fotografiere[,] bekommt ihr natürlich Abzüge.

                    Du und Bob – seid in Freundschaft
                        umarmt von eurem Pit

48 P. Weiss an H. L. Goldschmidt

Stockholm 6. II. [19]41

Lieber Hermann – Dank für deine Treue, ich bin ein Schuft, daß ich nicht früher geschrieben habe. Doch die Hölle war los, ich habe wie ein Verrückter nach Ausstellungen gesucht, die für mich in Frage kommen und jetzt plötzlich kommt alles auf einmal: ich verkaufe und ich werde eine Ausstellung haben und zwar eine große Separatausstellung in der Stockholmer Messehalle. 50 Bilder und 150 Zeichnungen. Nun hätte ich schrecklich gerne den „Jüngling" dabei, denn das ist ein gutes Bild, und ich möchte es zeigen. Darum bitte ich dich: kannst du es mir nicht leihweise (ohne Rahmen natürlich) zur Ausstellung schicken. Die Ausstellung ist am 15. März, doch wäre ich dir dankbar, wenn du mir t[e]legrafieren könntest: Ja, oder Nein, damit ich weiß, ob ich es in den Katalog mit aufnehmen kann. Spesen und Bahnversicherung werde ich natürlich ersetzen. Ich erwarte also deine Nachricht so bald als möglich an meine Adresse:
P. Weiss
Pensionat Schedin, Drottninggatan 71 D, Stockholm.

Wenn du das Bild schickst – dann bitte auf die schnellste Weise, da der Transport ja ohnedies lange genug dauern wird.

Hoffentlich klappt es!
Sei herzlich gegrüßt von Deinem alten
Pit

[Postkarte]
[Poststempel:] Stockholm 17. 2. [19]41

Lieber Hermann, Dank für die Karte. Ein Foto würde
sich, glaube ich, im Verhältnis zu den Kosten kaum loh-
nen, schön wäre es natürlich. Solltest du zufällig jemanden kennen, der es für einen menschlichen Preis foto-
grafiert u[.] vergrößern läßt (aber zumindest auf 25 x 25
– lieber natürlich größer), dann könnte ich es finanzie-
ren. Ich überlasse es dir. Schade, daß ich das Bild nicht
im Original zur Ausstellung hier haben kann. Das Foto
brauchte ich aber so gegen den 10[.] März, denn am 15.
ist die Eröffnung. Ein großer Tag u[.] ich bin gespannt,
wie mir die Götter gesinnt sind. Also wenn du es machen kannst[,] schicke mir das Foto des „Jünglings" – er
sollte doch auch hier im Norden seinen vielsagenden
Rücken gegen das Publikum wenden! Die historische
Einladungskarte und einen Katalog schicke ich, sobald
er fertig ist. Warum schweigt Bob so sehr? Wenigstens
einen handgeschriebenen Gruß möchte ich mal von ihm
sehen!

A rividerci
Euer getreuer
Maler Pit!

50   *P. Weiss an H. L. Goldschmidt und R. Jungk*

[Stockholm,] 26. II. [19]41

Lieber Hermann, Lieber Bob,
Zunächst dem Bob herzlichen Dank für den Brief. Ich
sehe, du bist noch genau so wie früher, Meister Bob,
trägst einen Brief 3 Wochen in der Tasche herum, den
du eigentlich abschicken solltest; chaotisch die Schrift,
chaotisch die Liebeserlebnisse – ja du bist der Alte und
das freut mich. Und ich bin eigentlich auch der Alte geblieben. Auch in mir ist das Chaos noch so wie es früher
war, auch meine Liebeserlebnisse sind weiterhin chao-

tisch, nie sehr lange während, obgleich ich augenblicklich aus tragischen Umständen heraus den Ehemann darstelle, eine Rolle, aus der ich mich so Gott will so bald als möglich befreien werde. Schöne Mädchen tauchen hier und da aus dem Dunkel auf, das Herz zittert mir im Leibe, eine ist rothaarig, Haut wie weißer Marmor, ich habe sie noch nicht und sie beunruhigt mich genug, und vielleicht werde ich sie einmal bekommen. Die andere, meine derzeitige Ehegesponsin ist dunkel, alles ist dunkel an ihr, sie ist sehr still, viel zu still, fast demütig, mir ergeben, unendlich treu und die Unruhe in mir lenkt mich von ihr fort. Auch ein anderes Mädchen, Engelsstirn, Amorsmund, Katzenaugen, raffiniert bis zur Verzweiflung, ist in meiner Nähe – morgen kommt sie zu mir, vielleicht wird sie bei mir übernachten. Doch neben dem Chaos gibt es auch noch die geordnete Welt, die scheinbar geordnete Welt. Ich arbeite. Ein großes Bild muß zur Ausstellung noch fertig werden. Freund Barth, ich und die verzauberte Stadt heißt es, und das gibt mir noch viel zu schaffen. Außerdem Adressensuchen, Adressensuchen für die Einladungen, Verbindungensuchen, Verbindungensuchen mit einflußreichen Leuten, mit Kritikern mit der Presse. Set Poppius werde ich besuchen, Dank für die Adresse.

Wunderbar ist meine Ausstellungshalle. Ein großer Saal mit einigen umkleideten Säulen, vor kurzem erst hergerichtet – der tschechische Maler Nemes hat jetzt vor mir eine Ausstellung. Er ist wohl der bedeutendste Surrealist, oder zumindest einer der bedeutendsten. Nach ihm komme ich. Die Tschechen to the front!

Viel Arbeit mit den Rahmen. Und sie werden schön. Ach Kinder, daß ihr nicht da sein könnt! Da würden wir uns am Abend wohl ein Fläschchen leisten, was? Der 15. März wird doch wohl der bedeutendste Tag in meinem bisherigen Leben sein. Zum ersten Mal stelle ich das, was ich meinen Lebensinhalt nenne, an die Öffentlichkeit. Ich hoffe sehr, habe aber auch dunkle Ängste: die Umgebung ist nicht gut gesinnt. Ihr wißt: Ausländer, unerwünschter Ausländer! Was hat man aus dieser Welt gemacht! Die Kunst, die doch wirklich das international-

PETER WEISS

Einladungskarte für die erste große Ausstellung

ste ist, was es gibt und die das Bindemittel zwischen den
Menschen sein sollte, sie wird mißbraucht. Jeder hat
„seine eigene" Kunst, jeder hat Angst vor der Konkur-
renz des Nachbarn, auch hierin, wo der Mensch eigentlich frei und er selbst sein sollte, ist er versklavt, an Nor-
men gebunden, von Cliquen abhängig. Es ist zum
Kotzen. Aber trotz dem habe ich mich nun nach 3mona-
telangem Kampf durchgesetzt – oder zumindest: ich
habe eine Galerie gefunden. Das Ergebnis wird mir ja
bald bekannt werden. Samstag sind es nur noch 14 Tage
bis dahin und ich habe eigentlich heute schon Lampen-
fieber, wenn ich daran denke. Ich werde wahnsinnig aufgeregt sein, mein Magen wird sich um und um drehen
und die letzten Nächte werde ich sicher schlaflos verbringen. Ihr müßt für mich beten. Wenns ein großer
Mißerfolg wird, weiß ich noch nicht, was ich machen
werde. Höchstwahrscheinlich muß ich dann Stockholm
den Rücken kehren, ich werde dann nicht die geringste
Möglichkeit haben, mich hier weiter über Wasser zu hal-

PETER WEISS

I MÄSSHALLEN

15—30 MARS 1941

Titelblatt zum Ausstellungskatalog

154

ten. Außerdem ist das ganze ein so unerhörtes pekuniäres Risiko, daß auch im Falle eines Erfolges mein Reingewinn sehr gering sein wird. Da ich 1000 Kr. allein blechen muß für die Galeriemiete und die Rahmen usw. Dazu kommen noch meine jetzigen Unkosten, das Drukken der 1000 Einladungskarten und Kataloge, die Portispesen usw. Ihr seht: das alles ist nicht so einfach! Und trotzdem!

Seid in alter Freundschaft gegrüßt
von eurem
· Pit

51 *P. Weiss an H. L. Goldschmidt und R. Jungk*

Lillgården, Alingsås, 28. IV. [19]41

Mein Lieber Hermann, lieber Bob-der-Schweiger!

Ich bin auch ein ¦Schweiger; du hast recht, Hermann, mit mir unzufrieden zu sein. Ich will versuchen[,] ¦es wieder gut zu machen. Ich bin wieder in Alingsås , wie ihr vielleicht mit Verwunderung dem Poststempel schon entnommen habt. Und auch für mich ist es fast verwunderlich, wieder in meinem alten Zimmer zu sitzen und wieder einmal auf den Alingsåser Frühling zu warten – der garnicht kommen will. Ich habe fast ein halbes Jahr in Stockholm verbracht und in diesen unruhigen Monaten, in denen ich garnichts gemalt habe, sind doch Wurzeln zu viel Neuem entstanden. Es war innerlich wie äußerlich eine unruhige Zeit und heute fühle ich mich wie ein Seefahrer, der nach stürmischer Ozeanüberquerung für eine Weile im sicheren Hafen ausruht, seine Waren auslädt, abrechnet und die Schäden am Schiff flickt. Ich habe ein kostbares Gut mit an Land gebracht, eine Leinwand, zwei Meter mal ¦ein meter [!] vierzig und den Gedanken zu ihrer Bemalung und jetzt stehe ich hier und male die Leinwand an, Leben entsteht auf ihr – zuerst die genaue Zeichnung in Temperaschwarz, dann die Imprimitur darüber in einer Mischung von Terra di Siena und caput mortuum und dann darauf eine Weiß-

155

höhung in Tempera, ganz schleierhaft 'fein, so daß der Grund durchschimmert und ⟨nur⟩ alle Dinge wie Plastiken hervortreten und das Bild in das „Optische Grau" gehüllt ist, was die alten Meister besonders zu schätzen wußten. Aber mein Bild wird kein alter Meister! Nur darin halte ich mich an die Alten, daß ich das Handwerk schätze, daß ich das Bild nach bestimmten Gesetzen aufbaue, daß ich durch Untermalungen das Leuchten der Farbe fördere und das ich so großen Wert auf die Zeichnung lege – was 'heute kein Maler mehr tut. Als ich meine Ausstellung hatte, nannte man diese meine Pedanterie mit Unrecht Archaismus, denn weil es ungewohnt war, dachte man, es sei unmodern. In Wirklichkeit aber ist es (heute noch nur für mich) der Zeit voraus und ich glaube, daß einmal eine neue Richtung in der Malerei entstehen wird, die sich von den -Ismen befreit haben wird und in der das wirkliche Können entscheidend ist. Und vielleicht wird es mir bis dahin gelingen, selbst etwas Bleibendes und Großes zu leisten.

Ich habe durch meine Ausstellung, # in der ich alle Bilder seit Prag hatte, gesehen, was ich bisher falsch und richtig gemacht habe, ich war es, der am meisten von der Ausstellung gehabt hat, ich sah, wo ich unsicher war, wo ich unehrlich und sogar verlogen war, ich sah die Fehler in der Technik und fand durch Experimente nun den richtigen Weg. (Wenigstens den vorläufig mir als richtig erscheinenden Weg) 'Meine Art, die Dinge zu sehen, werde ich nie ändern, nur 'nach der für mich am günstigsten Ausdrucksweise werde ich suchen. Und ich glaube[,] das jene sogenannte Weißhöhung der beste Weg ist. Die Farben bekommen einen wunderbaren Schmelz und wirken fast nicht mehr materiell, und je genauer diese Weißuntermalung den Formen u[.] Figuren des Bildes angepaßt ist, 'desto größer wird ihre Plastik, ihre Bewegtheit, ihr Leben. Das große Bild, daß ich jetzt male, stellt eine große Landschaft dar; den ganzen Hintergrund überragt eine zerschossene, einstürzende Stadt, umwölkt von Staub und Rauch und schimmernd durchflossen von Sonnenlicht. Links fliehen Menschen aus den Trümmern, brechen todwund um, Frauen tragen

Kinder davon, zerschmetterte Gesichter blicken auf, Hände verkrallen sich im Todeskrampf, alles Flucht, Flucht. Rechts stürzen Soldaten aus der zermalmten Erde hervor, sie haben ihre Waffen fortgeworfen und strecken ihre Hände und ihre weißen # Tücher um Ergebung dem unsichtbaren Feind entgegen. Weiter fort schäumt das Wasser eines Hafens, Schiffe versinken, Menschen kämpfen in den Wellen und nirgends gibt es einen Ausweg. In der Mitte des Bildes wächst aus den Trümmern der Stadt ein hoher gotischer Dom empor, durch sein Portal stürzen Menschen ins Innere des # Mittelschiffes; Rauch und Flammen ringsum. Die Hauptfiguren des Bildes aber sind im Vordergrund auf einer Anhöhe, hinter zerrauftem Buschwerk in den Trümmern einer Scheune: ein Liebespaar, daß # hier, in zerfetzter, halb abgerissener Kleidung, in Coitus-# Umarmung liegt, selbst verderbensselig in dem großen Verderben und doch abgeschlossen von der chaotischen Welt und von eigener Welt durch ihre Liebe umgeben. –
Dieses Bild ist während des letzten halben Jahres entstanden, während ich umherzog, mir eine Gallerie zu suchen, während ich verzweifelt und wütend die chauvinistischen, idiotischen Kritiken über meine Ausstellung las, während ich die Gesichter der vollgefressenen Ignoranten sah, die vor meinen Bildern standen, während ich in Angst an die ungeheure Geldsumme dachte, die ich für die Galleriemiete, für die Rahmen, die Kataloge, die Miete für mein Zimmer schuldig war, wie ich dann meine Bilder für die Hälfte, für ein Drittel, ja ein Viertel und Zehntel des Preises verkaufte, um nur ein wenig Geld zu bekommen und wie ich dann am Tage nach Ausstellungsschluß die Bilder herabnahm, von den besten mich auf immer verabschiedete, vom Erlös erleichtert meine Schulden bezahlte, während ich sah, daß ich in diesem Lande nie einen Erfolg als Künstler haben könnte, während ich mich nach einer Heimat sehnte und schließlich meine Sachen packte und von Stockholm wegfuhr. – Max B. winkte mir zum Abschied zu – auch ihn werde ich lange nicht wiedersehen. Er fährt demnächst nach den Staaten. Er ist ein Genie im Nichtstun

und ich wurde es auch. Die Zeit verging. Nächte saßen wir in verqualmten Zimmern, in Cafés. Ich strich Mädchen nach, lag in fremden Betten, schlief mit Mädchen, die ich nicht liebte, floh voller Abscheu, kam doch zurück, suchte nach neuen Gesichtern. Könnt Ihr wirklich lieben? Ich kann es nicht. Ich sehne mich danach, einmal wirklich zu lieben, mit brennendem Herzen, doch nie erfüllt sich mein Wunsch. Das große Bild ist ein Wunschtraum – und es ist auch Furcht vor dem Ende, vor der Großen Zerstörung. Auch ich möchte verderbensselig leben – doch ich kann es nicht. Hermann, Bob – wie wird alles werden?! Werden wir uns noch einmal wiedersehen? Mein Leben ist ein Zwiespalt: Ich will, muß an eine Zukunft glauben und sehe oft nur ein Ende. ──

Gäbe es doch eine Zukunft!

Es grüßt euch in Treue euer
Peter

P. S.: „Lillgården" bedeutet: kleiner Hof. Hermann, du fragtest einmal danach.

52 *P. Weiss an H. L. Goldschmidt (und R. Jungk)*

[Alingsås, 6. August 1941]

Mein lieber Hermann,
zunächst meinen Glückwunsch zum neugebackenen Doktor. Er steht dir sehr gut und rundet deine Persönlichkeit ab zu einem geschlossenen Bild. Und nun noch viel Glück zum Verlieren der eingepaukten Wissenschaft.

Das Bob immer noch krank ist und Fieber hat[,] beunruhigt mich. Ich halte übrigens das ganze für nervöse Symptome, gerade seine immerwährenden Magenbeschwerden sind bestimmt psychisch bedingt und ich frage mich: warum läßt er sich nicht einmal analysieren? Es gibt doch in Zürich so viele gute Seelenärzte und ich könnte mir gerade für Bob sehr viel von einer solchen Behandlung versprechen.

Auch ich bin im vergangenen Monat in psychoanalytischer Behandlung gewesen, arbeite jetzt allein an mir weiter, werde Ende August noch eine Woche in Nachkur gehen und dann im Laufe des September wieder nach Stockholm reisen, um mein Leben mit ganz neuen Aspekten fortzusetzen. Du mußt verstehen: Ich konnte euch nicht schreiben, weil ich die letzten Monate solche große innerliche Umwandlungen durchmachte und erst seit einer oder zwei Wochen in etwas geebnetere Bahnen eintrete, die es mir wieder möglich machen, Briefe zu schreiben und an meine alten Freunde zu denken. Ich habe euch nicht vergessen, Hermann; im Gegenteil: jetzt erst wird es mir möglich sein, euch zu schätzen, zu achten, zu lieben. Ich war ja krank bisher. Ich habe es kunstvoll verborgen, habe mich und meine Freunde gequält, habe an mir und am Leben gelitten, bis es eines Tages einfach nicht weiter ging. Der Brief, den ich dir damals schrieb, kam noch aus jener alten Welt. Er war voll falscher Hoffnungen, er war voll Selbstbetrug: Ich wußte ja, daß ich nicht weiterarbeiten könne. Kränker als je kam ich von Stockholm zurück. Fast einen Monat lang versuchte ich krampfhaft, an der alten Welt festzuhalten. Ich versuchte, das große, in meine[m] letzten Brief geschilderte Bild zu malen und es gelang nicht. Hundertmal gab ich auf, war ich verzweifelt, rissen mich neue Hoffnungen wieder auf, bis es schließlich garkeinen Ausweg mehr gab. Ich zerstörte die große Leinwand, warf die Pinsel und Farben fort, stand am Abgrund und wollte in die Tiefe springen. An jenem Abend war ich in den weglosen Wäldern der Umgebung, verirrte mich und wurde an einem fernen, einsa[m]en See, zwischen ⟨h⟩ohen, moosbewachsenen Steinen von wilder Angst und von Entsetzen befallen. Ich irrte durch die Dunkelheit zurück, voller Todesgrauen. Ich hatte also noch Lebenswillen. Und eben in diesen Tagen geschah das Sonderbare: Ich lernte den besten (eigentlich den einzigen wirklichen) Psychoanalytiker kennen, der in Schweden lebt (Iwan Bratt) und er wohnt sogar in unserer Stadt, ohne daß ich dies wußte. Wir sprachen miteinander und ich berichtete ihm von mir. So ergab es sich, daß ich von da an jeden Morgen eine Stunde bei ihm war. Er war Arzt, ich der Patient – # er leistete eine große Arbeit für mich, also mußte ich ihn honorieren, also mußte ich Geld verdienen. Ich ging wieder in die Fabrik und verdiente hier im Monat soviel wie ich für die Analyse brauchte. Malen wollte und konnte ich ohnedies nicht, auch war in mir alles so chaotisch geworden: unendliches neues Land breitete sich vor mir aus, furchtbare Hemmungen kamen, Enttäuschungen kamen, neues Glück kam, ganz ungekannte, ungeahnte Möglichkeiten stiegen in mir auf, neben den dunkelsten, grausigsten Erkenntnissen. Und jeden Tag lernte ich, lernte mein Leben von Grund auf umbilden und schließlich liebte ich. Ich liebte, was ich früher nie vermocht hatte. Ich liebte unglücklich, verging vor Sehnsucht, vor Schmerz – meine Liebe blieb (und ist es heute noch) unerfüllt – doch ich liebte doch wenigstens, wieviel war dies wert! Und dann, nach einem Monat, nach dem Vergehen der stärksten Liebesschmerzen, begann ich wieder zu zeichnen. Aquarelle nach der Natur. Die Farben waren hell, freudig, und allmählich kam auch der Wunsch, wieder zu malen. Ich werde diese kleinen Landschaftsaquarelle in Öl malen, bald werde ich anfangen und so wie ich zu einem neuen Leben erwache, so werden es auch meine Bilder. Meine Fremdheit dem Leben gegenüber, die Unmöglichkeit, auf Realitäten, auf andere Menschen einzugehen, sie beginnt langsam zu schmelzen. Du, was das für ein Gefühl ist: zum Leben zu erwachen. Und zum Leben zu erwachen, während ringsum alles dem Tod und dem Verderben zustrebt. Aber da ich dem Leben zustrebe, kann ich auch den Niedergang ringsum nicht mehr als die letzte Lösung ansehen. Ich beginne dahinter das neue, keimende Leben zu ahnen, ich verspüre den Hauch der neuen Welt, die wieder auferstehen wird und an der wir, denen es vergönnt ist, mitbauen werden.

In einem Monat, vielleicht etwas später, werde ich die quälende Bindung an die Familie, die die Verursacherin # meiner Neurose war, ganz gelöst haben – eigentlich ist das heute schon vollzogen, doch nach dem ungeheu-

erlichen Einbruch all des Neuen brauche ich noch diese
ruhige Zeit zum Schlichten und zur Erholung.

So wie du über deiner Arbeit „Einsamkeit und Gemeinschaft" sitzt, so tue ich dies auf meine Art auch. Und ich
bin sicher: Wir werden sie beide lösen!

Aber nochmals Bob. Er macht mir Sorgen. Sein Leben
ist genau so wie meines war: stets in Spannung, in
unruhiger Erwartung, in Angst. Ein Umherirren, ein
Nach-sich-selbst-suchen und ein Nicht-Finden-Können.
Könnte er doch einmal abspannen, sich sinken lassen,
hinabtauchen in sein Unbewußtes und dort aufräumen.
Hätte er dort Ordnung, wie ordentlich würde es da in
seinem Zimmer aussehen, wie würde er dann das finden
können, wonach er sucht!

Lieber Bob, dir gilt dieser Brief auch, lies ihn und nimm
meine herzlichen, freundschaftlichen Wünsche entgegen.

Dir Hermann einen festen Händedruck von
Eurem Pit

6. August 41

53   H. L. Goldschmidt an P. Weiss

[Postkarte]
[Poststempel:] Zürich 31. X. 1941
Dr. Hermann L. Goldschmidt, Zürich 6, Bolleystr. 50
den 31. 10. 1941

Lieber Pit,

aber, aber, seit dem 6. 8. keine Nachricht von Dir trotz
verschiedener Briefe von Ro und mir. Hoffentlich geht
es Dir nicht so wie Deinem alten Meister Hesse, von
dem neulich das umstehende Gedicht erschien, sondern
sehr viel besser, aber dann schreibe auch! Wo steckst
Du, was treibst du, was hoffst Du, wen liebst Du? Hier
hat der vierte Zürcher Winter begonnen, erstaunlicher
Weise, und verspricht, noch erstaunlicherer Weise, recht
munter und anregend zu werden. Meine Arbeit sollte
nächsten Monat im Buchhandel erscheinen, ich studiere

noch weiter; im Dezember werde ich vor einer Vereini-
gung von Architekten und Kunstfreunden einen Vortrag
halten: „Von der Zukunftsaufgabe der Architektur und
Philosophie" [.] Diese beiden Künste bauen nämlich, die
eine leiblich, die andere geistig, # darum kann 'man' sie
zusammenstellen, und eine Zukunft haben sie wie alle
Künste und Künstler, wenn sie nur # ihre Gegenwart zu
leben wagen, was auch Du hoffentlich tust. Aber zur Gegenwart gehört auch die Vergangenheit, nicht als deren
Meisterin, aber als 'eine Hilfe zu ihrer Bewältigung, also
auch wir zu Dir, mein lieber Pit, + 'Du zu uns' #. Also –
schreibe Deinem Hermann

[Rückseite]

Krankennacht   Hermann Hesse

Augen, in die ich einst liebend geblickt,
Worte, die einst ich als Jüngling verehrt,
Lieder, die einst meine Träume genährt,
Bilder, von freundlichen Göttern geschickt,
Deren ich Jahre nicht mehr gedacht,
Suchen mich nun, einen kranken Mann,
Strahlend heim in der schlaflosen Nacht,
Blicken mich unergründlich an,
Leuchten wie Sterne ewig und wandellos,
Stehn um mein Lager und lächeln jung,
Stille genährt von der Seele Schoß,
Her gewiegt vom Flusse Erinnerung.
Alle Begnadungen, die ich erfuhr,
Stunden von Liebe, Stunden von Geist beseelt,
Wurden Gestalten, stehen bewahrt und gezählt,
Zeichnen mir durch mein Leben die Gottesspur.
Langsam, nachdem sie so strahlend gestanden,
Regten sie sich wie Tänzer in einem Reigen,
Hoben die Füße, schritten in heiterem Schweigen,
Blickten noch einmal groß, und verschwanden,
Ließen zurück eine tiefe Stille und Leere,
So als ob nirgend mehr Leben und Atem wäre.
Zögernd nur kehrte das Alte und Tägliche wieder,

Tickte die Uhr und tickte der Puls, es kehrten
Treulich die Schmerzen zurück in die Glieder,
Meiner Nächte seit langem vertraute Gefährten.
Lange noch starr' ich den hohen Gestalten
Nach ins Leere, ins bildlose Dunkel,
Habe die Augen noch voll von Glanz und Gefunkel,
Schließe sie müd und versuche die Hände zu falten.

54 P. Weiss an H. L. Goldschmidt und R. Jungk

[Stockholm,] 11. 12. [19]41

Meine lieben Freunde!
Es ist bald Weihnachten und da will ich nun doch an
euch schreiben. Mir scheint, es ist fast ein halbes Jahr
seit meiner letzten Nachricht vergangen. Doch das
kommt daher: es hat sich so viel ereignet und ich wußte
nie, wo ich eigentlich anfangen sollte oder besser: wo
ich aufhören sollte – denn alles entwickelte sich weiter
und ist auch augenblicklich sehr im Begriff, sich weiter-
zuentwickeln. Kurz und gut: ich werde demnächst heiraten. Vielleicht schon in einigen Wochen, vielleicht erst
in Monaten, das hängt davon ab, wann meine Frau hier
anlangt. Sie wohnt nämlich z[.]Zt[.] noch in Prag und ich
habe jetzt Himmel und Hölle in Bewegung gesetzt, um
sie hierher zu bekommen. Ich kannte sie ja schon von
früher her, sie war damals noch sehr jung (ist es auch
heute noch), wir stellten jedoch im Laufe unseres Brief-
wechsels fest, daß wir eigentlich dazu berufen seien,
eine Gemeinschaft zu bilden, ließen diesen Gedanken
aber nie ganz zum Ernst werden, bis ich ihr dann vor
kurzem, als ich vernahm, daß sie umgesiedelt werden
solle, den Vorschlag zur Ehe machte. Lucie war damals
ein schönes, begabtes, etwas zartes fünfzehnjähriges
Mädchen, sehr frühreif, und sie scheint sich bis zum
heutigen Tage (4 Jahre später) gut entwickelt zu haben.
Ich habe lange unter den schwedischen Mädchen gesucht und eingesehen, daß es wohl hoffnungslos ist, unter ihnen eine für mich geeignete Frau zu finden. Ich

163

[bin] mit dieser Lösung jetzt sehr zufrieden und auch recht zuversichtlich auf deren Ausgang. Ich habe mich ganz gut hier eingelebt, recht ordentlich verkauft, Verbindungen mit einigen Verlagen bekommen und mir # im Oktober in Stockholm ein schönes Zimmer gemietet, in das ich meine eigenen Möbel gestellt habe. Als Ehemann muß ich natürlich an Vergrößerung denken, entweder miete ich mir eine 2[-]Zimmerwohnung, oder ich beschaffe mir irgendwo einen geeigneten Atelierraum, so daß ich genügend Ruhe für meine Arbeit habe. Denn gerade jetzt (d. h. seit # 1-2 Monaten) bin ich in ein neues Stadium meiner Malerei getreten. Ich habe neue Entwicklungs[-] und Ausdrucksmöglichkeiten für mich gefunden, die ich in dem ganzen letzten, fast untätigen Jahr gesucht hatte. Natürlich steckt das alles noch in den Kinderschuhen, doch ich glaube, daß ich auf diesem neuen Wege weiter kommen werde. Und ich habe große Pläne. Nur daß ich euch meine Bilder nicht zeigen kann, daß ist daß was mich schmerzt. Ich finde, obgleich ich einiges verkaufe, doch garkeinen Widerhall, vor allem kein wirkliches Verständnis. Man glaubt sogar, unter den Künstlern hier, immer noch, daß ich archaisiere, obgleich daß garkein Archaismus ist was ich mache, sondern im Gegenteil der Schritt zu einer neuen Welt! Aber ich bin gezwungen, Kraft immer nur wieder aus mir selbst zu schöpfen und das ist oft zum Verzweifeln schwer! Darum möchte ich so gern, Ihr wäret hier, sodaß wir uns einander unsere Arbeiten zeigen könnten. Denn ich will ja auch wissen, was ihr treibt. Gewiß lag viel Schuld bei mir, daß ich so lange still schwieg – aber bei mir hängt das immer mit Impulsen zusammen. Entweder muß ich wirklich aus innerem Drang einen Brief schreiben, oder ich lasse es ganz bleiben. Ich beneide euch oft um eure Gemeinschaft. Ihr könnt diskutieren, gemeinsam erleben, könnt eure Sprache sprechen und ich werde oft ganz krank in diesem verdammten Für-sich-sein. Auch das hat viel dazu beigetragen, daß ich heiraten will. Ich will kosten wie das ist: Wärme und Heim, ich will einmal ein etwas geregelteres Leben führen, Verantwortung für einen anderen Menschen über-

nehmen und die Einsamkeit loswerden. Vielleicht ist dies alles nur Versuch, vielleicht wird dies alles einmal dazu verdammt sein, wieder zu zerbrechen. Doch dann habe ich wenigstens ein Gutes getan und Lucie aus einer bösen Welt geholt. Ich hoffe nur darauf, daß sie auch heraus kommt und daß sie nicht nach diesem Aufschwung der Hoffnungen entsagen # und in einem dunklen Schicksal all ihre Freiheitsgedanken zu Grabe tragen muß.

Man fragt sich oft, wie es möglich ist, daß man in all dieser Zerstörung noch die Kraft aufbringt, etwas aufzubauen. Doch solange man diese Möglichkeiten noch in sich hat, braucht man an der Welt nicht zu verzweifeln.

Ich las gerade heute die „Arche" noch einmal durch und bedauerte, daß sie nie neue Blätter ausgesandt hatte. Doch auch dies ließ sich wohl nicht wiederholen und mußte so einmalig bleiben. So, einmalig, bleibt sie wirklich ⟨etwas⟩ Fundamentales, während sie in ihrer Wi[e]derholung vielleicht nicht mehr diese Kraft haben könnte. Aber ich fürchte doch, sie wird vergessen werden.

Was tut ihr zu Weihnachten? Werdet ihr wandern? Schreibt mir bald!

Habe ich dir eigentlich schon zum Dr. gratuliert, Hermann?

Seid herzlichst und in Freundschaft gegrüßt von eurem
Peter
Gute Weihnachten!

P. W.
Varvsgatan 1 A III
Stockholm

P. S. Ich sehe, ich habe eigentlich nur sehr ⟨wenig⟩ und nur über die allernächste Vergangenheit berichtet. Das Andere ein ander Mal!

55   P. Weiss an H. L. Goldschmidt und R. Jungk

[Stockholm, 23. Januar 1942]

Lieber Hermann, lieber Bob – seit langem ohne Nachricht von euch. Vor 2 Monaten etwa schrieb ich an Hermann, dann kurz nach Weihnachten adressierte ich # an Bob, c/o Frau Reichstein, dankte darinnen Hermann für das Buch, hoffte auf baldige Nachricht von euch – nichts erfolgte. Sollte ein Brief von euch verloren gegangen sein?

Wie geht es euch? Herrgott, wenn man sich doch endlich sehen könnte! Ich habe große Schwierigkeiten, meine Frau in spe hierher zu schaffen und fürchte, es wird nicht gelingen. Das arme Mädchen aber soll demnächst verschickt werden, Rettung täte also wirklich not.

Ich selbst habe viel gearbeitet in letzter Zeit, plane auch viel für zukünftige Arbeit und überhaupt für die Zukunft – ich glaube, man darf jetzt wieder an die Zukunft denken. Von dir, Hermann, habe ich doch wenigstens ein Zeichen deiner Tätigkeit in dem Buch, daß ich mit großem Interesse las. Von Bob aber weiß ich wieder mal garnichts. Das Gute bei euch ist nur, daß man keine Angst zu haben braucht, daß man sich auseinander lebe: uns kann die Trennung doch nicht schaden!

Nur den Tag, Kinder, an dem wir uns gegenüberstehen werden!

Schreibt mir bald. Dies soll nur ein Lebenszeichen sein[.]

Euer Pit

Varvsgatan 1 A III
Stockholm   23. Jan ¦42

56   R. Jungk an P. Weiss

R. B.-J.
Schloß Burg (Leimental)
Kanton Bern
31. 10. [19]43

Mein lieber Pit,
den lange schon für Dich bestimmten Brief habe ich zu
Deinem Geburtstag aufbewahrt, hoffentlich dem letzten,
den Du so fern von mir feierst.

Mir ist es in den letzten Monaten ziemlich bös ergangen
und ich habe das Ende des Krieges noch nie so sehr ersehnt wie jetzt. Am 7. Juni wurde ich plötzlich oben am
Forstersteig abgeholt[,] auf die Polizei gebracht, photo-
graphiert, daktyloskopiert und haranguiert. Beschuldigung: Verbotene Arbeitstätigkeit. Buße 700 Franken,
Ausweisung und ... Internierung.

Zunächst ging⟨'⟩s in eine Strafanstalt. Ich glaubte[,] ich
sei komplett verrückt geworden oder träumte. Was hatte
ich denn verbrochen??? Sie führten mich nach Sankt
Gallen in ein richtiges Zuchthaus gleich neben dem
Schlachthaus, wo das Vieh tags und nachts ängstlich zu
uns hinüberblökte. Es waren zehn Internierte dort. Wir
schliefen in Gefängniszellen, trugen Nummern, hatten
Gefängniskost, waren bei der Arbeit zusammen mit den
Zuchthäuslern. Ich klebte einen Monat lang Tüten. Mein
Vorarbeiter war ein Mörder, der seine schwangere Frau
erdrosselt hatte. Er war sehr streng mit mir und schalt
mich ein verkommenes Subjekt[,] wenn ich nicht richtig
klebte.
Dann intervenierte man „draußen" für mich und ich
durfte tagsüber in einem kleinen Büro für mich arbeiten.
Nach drei Monaten kam ich zum ersten Mal wieder aus
dem Kasten heraus, sah zum ersten Mal wieder Kinder,

Frauen, lebendige Bäume, war inzwischen aufgeschwollen von Kartoffeln und stinkigen Suppen wie ein Pfannkuchen, verbittert, unzufrieden.

Dann steckten sie mich in ein Arbeitslager und ich schippte einen Monat und nun haben sie mich in ein sogenanntes Interniertenheim verbracht, eine alte zugige Ruine aus dem 10. Jahrhundert, völlig verkommen, dreckig, unordentlich, düster auf einem steilen Felsen wie in einem dunklen Gespenstermärchen. Konnte ich im Gefängnis wenigstens noch arbeiten, so ist das hier ganz unmöglich. Achtzig Leute, meist ältere kranke Menschen schreien[,] zanken, brüllen um mich herum. Heute ist Sonntag und ich habe den Sonntagsurlaub benützt, um mich in ein kleines Landhotel zu flüchten. Da liege ich nun in einem richtigen Bett und sehe hinaus auf den Herbstacker[,] den besonnten Nebel, die dunkelroten Bäume drüben im Elsaß. Gottseidank bin ich wieder magerer geworden, fange an mich wieder aufzuraffen, werde inmitten dieses irren Zirkus ziemlich nüchtern[,] vernünftig und sogar ordentlich.

Aber wann ich wieder freikomme, wann ich aus diesem Pariazustand erlöst werde, weiß der Kukuk.

Das einzig Positive ist die Begegnung mit vielen Menschen aus allen Ländern; Holländern, Russen, Franzosen, Juden, Elsässern, die alle Böses durchgemacht haben und meist davon ganz krank gemacht wurden. Hier in der saturierten Schweiz hatte ich von diesem neuen Geschlecht nicht viel gewußt, nun bekomme ich einen Vorgeschmack wie die Welt von morgen wohl bevölkert sein wird.

Ja, mein lieber Pit, es gäbe noch so viel zu erzählen, aber ich bin im Augenblick doch sehr müde[,] mein Junge[,] und werde gleich meinen Gasthausschlaf von 16 Stunden fortsetzen, denn heute abend erwartet mich wieder der Strohsack, die Ratten, die Kälte, die acht Menschen in einem Raum[,] der schon für zwei zu klein wäre, der

Lärm[,] der Wassermangel, das heulende Elend. Nun, auch diese lẻtzte Probe muß bestanden werden. #

Wenn Du sehr lieb bist, schreibst Du mir bald wie es Dir geht. Sei herzlich gegrüßt von Deinem

Bob

57   P. Weiss an H. L. Goldschmidt

[Stockholm, Ende April/Anfang Mai 1947]

Lieber Hermann

Ich komme ## Anfang Juli nach Zürich, nach einem ein-
monatligen [!] Aufenthalt in Deutschland und Österreich. Ich fahre nämlich Ende Mai von hier als Spezialberichterstatter für Stockholms-Tidningen nach Berlin,
um über kulturelle Dinge zu schreiben. Das wird natürlich sehr interessant für mich sein, Deutschland wiederzusehen. Ich hoffe sehr, daß ich dich in Zürich antreffen
werde. Vielleicht können wir gemeinsam nach Lugano
herunter wandern. Ich will nämlich auch Hesse besuchen. Ich teile dir später noch das nähere Ankunftsda-
tum mit. Ab 20. Mai ist meine sicherste Adresse: Schwedische Legation, Berlin, # Sonderberichterstatter für
Stockholms-Tidningen. Bis 15[.] Mai in Stockholm.
Ich habe leider versäumt, dir für deine Abhandlung zu
danken, die du mir schicktest. Vor allem Buber hat mich
interessiert.* Ich bin gespannt, was du gearbeitet hast inzwischen. Ich habe vor einem Monat auch ein Buch herausbekommen, mit Prosagedichten – auf schwedisch.

Also, mein Lieber, ich hoffe dich im Juli zu sehen!
(Was ist wohl mit Bob los?)

Dein Peter

*Ich bin ja so hoffnungslos belletristisch eingestellt, daß
es mir meistens schwer fällt, einseitig wissenschaftlichen
u. philosophischen Artikeln zu folgen. Viel mehr bin ich
auf deine Gedichte u. Tagebuchblätter begierig. Eine Sache mit einem „Osterhasen-Land" und deine Wanderung damals mit Bob, von der ich das Journal bekam, haben mir starken Eindruck gemacht!

58   *P. Weiss an H. L. Goldschmidt*

[Stockholm,] 20/12 [19]60

Lieber Hermann,

es war mir eine große Freude, von dir ein Lebenszeichen zu bekommen. Ich hatte aber schon vorher, im Herbst auf der Frankfurter Buchmesse von dir durch Bob gehört – den ich dort zufällig traf. Natürlich sprachen wir viel von den alten Zeiten, sonderbar, wie lebendig die noch vor einem steht – Zürich, die Tessiner Tage. Wenn wir da noch einmal anknüpfen könnten, z. B. im Sommer, und uns alle drei irgendwo in der Schweiz treffen könnten, wär das nicht eine Idee? Ich nehme an, daß du im Grunde der gleiche bist, so wie ich es bin, und so wie zweifellos es auch Bob noch ist. Ganz der gleiche, mit seiner Hetze, seiner Unordnung, seinem ständigen Suchen nach Gott und der Welt.

Deine Bücher möchte ich natürlich gerne haben! Ich schicke dir als Drucksache gleichzeitig eine Arbeit, die ich kürzlich in den Akzenten veröffentlicht habe.

Daß mein Bild noch bei dir lebt, freut mich.

Laß wieder von dir hören – und wie gesagt, ich finde wir müßten wirklich versuchen, einander bald wieder einmal zu treffen! Ich käme gern in die Schweiz.

Gute Weihnachtsgrüße und Prost Neujahr!

dein alter
Pit

Peter Weiss
Västerlånggatan 44
Stockholm C
Schweden

[Stockholm,] 3/1 [19]62

Mein Lieber Hermann,

zunächst alles Gute zum neuen Jahr! Hermann, ich er-
wäge ernsthaft, sehr bald – # ¦spätestens¦ Mitte Januar –
¦###¦ nach Zürich zu kommen. Bist du dann da? Schreib
mir doch eine Zeile. Ich schreib dir dann noch definitiv
den Ankunftstag und werde dich dann bitten, ein kleines Hotelzimmer für mich zu bestellen – ein *sehr stilles* –
denn ich habe mein neues Manuskript mit, das ich rein-
schreibe.
Werde dann später auch Hesse besuchen .

    Alles Gute, altes Haus – und hoffentlich auf bald
                                      Peter

Peter Weiss
Västerlånggatan 44
Stockholm C

[Stockholm,] 27/3 [19]62

Mein lieber Hermann,

daß ich nichts habe von mir hören lassen, hängt damit
zusammen, daß ich die ganze Zeit intensiv mein Manuskript zuendebearbeitet habe. Es ist jetzt an den Verlag
geschickt, und mir ist wieder etwas freier zumute.

Als ich damals auf dem Rückweg von Lugano kam[,] traf
ich dich leider nicht an – du warst wohl in Basel. Ich
hatte es auch schon eilig, wieder an die Arbeit zu kommen und fuhr dann auf geradem Wege nach Stockholm
zurück – ich hatte ja ursprünglich gedacht, noch über
Paris und London zu fahren. Damit werde ich jetzt bis
zum Sommer warten.

Bei Hesse war es ein schöner Tag. Er ist frisch, und ganz
klar. Ich verbrachte ein paar Stunden bei ihm und dann

fuhr mich seine Frau im Auto um die Collina d'oro herum. Eigentlich bestehen nur noch Casa Camuzzi und mein altes Haus am Platz in Carabietta ganz wie früher. Alles andere ist kaum wiederzuerkennen mit der Überbauung von modernen Villen. Die Gegend wirkt wirklich nicht mehr reizvoll – wie anders war es doch damals!

Ich war noch oben bei der Redaktion des DU. Wurde sehr nett aufgenommen, und im Herbst werden sie dort Collagen, vielleicht auch einen Umschlag, von mir bringen.

Es waren wertvolle Stunden bei Dir oben in deiner Bude, und ich hoffe, bald wieder einmal aufzutauchen, so daß wir unsere Gespräche fortsetzen können. Ich bin gespannt auf deine neuen Arbeiten. Vieles was du sagtest[,] schien mir sehr bedeutungsvoll und wichtig, festgehalten zu werden.

Im Frankfurter Radio (Westdeutscher Rundfunk) wird im April ein Hörspiel von mir gesendet, es heißt Der Turm. Wenn du Frankfurt hören kannst, so würde es mich freuen, wenn du mir deine Ansicht darüber einmal mitteilen würdest. Es ist allerdings eine alte Arbeit – aus dem Jahr 1948. Auch über moderne Filmexperimente kommt dort demnächst ein Programm, das ich geschrieben habe. Überhaupt gibt es ja in Deutschland für mich – gerade am Radio – viel Möglichkeiten, so daß ich wahrscheinlich doch früher oder später einmal ganz wieder dorthin – oder jedenfalls in eine mehr zentraleuropäische Gegend – übersiedeln werde .

Ich # hoffe, wieder einmal ein Lebenszeichen von dir zu hören.

Dein alter
Pit

Peter Weiss
Västerlånggatan 44
Stockholm C

61   H. L. Goldschmidt an P. Weiss

[Zürich,] 11. 3. [19]76

Lieber Pit,
inzwischen wirst Du schon die FREIHEIT FÜR DEN
WIDERSPRUCH erhalten haben. Und hier das eine
Foto und noch ein zweites, das ich Dir zu zeigen ver-
säumte. Du und Ro[bert] in Ascona oder ¦Montagnola,
wo wir ¦abstiegen. Und Dank für Deine Illustrationen
von Hesse. Vergegenwärtigen genau die Zeit der beiden
Aufnahmen. Und herzliche Grüße überhaupt, beste
Wünsche, auch Deiner Frau und dem Töchterlein! Wir
hoffen sehr, Du ¦–¦ und Ihr – taucht hier wieder auf.

Deine/Eure
M[ary] & H[ermann]

62   P. Weiss an H. L. Goldschmidt

[Buchwidmung]
[Stockholm, 13. März 1976]

Lieber Hermann, ich habe gerade mit der Lektüre Deines Buches begonnen. Ich schicke Dir den Hölderlin,
weil ich glaube, daß Du hier einige Grundgedanken finden wirst, die den Deinen verwandt sind.

Vielen Dank für die Fotos.
Dir und Deiner lieben Frau herzliche Grüße

von Deinem Peter

13/3 76

[Zürich,] 21. 3. [19]76

Lieber Pit,
die Ästhetik des Widerstands ist beiseitegelegt: für die
Tessin-Ferien ab 3. April. Bis dahin war ich, bin ich noch
zu vielem unterwegs [...].
Den HÖLDERLIN aber las ich sogleich: SEHR berührt.
sicher ist da – wie Du schreibst – Verwandschaft der
Gedanken da. Die NZZ hat nur einmal einen abschrek-
kenden Bericht gebracht, und dabei ist dies Stück: großartig! Ich selbst lebe übrigens in diesem Zeitalter gegenwärtig auch, von dem Thema PESTALOZZIS UNVOLL-
ENDETE REVOLUTION in Atem gehalten. Auch ein
„Holder"! Vorlesungsthema im Sommer, Radio-Thema
(an drei Sonntagen) im kommenden Februar, anläßlich
von Pestalozzis 150. Todestag. Drei Stellen, die mich besonders ansprachen: WEIL TRAUER IMMER NUR
DAS SEKUNDÄRE IST ZUR FREUDE – ein (Du ent-
schuldigst!) enorm jüdischer Satz, urbiblisch. ER IST
DER TODFEIND ALLER EINSEITIGEN EXISTENZ:
fast ein Motto meiner Dialogik seit 1944 und Freiheit
für den Widerspruch. Auch sonst ist mir Empedokles
mehr der Held Deines Stücks als Hölderlin. Und schließlich: ERWARTET NICHT DAS EUCH ZU HELFEN
IST, WENN IHR EUCH SELBST NICHT HELFT. BE-
GINNET EURE EIGNE ZEIT UND MACHT EUCH
AUF DEN WEG.

Auf diesem Weg, GEMEINSAMEN WEG,
Dein
H[ermann]

[Zürich,] 22. 6. [19]76

Lieber Pit,
es wäre schade, wenn es nach unserer letzten Begegnung
wieder Jahre dauern würde bis zur nächsten. Hier we-

nigstens ein herzlicher Gruß. Wie sehr ich mit HÖL-
DERLIN mitging, schrieb ich Dir schon; was ich mit PE-
STALOZZI vorhabe, zeigen Dir die beiliegenden vier
Thesen, Abschluß meiner gegenwärtigen Vorlesung
(und Grundriß vielleicht eines kommenden Büchleins).
Beiliegend dann auch, wenn auch weniger wichtig, aber
für den Leser doch womöglich aufschlußreich: ein Frag-
ment zur Autobiographie. – Die ÄSTHETIK DES WI-
DERSTANDES las ich, brauche aber das persönliche
Gespräch, um nicht mißverstanden zu werden (und
Dich nicht bei der wohl gegenwärtig vor sich gehenden
Abfassung der Fortsetzung zu irritieren). Einerseits
grandios! Unvergeßlich die Analyse des Pergamon-Al-
tars. Anderseits bohrst du bei den Griechen noch nicht
in der letzten Tiefe. Woher kommt das Programm der
Freiheit? Weshalb durchbricht sie die griechische und
jede Herrschaftstruktur? Meine Antwort ahnst Du vielleicht; hieran sei es genug.

Die besten, herzlichsten
Wünsche und Grüße!
H[ermann]

65   P. Weiss an H. L. Goldschmidt

[Stockholm, 27. Juni 1976]

Mein Lieber Hermann,
ich habe Dir nicht schreiben können und kann auch
heute nur ein kurzes Lebenszeichen von mir geben – da
wir seit vier Monaten (ganz kurz nach meiner Rückkehr
aus Zürich) eine sehr schwere Zeit hatten, und noch haben.
Meine Frau erkrankte sehr ernst, sie bekam eine Netz-
hautablösung, und nach der ersten Operation, als sie begann, sich etwas zu erholen, nach mehr als zwei Monaten, zeigte es sich, daß sie das ganze Martyrium noch
einmal durchmachen mußte. Sie ist nach der zweiten
Operation sehr geschwächt und deprimiert – ich habe
kaum mehr Kraft irgendetwas anderes zu tun, als mich

um sie zu bekümmern und um unsre kleine Tochter, der
ja auch über diese schwere Zeit hinweggeholfen werden
muß, so daß sie keinen Schaden daran nimmt.

Zum Briefeschreiben besteht also kaum die Möglichkeit
– ich kann jetzt nur hoffen, daß es diese[s]mal, nach der
zweiten Operation, eine bessere Genesung gibt.

Für deine Briefe und zugesandten Schriften herzlichen
Dank – wenn einmal wieder eine Zeit der Ruhe kommt,
so werde ich ausführlich schreiben, auch zu Deinem
Buch, das ich – wie ich Dir ja schon schrieb – in sehr
verwandschaftlichem Sinn aufgefaßt habe.

Alles Gute wünscht Dir
Dein Peter
Die besten Grüße auch an Deine Frau

27/6 76

66   *H. L. Goldschmidt an P. Weiss*

[Zürich,] 4. 7. [19]76

Lieber Pit,
Mary und ich, wir sind beide sehr betroffen von Deinem
letzten Brief: sahen Dich im Wohlergehen, auch im Erfolg, freuten uns mit Dir über Deinen jüngsten Nach-
wuchs (so wie ich mich jetzt freue, in anderthalb Woche
mein Patenkind in Celerina wiederzusehen [...]). Und
nun diese Nachricht von Deiner Frau. Was Dich selber
betrifft, so ist es das geringste Unglück, einmal – statt 'zu'
arbeiten – einfach da zu sein, mit mitmenschlicher
Hilfe. Aber nun doch die Schmerzen, die Sorgen, das
Zentrum Deines Heims! Und soviel wir wissen, arbeitet
ja Deine Frau vor allem mit den Augen: Malerin. Laß
uns bitte wissen, wenn es wieder gut geht und sonst
überhaupt: wie es Euch geht?! Die wir 'Euch' mit den besten, herzlichsten Wünschen begleiten. Und, seltsame
Fügung: an demselben Tag, an dem Dein 'Brief ankam,
suchte ich etwas in meinem Aktenschrank und stieß auf

den Film unserer Montagnola/Carrabietta-Fahrt mit den
noch beiliegenden Bildern. [...]

Nochmals Deiner Frau, Dir,
dem Fräulein Tochter
unsere herzlichsten
Wünsche!
M[ary] & H[ermann]

67   P. Weiss an H. L. Goldschmidt

[Stockholm, Oktober 1976]

Lieber Hermann, hab Dank für Deine Briefe und Schriften – ich konnte nicht antworten, weil Gunillas Gesund-
heitszustand nicht besser wurde – sie mußte nun zum
dritten Mal operiert werden, und immer noch nicht mit
gutem Resultat. Wir werden am Freitag den 5. Nov.
Prof. Klöti am Kanton[s-]Spital, Zürich konsultieren
können.
Kommen # Donnerstag, d. 4/11 im Lauf des Nachmittags in Zürich an, wohnen im Hotel Florhof, Florhof-
gasse 4, und rufen Euch dann an – es wäre schön, wenn
wir den Abend miteinander, in ruhiger Weise, verbringen könnten. Ich habe mehrmals versucht, Dich anzuru-
fen, komme aber nie durch.

Sei herzlich gegrüßt von Deinem
Peter

68   H. L. Goldschmidt an P. Weiss

[Zürich,] 2. 6. [19]78

Lieber Pit,
schmerzliche, SEHR schmerzliche Überraschung; höre
soeben, daß Du bei der Eröffnung nicht dabei bist, und
aus gesundheitlichen Gründen. Man hebt bei solchen
Absagen ja meistens das Schlimme hervor; hoffentlich

ist es nur so, befindest Du Dich schon auf dem Weg der Besserung, kommst Du – und Deine Frau, vielleicht auch das Fräulein Tochter – doch noch zur Ausstellung! Ich ging gestern durch die Gänge, als die Bilder aufgehängt wurden. SEHR eindrucksvoll, von größtem Ernst. Wie schade, daß ich Dich nicht – über 40 Jahre hinweg – unmittelbar ansprechen kann, vor diesem Hintergrund, diesen Hintergründigkeiten. [...]
Herzliche Grüße und die besten Wünsche auch von

Mary,

gute, rasche Besserung!

Und auf frohes, BALDIGES Wiedersehen!

In treuer Verbundenheit

H[ermann].

[...]

69   *P. Weiss an H. L. Goldschmidt*

[Stockholm, 8. Juni 1978]

Mein lieber Herrmann,
hab herzlichen Dank für Deinen Brief und die Skizze Deiner Einführung in die Ausstellung. Ja, es war böse, daß ich nicht dabei sein konnte. Aber ich konnte nicht einmal am 30. Mai, als ich nach Frankfurt gekommen war, um den 2. Band des Romans abzuliefern, nach Bonn fahren, um dort den Dehler-Preis entgegenzunehmen. Mein Verleger, Unseld, mußte für mich einspringen.
Es war wohl so, daß ich, nachdem ich endlich die riesige Arbeit abgeschlossen hatte, nach 3 Jahren ohne einen freien Tag, die letzten Kraftreserven verlor, und zusammenklappte, es war ein reiner Schwächeanfall, der Arzt aber riet unbedingt Ruhe an, und ich fuhr sofort nach Stockholm zurück.
Nun ja, man sieht dann ja, es geht alles auch ohne einen weiter – man kann jeder Zeit verschwinden.
Nun hoffe ich aber, wieder zu Kräften zu kommen – ob ich jedoch in absehbarer Zeit nach Zürich fahren werde, weiß ich noch nicht. Natürlich möchte ich sehr gerne

179

wissen, wie die Ausstellung dort ankommt – ob sie überhaupt beachtet und besprochen wird.

Ja, es war schade, mein Lieber, daß wir diesmal nicht zusammentreffen konnten, und noch dazu bei solch einer Gelegenheit. Deine Skizze rief viele alte Erinnerungen hervor.

Wenn Du Zeit und Lust hast, mir einen kleinen atmosphärischen Bericht zu geben, wäre ich, hier in meiner Rekonvaleszenz, natürlich sehr dankbar.

Wenn ich wieder in Form komme, schreibe ich endlich auch einmal ausführlicher. Aber Du weißt ja, was für ein miserabler Briefschreiber ich bin.

Meine Frau, die gelegentlich auf einen Tag nach Zürich kommt, um Prof. Klöti zu besuchen, grüßt bestens zurück!

Dir und Mary meine freundschaftlichen Grüße
von Deinem alten
Peter

P[.] Weiss
Storgatan 18
114 55 Stockholm   8/6 78

70   *H. L. Goldschmidt an P. Weiss*

[Zürich,] 16. 6. [19]78

Lieber Pit,

war vorgestern mit Herrn Unseld zusammen, der bei der Turel-Stiftung wegen einer Ausgabe der Werke von Turel vorsprach. Frug ihn auch nach Deinem Schwächeanfall in Frankfurt. Zur Beruhigung: vor fünfviertel Jahren hatte ich einen solchen ebenfalls. Die Ärzte fanden nichts, und seitdem fühle ich mich eher besser. Gute, rasche Genesung! und die besten Wünsche auch für Deine Frau! Sie ist uns auch allein willkommen, falls sie hier Herrn Klöti aufsuchen will. Möge sich dann bei uns melden!

Die Ausstellung: beiliegend eine Würdigung; ebenso

positiv war diejenige in der NZZ, die ich nicht aufbewahrt habe. Die anderen Blätter könnte Dir die Kanzlei
des Stadtpräsidenten zugehen lassen. Danebengelungen
war die Eröffnung, da „ganz Zürich" zu genau derselben
Stunden Herrn Christo (nicht Christus!) zu Füßen lag,
der einen Kunststoff-Zaun durch Amerika hindurchge-
zogen hatte und nun diesen im Kunststoff der Fotografie den Zürchern vorführte, im Kunststoffgewerbemuseum. Nicht gerade bei Dir die Regel, dermaßen
nichtbeachtet zu werden, aber mein Los, zu dem ich
dann die Verse Rumpelstilzchens aufsage: Ach wie gut,
daß niemand weiß, daß ich Rumpelstilzchen heiß! Kam
auch auf diese Weise zu einem schönen Abend mit
Mary, zu zweit in einem hiesigen guten Restaurant,
denn etwas mußte geschehen, nachdem nichts geschehen war. Zwanzig, dreißig Leutchen, die sich gratis ver-
kostigten, der Stadtpräsident, der es auch tat und die –
vielleicht geplante Rede unterließ, und ich selber, dem
die Rede bei einem solchen Publikum und Nichtpubli-
kum keinen großen Spaß machte. Mary sagte wiederholt:
ein Glück, daß er NICHT gekommen ist! In der Tat: ein
Glück! Aber ein Glück auch, Dich als echten Maler,
wirklichen Künstler # hier würdig repräsentiert zu finden.

Dein H[ermann]

71 H. L. Goldschmidt an P. Weiss

[Zürich,] 1. 10. [19]78

Lieber Pit

Dank für Band II , Dank auch für das Wort vom „alten
Freund"; so ist es nun einmal und tatsächlich. Bin selber
an einem neuen Buch (Selbstentfaltung und Selbstanalyse: Wie der Mensch wird, der er ist, und was er selber
für sich tun kann) [...].
Eine überraschende Nachwirkung der hiesigen Ausstellung: vor wenigen Tagen – grade als auch Dein Buch angekommen war – rief der Hesse-Sohn Heiner an, der in

der Ausstellung den dort gebotenen Brief vom 18. Januar gelesen hatte, über unseren Zusammenhang und denjenigen mit Robert Jungk – mit dem er seit 2 Jahren „eng" befreundet ist – Bat um weiteres Hesse-Material. Und hier, was ich zusammenstellte, aber ihm (auf Marys Rat hin) nur teilweise schickte: jeweils grün angestrichen. Dir ist aber vielleicht das Ganze willkommen.

Herzlichst H[ermann]

72 *P. Weiss an H. L. Goldschmidt*

[Stockholm, 12. Oktober 1978]

Lieber Hermann, hab herzlichen Dank für Deinen Brief vom 1/10 und die Briefkopien. Die waren außerordentlich interessant für mich, da aus dieser Zeit eine Art Loch in meinem Gedächtnis besteht – ich konnte mich nur noch mit Mühe erinnern, daß ich im Winter 38/39 ja noch einige Monate in Carabbietta wohnte.

Du sandtest auch ein Blatt aus einem Brief, den ich Dir aus Schweden schrieb, sehr dankbar wäre ich Dir, wenn Du Gelegenheit hättest, mir auch die andern Blätter zu kopieren, und möglicherweise sonst noch Briefe, die ich aus Schweden an Dich schrieb. Ich versuche zur Zeit nämlich, diese Zeit zu rekonstruieren und da wären solche Briefe als Gedächtnisstütze sehr wertvoll.

Ich bin immer noch krankgeschrieben, doch langsam auf dem Weg der Besserung, es war ein ziemlich schlimmer Sommer für mich, wenn ich einigermaßen auf die Füße komme[,] brauche auch ich endlich mal ein paar Wochen Ferien.

Ich hoffe, ihr habt es schön in Locarno – grüße auch Mary vielmals u[.] sei du selbst herzlichst gegrüßt von Deinem

Peter

Storgatan 18
114 55 Stockholm   12/10 78

182

[Zürich,] 24. 10. [19]78

Lieber Peter,

hier nun also die Briefkopien; nicht einbezogen sind nur das runde Dutzend Deiner Schreiben vor der Abreise nach Schweden. Einige Male schreibst Du ausdrücklich von dem Tagebuch-Charakter Deiner Briefe, die ich deshalb aufheben solle: es freut mich, daß wir so tatsächlich den Abgrund von bald vierzig Jahren überbrückt, ihm getrotzt haben. – Eine Frage: besitzt Du noch irgendwelche Zeilen von mir? Wenn nichts mehr da ist, macht das mir keinen Kummer. Aber es ist doch auffällig, wie Du meine Schreiben beurteilst (mit Worten, die auch heute noch weitgehend zutreffen würden), aber was ich nun wirklich geschrieben habe, wie ich geschrieben habe: das ist mir vollständig entschwunden.

Und im Tessin las ich Deinen Zweiten Teil: wie Du Paris von Géricault her, Schweden von Engelbrekt her evozierst, großartig. Sehr berührte mich dann auch auf Seite 90 der Hinweis auf den Tag, dem die Bezeichnung Kristallnacht anhaftet, und die Zuspitzung der Abreise aus Paris gerade auf ihn: in drei Wochen halte ich in der Stiftskirche Tübingen und dann noch in Darmstadt einen Vortrag über DIE GESCHICHTLICHE BEDEUTUNG DER SOGENANNTEN KRISTALLNACHT VOM 9./10. NOVEMBER 1938. Verbindendes zwischen uns also immer wieder.

Und so, herzlichst,
Dein H[ermann]

74 *P. Weiss an H. L. Goldschmidt*

[Stockholm, 9. November 1978]

Lieber Hermann,

hab' herzlichen Dank für die Übersendung der Brief-Kopien – die Lektüre war eine große Überraschung für mich, so lebendig trat die Zeit vor ### 40 Jahren vor mich hin, und so vieles hatte ich völlig vergessen! Das Wiedersehen mit diesen alten Texten ist von außerordentlichem Wert für mich, grade jetzt, da ich mich in meinem Buch mit dieser Zeit wieder beschäftige. Ich habe natürlich gleich auch nach Briefen von Dir u. Bob gesucht, vorläufig aber nur Deine beiden Manuskripte „Eduard" u. das Reise-Tagebuch von der Wanderung in den Tessin gefunden. Wenn Du die nicht mehr hast, lasse ich Dir natürlich gleich Kopien anfertigen. Die Briefe liegen wahrscheinlich in irgendwelchen Koffern oder Kästen auf dem Dachboden – du weißt, ich bin ja so viel umgezogen, habe so viel Manuskripte, Bilder usw. in den Emigrationsjahren verloren, daß ich nicht mehr sicher bin, ob Eure Briefe noch vorhanden sind – doch ich hoffe es! Werde jedenfalls demnächst einmal gründlich nach ihnen suchen. Übrigens habe ich auch noch eine Nr. der „Arche"!

Ich weiß garnicht mehr, um was es eigentlich damals in dem Streit zw. Bob u. mir ging – handelte es sich um ein Mädchen?

Herrgott, wie jung wir damals waren!

Die erste, hervorragende Kritik über Bd. 2. der Ästhetik ist gerade gekommen, von Frank Benseler – ich schicke Dir in den nächsten Tagen eine Kopie davon zu, zu Deiner Information.

Ich bin auch gespannt auf Deine neuen Arbeiten, ich finde einen neuen Ton in den letzten Schriften, die ich von Dir erhalten habe, sie wirken auf mich noch weitblickender – die Wirklichkeit in noch größerem, auch sozialem Bereich umfassend –

ich hoffe sehr, daß wir uns bald einmal wieder in Ruhe unterhalten können, auch die alten Zeiten aufnehmend (die mir so entfallen waren!) –[.]

Mit den herzlichsten Grüßen, auch an Mary

von Deinem Peter

Storgatan 18
114 55 Stockholm   9/11 78

[Stockholm, 10. September 1979]

Peter Weiss
Storgatan 18
114 55 Stockholm

Mein lieber Hermann,
im Frühjahr 1980 soll meine Ausstellung noch einmal
gezeigt werden, in der neuen Kunsthalle in Bochum,
und dazu soll ein neuer Katalog gemacht werden. Erstens möchte ich Dich bitten, mir für diese Ausstellung
den „Jüngling" auszuleihen, und zweitens, da ich sowohl
für den Katalog, als auch für eine Monographie, ein
Farbfoto des Bildes brauche: auf meine Kosten ein
Großdiapositiv in Farbe herstellen zu lassen, Format
9:12. [...]
Hast Du übrigens noch das Negativ des Kleinfotos, das
Du in Montagnola machtest (von der Serie, aus der Du
mir früher bereits Abzüge schicktest): mit der Aussicht
über das Tal und den Luganer See? Wenn Ja, erbitte ich
auch davon 2 Abzüge, so groß wie möglich, zur Repro-
duktion im Dokumentationsteil des Buches über meine
Malerei. (Das Buch soll 1981 im Henschel-Verlag, Ost-
Berlin, erscheinen.)

Mit herzlichen Grüßen von Deinem alten
Peter
10. Sept. 79

[Zürich,] 14. 9. [19]79

Lieber Pit,
da wir wegen eines anderen Bildes mit einem guten Fo-
tografen in Verbindung stehen, war Dein Wunsch rasch
zu erfüllen. [...] Beiliegend ferner zwei Dich unmittelbar
angehende Montagnola/Carabietta-Bilder: meine einzi-

gen Abzüge; das Negativ habe ich nicht mehr, finde es
jedenfalls nicht; auch nicht das gewünschte andere.
Wissen würde ich gern, wie es mit Deinem Band III
steht, auch wie es Deiner Frau geht? die besten, herzlichsten Wünsche und Grüße, auch von meiner eigenen,
die seit über vier Wochen bettlägrig ist, aber nun auch –
hoffentlich – auf dem Weg der Genesung.
Etwas letztes, das Du hoffentlich nicht mißverstehst,
aber ich bin nun auch schon 65, seit dem 11. April, und
der Nachlaß, der Nachlaß (und andere Sorgen mehr!)
Wäre jedenfalls bereit, den „Jüngling" zu veräußern und
teile es nun Dir als erstem mit.

Herzlich,
Dein
H[ermann]

77 *P. Weiss an H. L. Goldschmidt*

[Stockholm, 20. September 1979]

Mein lieber Hermann,
herzlichen Dank für die Farbbilder, sie scheinen sehr
gut geworden zu sein. Ich erwarte Deine Rechnung diesbezüglich.
Die beiden Kleinabzüge der Fotos aus Carabbietta besitze ich schon in Vergrößerung – ich meinte eine Aufnahme von dem Waldturm, mit dem Ausblick über die
Collina d'oro – über [!] die scheint es nun nicht mehr zu
geben – macht nichts. Es stimmt mich etwas traurig, zu
hören, daß Du den „Jüngling" verkaufen willst – gleichzeitig gibt es mir auch eine Hoffnung, denn ich versuche
ja, meine alten Sachen, von denen ich ja nur noch sehr
wenige habe, zurückzuerwerben für meine private
Sammlung. Wenn ich das Bild also von Dir, der Du es so
lange treu verwaltet hast, zurückkaufen dürfte – so wäre
ich sehr froh.
Laß mich doch wissen, was Du glaubst dafür verlangen
zu können – es ist ja eine schwierige Sache mit Preisen

– die nicht nach der gewöhnlichen Börse des Kunsthandels berechnet werden können.
In Erwartung Deiner baldigen Nachricht und mit vielen Grüßen an Dich und Deine Frau

Dein alter
Peter

20. 9. 79

78   *H. L. Goldschmidt an P. Weiss*

[Zürich,] 22. 9. [19]79

Lieber Pit,

[...]

Auf der einen Seite gibt es das beängstigende Nachlaß-Problem (bei mir Unberühmten) *wirklich*. Dazu kommt meine Enttäuschung, daß Dein Bild bei der hiesigen Ausstellung nicht wirklich GESEHEN worden ist; nicht begriffen wurde, wie Du eben auch mit Zürich zusammenhängst; schließlich war der Stadtpräsident ¦bei meiner Ansprache dabei; besser, viel besser wäre es da, wenn Du wieder über dieses Bild verfügen würdest, und daß Du dazu bereit sein würdest, war – offen gestanden – meine Hoffnung bei meinem Vorschlag. Ich habe keine Ahnung, ob Deine Bilder schon einen Marktpreis haben, hielte aber einen Betrag von 8–10 000 Franken für angemessen (falls Du Dich so nicht unterbewertet vorkommen würdest), wozu noch die Transportkosten kämen. Der Rahmen (ich sehe es noch vor mir, wie wir ihn am Predigerplatz erstanden) gehört ja wohl dazu.
Beiliegend schließlich noch eine Aufnahme, deren Held wohl ich bin, aber wo gab es diese Treppe? Oder bist Du der Held dieser Aufnahme? Wenn Sie Dir Tessinisches vergegenwärtigt, behalte sie!

Dein
H[ermann]

[Stockholm, 22. Oktober 1979]

Lieber Hermann,

[...]

Was den „Jüngling" betrifft, so wird ein Ankauf von meiner Seite wohl leider nicht stattfinden können, weil die Fr. 8000.- unerschwinglich für mich sind. Der höchste Preis, der während der letzten Jahre von einem meiner Bilder erzielt wurde, war der Ankauf des „Großen Welttheaters" vom Modernen Museum Stockholm, und zwar für einen Betrag, der etwa 5000 Fr[.] entspricht. Du siehst, auf dem Kunstmarkt stehen meine Bilder nicht hoch im Kurs – da ich mich ja nicht weiter als Maler betätige.

Natürlich kann ich nicht im Wege stehn, wenn Du tatsächlich in Zürich einen Käufer für eine solche Summe finden würdest.

Aber ich bitte sehr, mit dem Bild für die Ausstellung in Bochum nächstes Jahr rechnen zu dürfen.

Wenn Du bis zum Winter noch keinen günstigen Verkauf getroffen hast, lasse mir doch ein neues Angebot zukommen, das dann vielleicht im Rahmen meiner Möglichkeiten steht.

Sei herzlich gegrüßt von Deinem
Peter

22. 10. 79

80   H. L. Goldschmidt an P. Weiss

[Zürich,] 27. 10. [19]79

Lieber Pit,

wie es so geht, und man sich irrt: der andere, scheint es, ist jeweils viel gesünder und vor allem auch materiell besser gestellt. Auch nahm ich an, daß Deine Bilder entschiedener anerkannt würden, und nur hier in Zürich – aus Zürcher Gründen – die Beachtung nicht groß war und vor allem auch nicht diejenige meines/Deines/unseres Bildes. Wie wäre es da, das Bild für zweitausend Franken zu übernehmen: zur Ausstellung in Bochum und dann überhaupt (oder schon früher)¦? Mich beschäftigt (vielleicht schrieb ich es Dir schon) das Alter, übrigens auch in sehr positivem Sinn; am Horizont zieht da auch schon ein neues Buch herauf, aber die Pensions-Grenze habe ich eben doch überschritten und ohne Pension (auch – vorläufig – ohne Aktivitäts-Einbuße, das wäre etwas wieder Positives); kurz und gut: aufzuräumen gilt es in jedem Fall. ¦Und auf¦ jeden Fall, um auch dies noch einmal klargestellt zu haben, steht Dir das Bild für Bochum zur Verfügung, denen ich dann allerdings mitteilen würde, daß ich auch bereit wäre, es zu verkaufen.

Und wie geht es Deiner Frau???????

Und Band III?????

Schön wäre es, es gäbe ein:

auf bald!

Dein

H[ermann]

81 P. Weiss an H. L. Goldschmidt

[Stockholm, 30. Oktober 1979]

Lieber Hermann,
habe herzlichen Dank für Dein Angebot, das ja nun im Bereich meiner ökonomischen Möglichkeiten steht. [...] Ich kann das Bild dann hier im Einklang mit der gesamten Aufmachung rahmen lassen. Ich bin sehr froh, lieber Hermann, dieses Bild nun in meine Sammlung geben zu können, weil ich ja kaum etwas aus dieser Zeit mehr habe. 40 Jahre lang hast Du es treu verwaltet – das wird diesem Bild immer anhaften!
In der Hoffnung auf baldiges Wiedersehn!
Herzliche Grüße auch an Deine Frau

Dein alter

Pit

30/10 79

[...]

[Zürich,] 31. 1. [19]80

Lieber Pit,

davonsausende Tage, aber immerhin geht wieder einmal
ein Buch in Druck; Du erhälst [es] im März: SELBST-
ENTFALTUNG UND SELBSTANALYSE / WIE DER
MENSCH WIRD, DER ER IST, UND WAS ER SEL-
BER FÜR SICH TUN KANN. – Mary leider wiederholt
krank, und jetzt hat sie sich den Arm# gebrochen, das
heißt: jetzt geht es schon wieder besser. WIE GEHT ES
DEINER FRAU??? Ihr, dem Töchterlein, auch Dir hoffentlich gut! ¦!!¦

Und das Bild? Kam es richtig an? Die Rechnung ist
bei mir noch immer nicht eingetroffen; sonst hätte ich
Dir den Betrag schon mitgeteilt. Hörte aber, daß von
hier aus mit dem Transport alles in Ordnung gewesen
sei. – Aber es wäre mir doch eine *GROSSE* Beruhigung,
mit nur einer Zeile von Dir zu wissen, ob das Bild gut
angekommen ist.

> Herzlichst, und mit
> Marys besten Grüßen,
> Dein
> H[ermann]

83   *P. Weiss an H. L. Goldschmidt*

[Stockholm, vermutlich 9. Februar 1980]

Mein lieber Hermann,

das Bild ist längst, wohlbehalten, hier angekommen. Die
Transportrechnung ging direkt an das Museum Södertälje, ich habe die Rechnung schon Anfang Januar begli-
chen. Die Bilderkisten sind jetzt alle in Bochum, wo die
Ausstellung am 8. März 1980 eröffnet wird. Wenn Ihr
kommen könntet, würde es mich sehr freuen, es wird
dies die vollständigste Ausstellung in der Serie sein, mit
all den alten Manuskripten usw. und mit einem umfangreichen schönen Katalog. Der Jüngling, der das Exil und

den Krieg, und die schweren Nachkriegsjahre bei Dir wohl überlebt hat, nimmt dort einen Ehrenplatz ein, das Bild ist immer verbunden mit der Zeit, die wir gemeinsam in der Schweiz verbrachten.

Wenn Du die Adresse von Bob hast, wäre ich Dir dankbar, wenn Du sie mir schicktest, so daß ich ihm eine Einladung zur Ausstellung schicken kann. Deinem neuen Buch sehe ich mit großer Spannung entgegen: der Titel verspricht Außerordentliches. Es müßte wirklich einmal eine ausführliche Schrift über Dein Werk veröffentlicht werden!

Sei umarmt von Deinem Pit

und herzliche Grüße auch an Mary, und Grüße an Euch von meiner Frau.

9. Jan. 1980

Robert Jungk
Erinnerungen an Peter Weiss[1]

Etwas, das mir ganz wichtig zu sein scheint und womit ich anfangen möchte, ist die Tatsache, daß Peter Weiss keineswegs der ist, wie er in der heutigen Rezeption meist auftaucht, nur als Leidender, nur als Zerrissener, als Leidenschaftlicher, als Getriebener, als eine der vielen Verkörperungen des Ahasver. Er ist auch jemand, der lachen konnte, der Scherze machte, der Streiche spielte. Etwas von diesem anderen Peter Weiss möchte ich vermitteln. Ich habe selbst erlebt, wie falsch im Grunde Biografien sind, wie sie fast immer nur die eine Seite eines Menschen wirklich hervorheben. Wenn sie auch die andere Seite hervorheben, dann wird das eben in einer Art von gestaltetem Gegenspiel gemacht, als ob das dazügehörte. Das Leben ist in Wirklichkeit – und ich glaube, kein Leben ist anders – kein so geregeltes Kunstwerk. Ein Leben ist voller Widersprüche. Ein Leben ist voller Sackgassen. Ein Leben ist voller Scheitern und Versagen und plötzlichen Erfolgen. Das kommt in den wenigsten Biographien wirklich heraus. Biographien sind viel zu oft Hagiographien und machen aus einem Menschen ein Denkmal, machen aus einer lebendigen widerspruchsvollen Persönlichkeit jemanden aus Stein und Bronze.

Kurz nachdem Peter Weiss im Spätsommer 1938 in Zürich eingetroffen war, haben wir ein großes Fest gefeiert. Auch das wird Sie vielleicht schockieren. Wie können Emigranten, die wissen, wie draußen in der Welt ihre Gesinnungsgenossen oder ihre politischen Genossen und ihre Glaubensgenossen gefoltert, gequält, geplagt

---

[1] Der vorliegende Text gibt Auszüge von einer Rede über seine Freundschaft mit Peter Weiss wieder, die Robert Jungk am 12. November 1988 anläßlich der Hamburger Peter Weiss-Tage frei, ohne geschriebene Unterlage vortrug. Sie sind der Abschrift einer Tonbandaufnahme entnommen und in der vorliegenden Fassung von Robert Jungk autorisiert. Die Auslassungen sind nicht markiert.

werden, wie können die Feste feiern? Man tut das natürlich mit schlechtem Gewissen, aber man tut es eben doch, weil man ja nicht immer nur an das Schreckliche denken kann, weil man vielleicht aus solchem anderen Verhalten noch Kraft schöpfen kann. Dieses Fest fand auf dem Zürichberg, am Forstersteig 14, hoch über dem See statt. Das Haus, in dem ich damals und vorübergehend auch Peter wohnte, hieß bei uns die „Hölzliburg". Das hatte eine tiefere Bedeutung, weil die offizielle Irrenanstalt in Zürich Burghölzli heißt, und mit der Hölzliburg – das Haus war ganz aus Holz – war natürlich etwas ganz Bestimmtes umschrieben. Wir waren tatsächlich alle sanfte Irre, die dort wohnten, darunter ein so großer Dichter wie Albert Ehrenstein[2] zum Beispiel, eine Märchenerzählerin, ein verrückter Chemiker[3], der behauptete, es gebe mehr Elemente als man bis dahin in der periodischen Tafel festgehalten hatte und damit auch in gewissem Sinn recht gehabt hat, denn er behauptete dies noch vor den Entdeckungen des Plutoniums und anderer Stoffe. Im Garten dieser Hölzliburg also haben wir ein Fest vorbereitet und Peter hat vorher einen Text dazu geschrieben – den gibt es leider nicht mehr – wie wir dieses Haus beflaggen, wie wir es bunt ausstaffieren, als eine Art Vorgefühl, eine Art Vorbote einer Welt, die es jetzt noch nicht gibt, als ein Stück künftiger Welt, ein Stück wirklicher Utopie, um zu zeigen, Menschen können die Welt sich bunt, freundlich gestalten, wenn man sie läßt. Das war eine Insel – die Schweiz war ja trotz allem eine Friedensinsel – und in dieser Friedensinsel war die Hölzliburg mit dem Garten drumherum eine besondere Friedensinsel. Da wurden also bunte Fahnen ausgehängt und handgeschriebene Zettel mit Orakelsprüchen in den Beeten verstreut. Da gab es Musik, da wurde getanzt, da wurde gelacht und geschmust. Wir haben also gerade vor Ausbruch des

---

[2] Albert Ehrenstein (1886-1950), österr. Schriftsteller und Essayist, Autor expressionistischer Lyrik und skurriler Geschichten.
[3] Der nachmalige Chemie-Nobelpreisträger Tadeusz Reichstein (*1897).

schrecklichen Grauens noch einmal diese Vision einer anderen und besseren Welt versucht zu leben, vorzuleben.

Der stärkste Eindruck von Peter Weiss ist für mich, daß in seiner Gegenwart Verzauberung eintrat, daß in seiner Gegenwart die Welt zu etwas wurde, wie man sie sonst nur im Kunstwerk erlebt, daß sie glänzte. Aber auch in ihren negativen Seiten so schrecklich wurde, daß man sich vor ihr fürchtete. Er hat es fertiggebracht, in seiner Gegenwart die Realität auf eine mythische Höhe hinaufzuheben. Wie er das gemacht hat, weiß ich nicht, aber das war sein Reiz. Das war das besondere, das von ihm ausging. Ich habe an einer andern Stelle einmal geschildert[4], daß wir etwas gemeinsam hatten, etwas, das uns allein und gemeinsam gehörte: ein Hund. Es war ein erfundener Hund. Wir haben diesen Hund gehegt, wir haben ihn gepflegt, wir haben ihn ausgeführt, wir haben uns über ihn am Telefon unterhalten. Wir haben uns beschwert darüber, wenn er ungebärdig war. Dieser eingebildete Hund wurde zu einer Wirklichkeit. Mir allein wäre das nie gelungen. Aber nun das Merkwürdige: Diesen Hund, der Dreiviertel seines Lebens Peter Weiss verdankte, hat er später aus seinem Gedächtnis verbannt. Das war nach seiner Psychoanalyse.

Die Psychoanalyse hat ihn realistischer gemacht, hat sicher eine Rolle gespielt, daß er später viele von seinen Phantasien für Illusionen, für Ersatzhandlungen gesehen hat. Manchmal nützt die Analyse, ich bin nicht sicher, ob ihm die Analyse genutzt hat. Sie hat ihm vielleicht etwas von den Ängsten genommen, von der Intensität seiner Ängste, von der Intensität seiner Todesphantasien, aber mir ist der Peter Weiss vor der Analyse noch viel lebendiger, phantasievoller vorgekommen als nachher. Andererseits kann man natürlich meinen, daß diese Auseinandersetzung zwischen seiner linken und seiner rechten Gehirnhälfte, zwischen seiner Phantasie, der Ahnung und der Logik, vielleicht sehr fruchtbar war. Die

---

[4] Robert Jungk: *Begegnung ohne Ende*, in: A. Stephan (Hg.): *Die Ästhetik des Widerstands*, S. 342-345.

Analyse hat ihn sicher auf Logik und Vernunft hingewiesen.

Ich kannte einen Analytiker in Los Angeles, der hieß Frostig. Er hat mir einmal gesagt: Was nützt es mir eigentlich, daß ich Menschen gesund mache, um sie dann wieder in eine kranke Gesellschaft zu entlassen. Und das hab' ich Peter erzählt bei einer unserer letzten Begegnungen und das hat ihn außerordentlich beschäftigt. Vielleicht hat er empfunden, daß zwar gewisse Schwierigkeiten, die er hatte, durch die Analyse beseitigt wurden, daß aber die Gesellschaft sich in einem heillosen Zustand befand und ihn einmal mehr und noch viel stärker forderte. Ich könnte mir auch vorstellen, daß sein politisches Engagement und das Aufgeben der reinen Einzelgängerposition, der Versuch, sich mit andern zusammenzuschließen, als öffentliche Figur aufzutreten, alles was er vor der Analyse wahrscheinlich nicht gekonnt hätte, mit dieser analytischen Erfahrung zusammenhängt.

Wir haben oft von der sozialen Phantasie gesprochen. Er hat immer gesagt: Bob, du möchtest gerne Romane schreiben. Du bist in Wirklichkeit jemand, der seine Phantasie in die Gesellschaft einbringen will, in die Gestaltung der Gesellschaft, du wirst kein guter Romancier sein, du mußt dich endlich entscheiden: Willst du jetzt Romane schreiben oder willst du die Welt menschlicher gestalten?

In Zürich hatte ich damals einen politischen Pressedienst, und ich hab ihn gebeten: Peter, willst du nicht mal etwas schreiben dafür? Nee, wollte er nicht. Er sagte: Ich versteh davon nichts, ich weiß davon nichts.

Es gab damals auch noch etwas anderes und darüber ist es schwierig zu sprechen. Es gab sehr viele Liebeserlebnisse. Peter war jemand, der dadurch Kraft bekommen hat, der sehr oft seine Freundin gewechselt hat und bei dem dieses Mädchenfinden eine ganz wichtige Funktion hatte. Er meinte, diese Mädchen seien Märchenfiguren, die Wirklichkeit geworden seien. Er sagte immer: Ihr andern, ihr seid mir viel zu grob, ihr seid mir viel zu massiv, aber diese empfindlichen schönen Wesen, ihr Blick, ihre Haare, die Art, wie sie sprechen können, das ist ja auf einer ganz andern Ebene, das ist eine ganz andere Wirklichkeit. Wenn nur alle Menschen Mädchen wären! Da hab ich gefragt: Na ja, die werden auch Frauen. Da sagt er: Ja gut, aber die retten doch einiges hinüber in die Zeit, wenn sie Frauen werden.

Peter Weiss hat immer versucht, seine ganze Verzweiflung, aber auch das Tolle, das Schöne, das er erlebt hat, auszusprechen. In den Briefen, in den Tagebüchern, in den Notizen. Daraus erst wird man ein Bild dieses Menschen bekommen. Ich meine, entscheidend ist, daß man in diesen Zeiten der Qualen, der Folterungen, der Gefahren nichts beschönigt, nichts verschleiert, nichts übergeht, und trotz alledem hofft, daß es anders werden könnte. Dieses Nicht-Aufgeben, obwohl er die ganze Schrecklichkeit erkennt, das ist bei Peter Weiss ganz stark zu spüren. In vielen seiner Äußerungen, in manchen seiner Figuren. Und ich glaube, darum hat er für uns eine exemplarische Wirkung, eine ermutigende Wirkung.

Hermann Levin Goldschmidt
Freundschaft mit Peter Weiss

„Herrgott, wie jung wir damals waren!" schrieb Freund
Pit am 9. November 1978, damals: als wir am letzten
Freitag des August 1938 unser Zürcher Sommernachtsfest feierten und am 7. September aufbrachen, um über
den Gotthard zu trampen, Hermann Hesse aufzusuchen.
Und mit „Hoffnung auf baldiges Wiedersehen! Herzliche Grüße auch an Deine Frau – Dein alter Pit" schließt
der letzte Brief vom 30. Oktober 1979. So sind bis zum
10. Mai 1982, der jeder Wiedersehenshoffnung ein Ende
machte, vierundvierzig Jahre des Miteinanders zu vergegenwärtigen: Drama in fünf Akten.

Erster Akt: Die Monate nach dem Kennenlernen bis
zum Januar 1939, mit dem im Wanderungstagebuch
nachzulesenden Übergang vom Peter zum Pit bereits am
9. September 1938, als wir beide „unter einer Art Schießstand" – naßgeregnet – trockne Strümpfe anzuziehen
versuchten, „während einer dabei wachen und auf die
Straße rennen mußte, wenn Autos vorbeikamen". Das war
Morgenlandfahrt im Sinn Hesses, zu dem (heißt es in der
Ansprache zur Eröffnung der Peter-Weiss-Ausstellung
im Zürcher Stadthaus am 2. Juni 1978[5]) Jungk und Weiss
„wallfahrten", während der Dritte nur „mitlief". Ganz
dabei aber bei der von Hesses *Narziß und Goldmund*
her bewegenden Frage, wer Narziß und wer Goldmund
sei (vor allem Goldmund sein dürfe); für Pit sonnenklar
zu beantworten. „Weiser Abbt Hermanus" lautet die Anrede des ersten Briefs aus dem Tessin vom 18. September
1938, „Euer Großer Abbt ergebener Dienner" unterschrie-
ben, „undd zu allen Diensten bereyt. Fra Pietro del Carabbietta". Was Hesses wirkliche Weisung war, hatten wir damals überlesen, eine erst viel später, als die eigene *Philosophie als Dialogik*[6] – seit 1944 – bereits vorlag, entdeckte Bestätigung dieses systematischen Entweder/*Und*/Oders:

---

[5] Abgedruckt in: Hoffmann, *Peter Weiss*, S. 173f.
[6] 1948 im Aehren Verlag, Affoltern am Albis veröffentlicht.

Es hatte dies ganze Leben doch nur dann einen Sinn, wenn beides sich erringen ließ, wenn das Leben nicht durch dies dürre Entweder-Oder gespalten war! Schaffen, ohne dafür den Preis des Lebens zu bezahlen! Leben, ohne doch auf den Adel des Schöpfertums zu verzichten! War denn das nicht möglich?

Abschluß unseres Ersten Akts, Eröffnung des Zweiten: Pits Tage in Zürich, bevor er am 29. Januar 1939 über Berlin nach Schweden fuhr. Wie wir damals am Zürcher Predigerplatz einen Ebenholzrahmen für zehn Franken erstanden für das Jünglingsbild[7], mit dessen Erlös die Fahrt zu den Eltern möglich wurde (nachdem sich Arbeitserlaubnis in der Schweiz als unmöglich erwies), und die Gespräche vom Morgen bis in die Nacht hinein, die während der folgenden drei Jahre nicht abreißen, auch wenn es nurmehr Pits Briefe sind, die hiervon Zeugnis ablegen. „Ich habe natürlich auch gleich nach den Briefen von Dir und Bob gesucht", heißt es am 9. November 1978, als der Zürcher Empfänger ihm zusandte, was er alles aufbewahrt hatte, aber „ich bin ja so viel umgezogen, habe so viele Manuskripte, Bilder usw. verloren, daß ich nicht mehr sicher bin, ob Eure Briefe noch vorhanden sind – doch ich hoffe es!", vergebliche Hoffnung! Was blieb, ist und buchstäblich so der „Nachhall" dessen, was von der „Glockenstadt" her – „Eurer hellen Stadt mit den vielen Glocken" – die Briefe des ins „Nordland" Verschlagenen durchwirkt mit dem „wunderbaren Traum" vom 7. Februar 1939 morgens als Auftakt (nicht vom „7. Jan.", wie sich Pit bezeichnender Weise in dem am 13. Februar 1939 in Zürich eingetroffenen Brief verschreibt, als befände er sich noch immer in der Schweiz):

„Wir beide waren einen steilen Felsen heruntergekommen und standen am Gestade eines Meeres. Ganz helles Sonnenlicht, Luft und Wasser flimmernd wie Edelgestein. Wir hörten einen seltsamen, metallischen Klang aus dem Wasser tönen. Da sahen wir eine große

[7] Das Bild *Jüngling am Stadtrand*, vgl. Briefe Nr. 15 und 16 sowie Anm. dazu.

Glocke, die ragte aus den Wellen und trieb auf und nieder. Wir sprangen beide in das Wasser, wir hatten kurze Hosen an, das Wasser umspielte uns bald bis zum Gürtel. Du achtetest garnicht darauf, sprangst bis über die Schultern ins Wasser, ich wollte mich, deinem Beispiel folgend, auch in die Fluten stürzen, da trieb die Glocke aber auf mich zu, ich ergriff sie und wir zerrten sie beide mit Hilfe der starken, drängenden Brandung ans Ufer. Dort stellten wir sie auf, eine Inschrift, die wir jedoch nicht entziffern konnten, bestätigte, das wußten wir, daß es eine sehr alte, sehr schöne und seltene Glocke war, die wir bargen."

Bei Pits Besuch dann in Zürich, dreiundzwanzig Jahre später, war uns beiden dieser „wunderbare Traum" nicht länger gegenwärtig, Gleichnis wesentlicher Gemeinsamkeit und entschiedener Abhebung des einen vom andern. Denn beide sprangen wir ins Wasser, als wir erst den seltsamen, metallischen Klang der Glocke vernahmen und sie dann aus den Wellen herausragen sahen, auf- und niedergetrieben, aber nur der eine sprang „bis über die Schultern ins Wasser", so die Glocke zu bergen, die auf den andern „zutrieb", bevor er diesem Beispiel folgen konnte, sodaß er sie, und dann wieder wir beide sie ans Ufer zerren konnten „mit Hilfe der starken, drängenden Brandung".

Wonach der eine in die Tiefe tauchte, die sehr alte, sehr schöne und seltene Glocke zu bergen, während der andere – Narziß doch wohl, kein Goldmund – diesem Beispiel, dem er folgen wollte, nicht folgte, war das von uns zu entziffernde Judentum (keineswegs „unentzifferbar"!); Ursprung, wie er auch Pit zum Schicksal geworden war, wenn auch nur vom Vater her, der dazu noch gerade das nicht sein wollte, was er war: ein Jude. Und um diesen unseren Ursprung und mit ihm diese Verwurzelung ging es während der aufwühlenden Zürcher Gespräche im Februar 1962: Judentum, wie es den damals sich wieder fragwürdig Gewordenen umtrieb, seinem Gegenüber dagegen zur tragenden Gewißheit geworden war, Prägung so des Dritten Akts unserer Freundschaft:

Übereinstimmung erst, so schien es, Verrat dieser Übereinstimmung schließlich.

Umsonst die verabredete Sendung der Bibel – Zürcher Bibel – nach Stockholm! *Die Ermittlung* und *Meine Ortschaft* von 1965, beide 1964 verfasst, umkreisen die Mörder, ohne daß die Ermordeten selber hervortreten, geschweige denn der hier von Grund aus – biblischem Grund aus! – ernst zu nehmende „Opfergang der Jüdischen Unschuld" (so in dem vom Freund 1960 veröffentlichten Buch „Die Botschaft des Judentums" gekennzeichnet). Umsonst auch die Ineinssetzung mit der „Ortschaft, für die ich bestimmt war und der ich entkam, (...) wo mein Name auf den Listen derer stand, die dorthin für immer übersiedelt werden sollten", obgleich diese Berufung auf Auschwitz bei Celan bereits wütende Eifersucht erregte, erschütternde – und befremdliche – Erinnerung eines anderen Zürcher Gesprächs. Was aber war es, auf das Pits sogenannte „Ermittlung" tatsächlich hinauslief, von ihm der Absicht nach ironisch vergegenwärtigte Wirklichkeit, deren nur allzu wirkliche Gegenwart sich aber hierdurch verstanden fand, ja bestätigt.

„Heute
da unsere Nation sich wieder
zu einer führenden Stellung
emporgearbeitet hat
sollten wir uns mit anderen Dingen befassen
als mit Vorwürfen
die längst als verjährt angesehen werden müßten
LAUTE ZUSTIMMUNG VON SEITEN DER ANGE-
KLAGTEN"[8]

Den Freund aber – „Hermann, meinen Jugendfreund, den ich nach 23 Jahren wieder sah; er wohnte in einer kleinen Dachkammer, zwischen philosophischen Schriften und Bildern, die die Wände über und über bedeckten" (heißt es in Pits *Notizbüchern 1960-1971*) – wahrte und bewahrte sich der Dramatiker in der Rolle, die er ihm von Anfang an als „weisem Abt" zugedacht hatte: immerhin Empedokles. Einiges traf wirklich zu, auch

---

[8] Hervorhebung durch den Autor.

wenn von einer „Dachkammer" nicht die Rede sein konnte, und der „kleine, hölzerne Arbeitstisch mit Schreibheften und aufgeschlagenen Büchern über jüdische Religionsgeschichte" zwar tatsächlich hölzern war, aber garnicht so klein, und gewiß, aufgeräumt, und am wenigsten stimmte die vom Dramatiker sich sogleich mitausgedachte Gegenrolle „schwerer alteingesessener Bürgerlichkeit" auf der Seite der Braut: undankbare Verfälschung einer damals und seitdem freundschaftlich beschwingten Beziehung.

Aber auch den eigenen Verrat nahm der Freund nicht wahr, mit dem seine *Ermittlung*, die eine solche bloß vorspiegelte, unsere Verbundenheit verleugnete, weshalb Grüße und Bücher trotzdem nicht ausblieben, bis dieser Narziß, der bei allem, was er unersättlich aufnahm, nur sich selbst umkreiste, den Vorhang zu noch einem Vierten Akt aufzog mit der Widmung der Neufassung seines *Hölderlin* am 13. März 1976. „Mit der Lektüre Deines Buches begonnen", heißt es zunächst, dieser *Freiheit für den Widerspruch* (kurz zuvor veröffentlichte dritte Fassung der ihm seit 1948 und 1964 vertrauten *Philosophie als Dialogik* und *Dialogik, Philosophie auf dem Boden der Neuzeit*), und dann:

„Ich schicke Dir den Hölderlin,
weil ich glaube,
daß Du hier einige Grundgedanken finden wirst,
die den Deinen verwandt sind"

und noch sehr viel mehr Dir Verwandtes finden wirst, hätte Pit hinzufügen können. Die Dir von mir zugedachte Rolle, oder sie nach Dir von mir ausgedacht! Deine Verwerfung aller einseitigen Existenz, Freyheit den bei Dir herrschenden Priestern und SchrifftGelehrten gegenüber, sowie VorBildlichkeit oben in den Bergen.

„Chor: Wer ist Empedokles

Hölderlin: Er ist der TodtFeind / aller einseitigen Existenz / Er hasst das Flickwerk / die Servilität / verachtet / wer um seine Haut bangt und / um seine Ämther zittert

Chor: Wo lebt Empedokles

Hölderlin: Er lebt in einem Staat / in dem die Priester

und die SchrifftGelehrten herrschen / in dem dir
nichts aus deinem Innern / frey hervorgehn darf / und
jedem Thun sich ständig Gränzen sezen
(...)
Glaser Wagner: Wie soll denn dieses Häufflein / das
sich auf seinen Beinen / kaum halten kann / uns bei-
stehn / Sind wirs doch eher / die jene oben in den
Bergen / retten müssten
Hölderlin: So ist es Wagner / Das will Empedokles sagen / Reisst euch / aus der Genügsamkeit / Erwartet
nicht / dass euch zu helfen ist / wenn ihr euch selbst
nicht helft / Beginnet eure eigne Zeit / und macht
euch auf den Weg
(...)
Denn er / der nie sich selber / zum Verräther wurde /
der keinen Tag / von seinen Tagen abgab / an die Feigen / er wird den nach ihm Kommenden / zum Vor-
Bild / War ihm und den Genossen / die Zeit auch
noch nicht günstig / so werden wir doch sehn / wie
alle Schmähung / alles falsche Lispeln / sich verflüch-
tigt / und dauerhaft nur bleibt / die Handlung dieser
Wenigen / die zu Vielen werden"
Vierten Aktes Ausklang dann, noch im Jahr der Widmung des *Hölderlin*: neue Zürcher Gespräche und ein
Zusammensein im Florhof, jetzt zu viert; die beiden
Freunde und ihre beiden Frauen! Und des Fünften Aktes Auftakt: die den Freund, der erkrankt war und aus-
blieb, vergegenwärtigende Eröffnung der Ausstellung
Peter Weiss: Malerei, Zeichnungen, Collagen im Zürcher
Stadthaus am 2. Juni 1978. *Von Zürich nach Zürich,
1938–1978* war die Ansprache überschrieben, denn
  „daß es diese Bilder hier gibt, diese imponierende
  Ausstellung, ja (bis zu einem gewissen Grad) den heutigen Peter Weiss, verdankt die Welt nicht zuletzt der
  Schweiz und hier Zürich einerseits, Montagnola –
  und Carabietta – anderseits."
„Es war böse, daß ich nicht dabei sein konnte", schreibt
Pit im Besitz der Ansprache, eine Woche später, aber
auch: „Man sieht, (...) es geht alles auch ohne einen weiter – man kann jeder Zeit verschwinden". So ver-

schwand er tatsächlich, ein dennoch nicht Entschwunde-
ner, dem zuletzt noch die Absage an das alles gelang,
was ihm weltweiten Erfolg beschert hatte, ohne dem ge-
recht zu werden, um dessentwillen wir zu unserer „Morgenlandfahrt" aufgebrochen waren. „Es ist mir kaum vorstellbar", heißt es und abschließend in der Abwandlung
Kafkas, Pits *Neuem Prozeß*, am 12. März 1982 in Stockholm uraufgeführt, knappe zwei Monate vor seinem Tod
am 10. Mai:

> „Es ist mir kaum mehr vorstellbar, wie ich Jahre in
> diesem Konzern verbringen konnte."

Ein Traum war es, ein wunderbarer Traum, aber nur ein
Traum gewesen, das gemeinsam zu bergen, was von uns
geborgen sein wollte, und es gemeinsam zu entziffern.

Anmerkungen zu den Briefen

Die Anmerkungen sollen das biographische und literarische Umfeld der Briefe erläutern sowie unsichere Lesarten anzeigen. Eine Kurzbeschreibung jedes Briefes orientiert zudem über Umfang, Textgestalt, Lesbarkeit, Datierung und Besonderheiten der Originale, da die Textgestalt der Briefe einen Einblick in ihre „Produktion" erlaubt und nicht selten die emotionale Verfassung des Schreibenden widerspiegelt. Die Beschreibung des Schriftbildes folgt der Terminologie von Max Pulver. Abgekürzte Buchtitel lassen sich über die Bibliographie aufschlüsseln. In Klammer gesetzte Worte in Kursivschrift nach *s./vgl. Anm.* verweisen auf das Stichwort, dem die Anmerkung zugeordnet ist. Werktitel ohne beigegebenen Autor beziehen sich immer auf Werke von Peter Weiss.

Tagebuch der Wanderung vom Mittwoch, den 7.,-14. September [19]38, eingetragen in ein kleinformatiges Notizheft (kl. 8°). Der Text folgt einer Abschrift des Autors.

Rotschuo-Herberge: Herberge zwischen den Ortschaften Vitznau und Gersau am Ufer des Innerschweizer Vierwaldstättersees, an dem auch die unten erwähnten Luzern, Brunnen und Sisikon liegen.

Frau Reichstein: Frau Gustava Reichstein, Mutter des Chemie-Nobelpreisträgers von 1950, Tadeusz Reichstein, Anhängerin der C. G. Jungschen Psychologie und RJ's Vermieterin. Ihr Haus am Forstersteig 14 in Zürich hatte sie zu einer Pension ausgebaut, in der nebst RJ u. a. auch der österr. Dramatiker Fritz Hochwälder ein Zimmer besaß.

Jk und Weiß: I. e. RJ und PW, der sich nicht mit ß schreibt.

Remarques Drei Kameraden: Erich Maria Remarque: *Drei Kameraden*, 1938.

Astrid-Kapelle: Kapelle zu Ehren der belg. Königin Astrid, die am 29. August 1935 bei Küssnacht am Rigi mit dem Auto tödlich verunglückte.

Fahrstuhl des Bürgenstocks: Auf den Gipfel dieses Aussichtsberges führt über die senkrecht aufragende Nordseite ein 160 m langer Panorama-Außenlift, der nachts beleuchtet und als schmales Lichtband weiterum sichtbar ist.

Tells-Kapelle: Kapelle an der Stelle, wo Tell sich aus dem vom Sturm geschüttelten Boot Geßlers abgesetzt haben soll; vgl. Schiller: *Wilhelm Tell*, IV. Aufzug, 1. Szene. PW hat diese Gegend um den Urnersee bereits von seiner Tessiner Reise im Sommer 1937 her gekannt.

Altdorf: Hauptort des Kantons Uri, an der Gotthardroute gelegen, die durch das enge Urnertal hinauf nach Andermatt und Hospental und von da über den Gotthard-Paß führt.

der alte Pfad: Der alte Handelsweg über den Gotthard überquerte die durch eine unwegsame Schlucht tobende Reuss mit einer kühnen Brücke, der sogenannten *Teufelsbrücke*, die nach der Sage vom Leibhaftigen gebaut wurde.

Ascona: Ort, unmittelbar neben Locarno am Lago Maggiore und unterhalb des berühmten Monte Verità gelegen, auf dem in den 30er Jahren eine deutschsprachige Künstlerkolonie die Utopie eines freien Lebens zu verwirklichen versuchte. RJ weilte schon 1937 in Ascona, zu Besuch bei Lola Humm.

20-Franken-Peter: PW hatte für diese Reise nur 20 Franken zur Verfügung, was ihn zu äußerster Sparsamkeit antrieb.

Montagnola: Hesses Wohnort seit 1919, wenige Kilometer südlich von Lugano, am nördlichen Abhang der Collina d'Oro gelegen. Ab 1931 wohnte Hesse hier in einem ihm von Dr. Hans C. Bodmer auf Lebenszeit zur Verfügung gestellten Anwesen mit Sicht auf Lugano, den See und die Berge.

Casa Camucci: Eig. C. Camuzzi, schmucker Palazzo in Montagnola, Imitation eines barocken Jagdschlosses mit Glockenturm. Aufgrund einer Empfehlung von Hesse bei der Signora Camuzzi konnte PW hier schon im Sommer 1937 während mehrerer Wochen wohnen. Mittellos im Tessin angelangt, hatte Hesse 1919 selbst in diesem Haus eine Unterkunft gefunden und bis zum August 1931 dasselbe Atelier bewohnt wie nach ihm PW oder ab 1939 der Maler Günther Böhmer. Hier, in der Wohnung von *Klingsors letzter Sommer*, entstanden auch Teile von *Der Steppenwolf* und *Narziß und Goldmund*. Vgl. das Nachwort von PW zu Hesse: *Kindheit des Zauberers* sowie seine Federzeichnungen von diesem Haus, die er im Vorjahr angefertigt hatte.

Freßstraße: Vermutlich die Via Nassa in Lugano.

Carona: Dorf, ca. 1½ Wegstunden südöstlich von Montagnola auf dem Monte Arbostora gelegen. In den 30er Jahren war Carona Exilort für zahlreiche aus Deutschland vertriebene Künstler.

Bei dem geschilderten Madonnenfest handelt es sich um das alljährlich um den 7. September herum stattfindende Weihefest der Kirche Madonna d'Ongero, die an lauschigem Ort mitten im Wald südlich des Dorfes Carona gelegen ist. Aus der ganzen Gegend treffen sich hier an diesem Tage die Menschen zum Gottesdienst und zu einem fröhlichen Volksfest. In zwei kurzen Texten (*Madonna d'Ongero* [1923] *Madonnenfest im Tessin* [1924], in: GW 6, S. 325-337) schildert Hesse dieses sowie die wunderbare Lage und Aussicht der Madonnenkirche: „Es gibt viel Schönes auf der Erde, Schöneres als dies gibt es nicht."

Nachtigallenturm: Turm oberhalb von Montagnola; in dem 1937 für Hesse geschriebenen und ihm gewidmeten Manuskript *Cloe* nennt der Erzähler Caspar Walther einen *Nachtigallenturm* sein Zuhause, der zwischen Bäumen versteckt zuoberst auf dem Hügel sich erhebe. Eine spätere Fotografie davon findet sich in den *NB 60/71*, S. 60.

Brägger: Student und Musikus, der nach diesen Tagen den Blicken der drei Freunde wieder entschwand.

Konrad: I. e. Konrad Levin Goldschmidt (Jg. 1917), Bruder von HLG, der im Herbst 1936 nach London emigriert war.

Deutschland hat mobilisiert: Anfang September hatte sich die seit langem schwelende Sudetenkrise dramatisch verschärft. In seiner Schlußrede auf dem Nürnberger Parteitag drohte Hitler am 12. 9. damit, die Sudetendeutschen nicht im Stich zu lassen und ihnen, falls nötig, tatkräftig beizuspringen. Mobilisiert wurde zu diesem Zeitpunkt aber erst mit aggressiver Rhetorik und Provokationen. Die Krise wurde dann formell mit dem Münchner Abkommen (29. 9.) beigelegt, was die Nazis dennoch nicht hinderte, am 1. Oktober in die sudetendeutschen Gebiete, somit auch in Warnsdorf, einzumarschieren, wo die Familie Weiss wohnte.

Frau von Norbert Jacques: I. e. die Schauspielerin Olga (Ollie) Jacques, geborene Hübner (1878-1949), die geschiedene Frau des Schriftstellers Norbert J. (Autor der Dr.-Mabuse-Romane), die in Carabietta ein offenes Haus für Künstler und Schriftsteller führte. Zu ihren regelmässigen Gästen in dem lauschigen Domizil zählte der ebenfalls in Carabietta wohnhafte Maler und Filmer Hans Richter, für den sie „zur Kulturgeschichte der Boheme" gehörte (*Köpfe und Hinterköpfe*, S. 90 f.).

Atelier: Es handelt sich dabei um PW' Atelier mit den fünf großen Bogenfenstern im Hause von Ollie Jacques am Dorfplatz von Carabietta. Carabietta ist etwa eine Wegstunde unterhalb von Montagnola am Luganer See gelegen. Hier weilte PW bis zum 26. Januar 1939.

Hofer: Karl Hofer (1878-1955), dt. Maler und Graphiker; zwischen 1925 und 1939 verlebte Hofer jeweils den Sommer im Tessin (bis 1931 bei Ollie Jacques, danach im eigenen Haus), wo er ruhige Landschaften malte und Erholung suchte von dem aufreibenden Treiben in Berlin.

Das Tessin mit seinem südlichen Klima war in den 20er und 30er Jahren ein beliebtes Domizil für Künstler aus dem deutschsprachigen Teil der Schweiz und aus Deutschland.

Nr. 1 P. Weiss, R. Jungk und H. L. Goldschmidt an K. L. Goldschmidt – [Gersau,] 8. 9. [19]38, 8.15

Ansichtskarte mit einer hs. Grußbotschaft (Füllfeder) auf der Rs., mit Blaustift hat PW eine kleine Zeichnung – Sonnenuntergang über See und Bergen – hinzugesetzt; auf der Vs. ist die Rotschuo-Herberge mit dem Vierwaldstättersee abgebildet.

Konrad: I. e. Konrad Levin Goldschmidt; vgl. Anm. zum *Tagebuch.*

Nr. 2 P. Weiss an H. L. Goldschmidt – [Poststempel:] Lugano 18. IX. 1938

Neutrale, vorfrankierte Postkarte (Tuschfeder), bs., in unverbundener Zierschrift, mit Schnörkeln zu Beginn und a. E.; auffällig die manierierte Schrift und die altertümliche Orthographie, die kaum zufällige Ähnlichkeiten mit Hesses Erzählung *Der verbannte Ehemann oder Anton Schivelbeyn's ohnfreywillige Reisse* aufweist: „So habe ich, einen Theils zur eewigen Gedächtniß meiner getahnen Sünden u. eingetrettenen Beßerung [...]" (*Der verbannte Ehemann,* S. 1).

Weiser Abbt Hermanus: Diese Anrede verweist auf die Rollenverteilung unter den drei Freunden, die von Hesses Erzählung *Narziß und Goldmund* (1930) (GW 8, v. a. S. 292 ff.) inspiriert war. PW und RJ sahen sich selbst in der Rolle des Goldmund, des sinnlichen Künstlers und Lebemenschen, des „Jägers", während sie HLG die Rolle des Narziß, des asketischen Denkers und Abtes zugedachten – ungeachtet dessen Einspruchs. Fast schon stereotyp benutzt PW diese Charakterisierung.

Carabbietta: Die korrekte Schreibweise lautet Carabietta; PW ist darin nicht konsequent, seine jeweilige Schreibweise wird aber übernommen.

die gelahrte Heiderin: I. e. Frau Dr. Gerda Heider, Kunsthistorikerin in Zürich, deren Sohn Wolfgang Amadeus H. mit RJ und HLG bekannt war.

dem Herre Clementio: Nicht mehr identifizierbar.

Nr. 3 P. Weiss an R. Jungk und H. L. Goldschmidt – [Carabietta, erh. 9. November 1938]

Hs. Brief (Tuschfeder/A4 quer gefaltet), 1 Bl., bs., in regelmäßiger pastöser Hs., einzelne grobe Korr.;

PW antwortete mit diesem Brief auf den dreitägigen Besuch in Zürich, von dem er gerade in den Tessin zurückgekehrt war. Als Absendedatum kann Sonntag, der 6. 11. 1938, angenommen werden, demnach hätte PW von Donnerstag bis Samstag (3. bis 5. 11.) in Zürich geweilt, zumal Besuche auf Ämtern und bei Verlagen ja nur an Wochentagen möglich waren.

Dieser Brief widerlegt die Aussage in *Fluchtpunkt*, S. 59, daß er während der „Reichskristallnacht" durch Deutschland nach Schweden gereist sei.

Brumes: Marcel Carnés Film *Quai des Brûmes* (1938), Musik von Maurice Jaubert. PW und HLG haben sich den Film zusammen im Kino Bellevue angeschaut. Er hinterließ bei PW einen derart tiefen Eindruck, daß Brûmes in der Folgezeit zum Symbol wurde für die gute Zeit in Zürich und zugleich für die Unsicherheit, die Untergangsstimmung, die Todesbedrohung des Exils.

Hotz: I. e. Annabelle Hotz, ein Mädchen aus Zürich: „X"; s. die folgenden Briefe Nr. 5 und 6.

Klosterbüchlein: Vermutlich ein ausgeliehenes Buch, mit Sicherheit kein eigenes Manuskript von RJ.

Bellevue: Zentral gelegener Platz in Zürich, an dem das Kino Bellevue liegt.

Wackenroder u. Tieck: PW bezieht sich vermutlich auf die *Herzensergießungen eines kunstliebenden Klosterbruders* von Wilhelm Heinrich Wackenroder und Ludwig Tieck, in denen eine romantische 'Theologie der Kunst' entwickelt wird; vielleicht spielt PW auf die Einleitung dieses Buches an: „In der Einsamkeit eines klösterlichen Lebens, in der ich nur noch zuweilen dunkel an die entfernte Welt zurückdenke, sind nach und nach folgende Aufsätze entstanden. Ich liebte in meiner Jugend die Kunst ungemein [...]." (S. 3)

ambraräuchlich: Von Amber: ein angenehm riechendes Stoffwechselprodukt, das für medizin. Anwendungen aus dem Pottwal gewonnen wird.

Addio: Diesen Briefabschluß entlehnte PW bei Hesse, der sich dessen mitunter bediente, vor allem in Briefen an jugendliche Freunde wie PW oder Günter Böhmer.

Manuskript: I. e. das verlorengegangene Romanfragment *Leda* von RJ; vgl. den folgenden Brief und die Anm. dazu. Der Zusammenhang mit den *Fläschchen* ist nicht mehr aufzuschlüsseln.

Geburtstag: PW' Geburtstag (8. November) wurde während seiner Zürcher Stadttage im voraus gefeiert.

Nr. 4 P. Weiss an H. L. Goldschmidt – [Carabietta,] 15. Nov. [19]38

Hs. Brief (Tuschfeder/A4), 1 Bl., bs., mit auffallend wechselnder Schriftdicke und -tönung; auf der Rs. verliert sich die Schrift in wilde Tuschkringel und -punkte; das zweite P. S. steht auf der Rs. a. l. R.

Gedichte: Es handelt sich um das verschollene Gedicht *Schein und Sein*, das HLG in jenen Tagen geschrieben hatte. Mit solchen Gedichten offenbarte der „Abt" HLG auch eine lyrische Goldmund-Seite; bis zum heutigen Tag schreibt er Gedichte. Dennoch wich PW nicht davon ab, in ihm den Narziß-Typ rein verkörpert zu sehen.

Leda: Nach eigener Aussage schrieb RJ zu der Zeit an einem Roman mit dem Titel *Leda*, der allerdings bald wieder aufgegeben wurde und dessen Entwürfe verlorengingen; sein Ziel damals war noch gewesen, „der deutsche Dostojewski" (HLG) zu werden. Im PW' uv. Typoskript *Die Gezeiten* (vgl. Anm. zu Nr. 8 *[ein paar Novellen]*) taucht ein Freund namens Robert als Personifikation des Dichters auf, der sich mit journalistischen Arbeiten den Lebensunterhalt verdienen muß.

zwei-Leben-leben: Nebst besagter literarischer Arbeit betrieb RJ einen antifaschistischen Pressedienst und schrieb, trotz Arbeitsverbot, unter verschiedenen Pseudonymen (F[rédéric] L[ejeune]., B. B. O, A. B. u. a.) politische Artikel für die *Weltwoche* und andere Schweizer Zeitungen. Gesammelt sind sie 1990 wiedererschienen unter dem Titel *Deutschland von außen.*

Maggie: I. e. Margaret Gordon Slater, geb. Sackett (1911-1991), engl. Psychoanalytikerin, die RJ im Dezember 1937 in Prag kennengelernt hatte. Während einiger Jahre waren sie und RJ eng befreundet. Zum letzten Mal traf PW Margaret Sackett bei seinem Abschlußbesuch in Zürich Ende Januar 1939, RJ weilte damals bereits in London, zusammen mit HLG schauten sie sich im Kino einen Pagnol-Film an.

Amico Robertus: Wie schon in Anm. zu Nr. 2 *(Weiser Abbt Hermanus)* angesprochen, verweist PW auch mit dieser Bezeichnung auf Hesses *Narziß und Goldmund*, in dem die beiden Freunde sich *amice* nennen (GW 8, S. 30 u. a.). Auf die klösterliche Atmosphäre, in der sich diese Freundschaft entwikkelt, spielen ebenfalls die nachfolgenden Worte *Salute, Te Deum* und *Bruder Pietro* an.

Nr. 5 P. Weiss an H. L. Goldschmidt – [Carabietta, erh. 25. November 1938]

Hs. Brief (Tuschfeder/A4), 1 Bl., bs., die Hs. mit stark wechselnder Schrägheit und Schriftgröße, steigende Zeilen, einige Korr.

geben könnten ###: Gestr. ist *Der Inhalt war folgender.*

Nr. 6 *P. Weiss an H. L. Goldschmidt* – Carabietta, 28. Nov. 1938
Engbeschr. hs. Brief (Bleistift/A4), 2 Bl., eines davon bs., in magerer, gegen Schluß hin zunehmend unregelmäßiger Hs. aufs Papier gekritzelt, viele verschliffene Buchstaben, unregelmäßiger Linksrand und steigende Zeilen; die Leidenschaftlichkeit des Schreibenden verrät sich in einigen Korr., Datum und Ort stehen a. E. des Briefes.

Und vor Gott ist ein reuiger Sünder mehr als 99 Gerechte: Vgl. dazu Hesse, *Der Steppenwolf:* „[...] und wie ein reuiger Sünder unter Umständen Gott lieber ist als neunundneunzig Gerechte [...]" (GW 11, S. 225). PW' bittere Selbstanklagen in diesem Brief – „Orgien der Selbstverachtung" (a. a. O., S. 261) – atmen den Geist des *Steppenwolfs,* der sich im heftigen innern Widerstreit zwischen Menschenideal und wölfischem Trieb verzehrt und sich die eigene Unfähigkeit zu lieben vorhält. Auf seine Doppelnatur, die „faustische Zweiheit" (a. a. O., S. 246), verweisen *die mephistophelischen Züge in mir.*

Psychophaten: Falsch korrigiert aus der korrekten Schreibweise – wohl ein Zeichen für PW' einstweilige Unvertrautheit mit dieser Materie.

Nr. 7 *P. Weiss an H. L. Goldschmidt* – [Poststempel:] Figino 6. XII. [19]38
Neutrale, vorfrankierte Postkarte mit kurzem hs. Text (Bleistift) auf der Vs. und der Anschrift auf der Rs.; beim Aufgabeort Figino handelt es sich ein kleines Dorf eine halbe Wegstunde südlich von Carabietta.

Traktat: Es dürfte sich wahrscheinlich um einen Entwurf, kaum um die Endfassung des Textes *Traktat von der ausgestorbenen Welt* handeln, an dem PW in diesen Wintermonaten schrieb. Augenfällig ist die Verwandtschaft des Titels mit dem *Tractat vom Steppenwolf* in: Hesse, GW 11, S. 222 ff.

Nr. 8 *P. Weiss an H. L. Goldschmidt* – [Carabietta, 8. Dezember 1938]
Hs. Brief (Tuschfeder/A4), 1 Bl., rechtsläufige Hs.; HLG hat den Brief am 12. 12. erhalten und beantwortet, das exakte Absendedatum (8. Dezember) ergibt sich aus PW' Angabe, daß er vorgestern, i. e. am 6. Dezember, eine Postkarte an RJ (Nr. 6) abgeschickt habe.

Wann fährst du ab?: HLG fuhr über die Weihnachts- und Silvestertage 1938/39 zu Besuch nach London. In seinem Zimmer an der Bolleystraße in Zürich weilte PW über Weihnachten für zwei oder drei Tage. Dabei traf er auch RJ, wie aus einem Brief an die Eltern vom 17. Januar 1939 zu entnehmen ist.

drüben in London: RJ weilte zu jener Zeit aber noch in Zürich, erst Anfang Januar fuhr er „endgültig nach England" ab (so Weiss am 17. Januar im Brief an die Eltern). In London, wo er mit Margaret Sackett zusammenlebte, hoffte er ein ungewöhnliches journalistisches Projekt zu realisieren, über die zu gründende *Air Mail Press* sollten *seriöse Comic Strips* an Zeitungen verkauft werden, die pädagogischen Zwecken dienen konnten. Das Projekt ließ sich allerdings nur schleppend an, sodaß RJ im Mai 1939 wieder nach Zürich zurückkehrte.

ein paar Novellen: Wiederholt erwähnt PW, daß er an Erzählungen und Novellen arbeite oder solche an Verlage und seine Freunde geschickt habe. Es läßt sich dabei nicht mehr zweifelsfrei klären, um welche Texte es sich dabei handelte. Gemeint sein dürften in erster Linie aber der *Traktat von der ausgestorbenen Welt* (s. Anm. zu Nr. 7) sowie die ab März 1939 auch namentlich erwähnten, unveröffentlichten Typoskripte *Die Gezeiten. Eine Erzählung aus unseren Tagen* (127 Bl. mit 13 Ill.) und *Die Landschaften in den Träumen* (79 Bl. mit 14 Ill.).

Nr. 9 P. Weiss an H. L. Goldschmidt – [Carabietta, ca. 18. Dezember 1938]
Hs. Brief (Tuschfeder/A4), 1 Bl., bs., in voller, pastöser Hs.; das Datum ergibt sich (auf zwei Tage genau) daraus, daß der Brief auf den Brief von HLG vom 12. 12. antwortete (vgl. Anm. zu Nr. 8), bei einem Zeitraum von zwei bis drei Wochentagen, die er zwischen Zürich und dem Tessin unterwegs war.

Heiligabend bin ich oben bei Hesse: PW verbrachte nicht Heiligabend, sondern Silvester bei Hermann und Ninon Hesse, wie er im Brief vom 17. Januar 1939 seinen Eltern berichtete; von Ninon Hesse erhielt er bei der Gelegenheit ein Weihnachtsgeschenk überreicht und gemeinsam hörten sie alte Musik, ein Konzert für Flöte und Cembalo von Loillet. Die Erinnerung Jahre später in einem Brief an Hesse vom Dezember 1942, daß er über Weihnachten bei ihm geweilt habe, ist demnach falsch.

Nr. 10 P. Weiss an H. L. Goldschmidt – [Carabietta, erh. 18. Januar 1939]
Hs. Brief (Füllfeder/A4), 1 Bl., bs., in regelmäßiger Hs., fallende Zeilen; den Briefkopf ziert eine Federzeichnung.

Besuch: I. e. Margarete Melzer (1906(?)-1959), eine deutsche

Schauspielerin mit „sech-zig appeal", wie Hans Richter schwärmte (*Köpfe und Hinterköpfe*, S. 180 ff.); mit ihr verband PW für kurze Zeit eine enge Beziehung; sie dürfte auch Vorbild gewesen sein für *Magda* in *Fluchtpunkt*, S. 17 und die namenlose Frau in *Abschied von den Eltern*, S. 137.

nach Schweden: Die Okkupation der Tschechoslowakei durch das nationalsozialistische Deutschland am 1. Oktober 1938 zwang die Familie Weiss zur erneuten Flucht, diesmal ins schwedische Alingsås, wo dem Vater Eugen Weiss der Aufbau und die Leitung der Textilfabrik *Silfa* übertragen war. Diese Tatsache läßt PW in einem Brief von Ende Januar 1939 an die Eltern den Vater als „ein Genie in seiner Art" bezeichnen. Trotz dem Wunsch, in der Schweiz zu bleiben, reiste PW der Familie nach.

meine Brüder: Die beiden Stiefbrüder Arwed (* 1905) und Hans Thierbach (* 1907) lebten in Berlin; sie hatten die Machtübernahme der Nationalsozialisten begrüßt und sich diesen angeschlossen.

für H. H. [...] illustrieren: PW hat gegen Entgelt für Hesse drei seiner Texte von Hand abgeschrieben und illustriert: *Kindheit des Zauberers, Der verbannte Ehemann oder Anton Schievelbeyn's ohnfreywillige Reisse* und, noch unveröffentlicht, *Tessiner Sommerabend* (38 Seiten mit 9 Illustrationen). In einem Brief vom 16. Oktober 1938 (abgedruckt in Hoffmann, *Peter Weiss*, S. 166) bedankt sich PW bei Hesse für den Auftrag und teilt ihm mit, daß er gleich mit der *Kindheit des Zauberers* beginnen wolle. Hesse dienten solche Büchlein als persönliche Gaben an Freunde wie H. C. Bodmer, dem er *Kindheit des Zauberers* zueignete (vgl. Hesse, *Briefe III*, S. 103 f.). Vgl. dazu auch PW' Nachwort in: Hesse: *Kindheit des Zauberers*.

Selbstbildnis: Gemeint ist das Bild *Selbstporträt in Carabbietta* (1938) (Kat.-Nr. 93).

Nr. 11 P. Weiss an H. L. Goldschmidt – [Carabietta, erh. 23. Januar 1939]

Hs. Brief (Füllfeder/A5), 1 Bl., rechtsläufige Hs., mit zahlreichen verschliffenen Buchstaben, konvexer Linksrand.

Manuskript von Hesse: Es ist nicht klar, welches der Büchlein PW noch illustrieren wollte, zumal offiziell alle drei mit 1938 datiert sind, es dürfte sich aber um die kurze Reiseskizze *Tessiner Sommerabend* handeln; Mitte Januar schickte PW das illustrierte Exemplar von *Der verbannte Ehemann* an Hesse, verbunden mit der Bitte um einen kürzeren Text zur Illustration, da er bald abreisen müsse; vgl. Anm. zu Nr. 10 *(für H. H. [...] illustrieren)*.

213

Aus Schweden [...] Nachrichten: Nachrichten im Zusammenhang mit dem Warnsdorfer Hausrat, der von den Nazi-Behörden noch immer nicht zur Ausfuhr freigegeben war.

Nr. 12 P. Weiss an H. L. Goldschmidt – [Carabietta, erh. 24. Januar 1939]

Kurzer ms. Brief (kl. A4, von Hand gekürzt), 1 Bl., die Schlußzeile mit Bleistift v. H. h., am unten Blattrand wurde ein Papierstreifen abgerissen.

Erledigungen und Besorgungen: Nebst einem kurzen Besuch auf dem tschechischen Konsulat (das Visum für Schweden wollte er erst in Berlin einholen) versuchte PW in Zürich wohl nochmals, seine Manuskripte bei Verlagen unterzubringen oder Aufträge von ihnen zu erhalten. Hesse dürfte ihm wahrscheinlich neue Kontaktadressen vermittelt haben.

Nr. 13 P. Weiss an H. L. Goldschmidt – [Poststempel:] Lugano 24. I. [19]39

Neutrale und vorfrankierte Postkarte mit hs. Notiz (Bleistift) auf der Vs. und der Anschrift auf der Rs.

Donnerstag: Also am 26. Januar 1939; PW blieb dann bis Sonntag, den 29. Januar 1939. An diesem Tag, um 8 Uhr in der Frühe, ging sein Zug nach Berlin.

Nr. 14 P. Weiss an H. L. Goldschmidt – [Poststempel:] Berlin Charlottenburg 30. I. [19]39

Ansichtskarte, deren Vs. das Interieur eines Speisewagens der Deutschen Reichsbahn zeigt; der kurze hs. Text (Bleistift) in unregelmäßiger Hs. steht im Feld neben der Anschrift auf der Rs.; auffallend die falsche Schreibweise des Namens: *Lewin-Goldschmidt.*

Nr. 15 P. Weiss an H. L. Goldschmidt – Berlin-Grunewald ⟨31.⟩ Jan[.] [19]39

Hs. Brief (Bleistift/A4), 1 Bl., in unregelmäßiger Hs., steigende und fallende Zeilen; Ort und Datum stehen o. l., als Datum möglich wäre auch der 1. Februar, zumal PW sich zu Jahresbeginn wiederholt beim Datum geirrt hat.

70 oder 80 frs.: 70 oder 80 Schweizer Franken betrug die Geldreserve, die PW bei HLG hinterlassen hatte. Es war der Rest jener 200 Franken, für die HLG von PW das *Herbst-Bild* (s. Anm. unten) abkaufte, „da er Geld brauche", wie HLG an RJ schrieb. Vielleicht war die monatlich überwiesene Zahlung von seinen Eltern aus Schweden nicht rechtzeitig eingetroffen.

Villenheim Wildpfad: I. e. der Name der Fremdenpension, in der PW wohnte.

mit meiner Mutter: PW' Mutter traf am 1. Februar in Berlin ein, von wo aus sie den Möbeltransfer aus der besetzten ČSR zu erledigen hoffte. Die Familie Weiss war ja gleich nach der Besetzung des Sudetenlandes am 1. Oktober 1938 überstürzt aus Warnsdorf abgereist. Als „Arierin" und mit Hilfe ihrer beiden Thierbach-Söhne (vgl. Anm. zu Nr. 10) versuchte sie nun, endlich den zurückgelassenen Hausrat nach Schweden zu überführen; vgl. *Roos-Interview*, a. a. O., S. 31, und Å.Eldh: *The Mother*, S. 185 f. In einem Brief an die Mutter vom 30. Januar schreibt PW: „Wenn du, Mamita, nach Bln. kämst, so wäre das sehr schön, wir könnten zusammen zurück nach Schweden fahren Ende Februar u. so die Reise gemeinsam machen."

Herbst-Bild: So bezeichnete HLG das von PW erworbene Bild *Jüngling am Stadtrand* (Kat.-Nr. 80).

Keller-Wohnung: I. e. das Zimmer von HLG an der Bolleystr. 50 in Zürich, das durch eine Frau Keller vermietet wurde.

Nr. 16 P. Weiss an H. L. Goldschmidt – [Berlin, erh. 13. Februar 1939]
Hs. Brief (Bleistift/A4), 1 Bl., bs., die Hs. ist unregelmäßig mit wechselnder Schriftgröße und etlichen Korr., konvexer Linksrand; mit einem längern Nachtrag auf der Rs., a. E. von zwei dicken geschwungenen Linien abgeschlossen.

neuen Militäraufschub: PW war im März 1938 von den tschechischen Militärbehörden für diensttauglich erklärt, wegen seines Studiums an der Prager Kunstakademie aber für ein halbes Jahr zurückgestellt worden. Bis in den Sommer 1939 hinein beschäftigte und ängstigte PW die Frage nach dem Militärdienst.

die grüne Tür: Dieses Motiv, ein Symbol für die Befreiung aus dem Kerker des Alltags, spielt an auf das grüne Tor im Bild *Jüngling am Stadtrand*. HLG schreibt dazu im Februar 1939 an seinen Bruder: „Genauer wäre: der Jüngling am Scheideweg: Denn auf dem Spielplatz und zwischen den Bäumen stehend, muß er sich entscheiden, wohin er gehen will. Der Weg der Mauern & die Treppe, der er zugewendet ist, führen in die Stadt, [...] eine häßliche & technische Stadt – und eine Bahnhofslandschaft. Es gibt aber noch in der einen Mauer ein grünes Tor, das Tor der Hoffnung sozusagen, direkt unter dem Himmel, der Jüngling kann auch dieses Tor wählen und die wahre Natur erreichen."
In Hesses Erzählung *Klingsors letzter Sommer* findet sich ebenfalls eine hohe grüne Balkontür, durch welche die „unsäglich schön[e] und mannigfaltig[e]" Welt ins Zimmer hereinleuch-

tet (Hesse, GW 5, S. 344); in jenes Zimmer in der Casa Camuzzi notabene, wo auch PW 1937 gewohnt hatte.

gegen die Stadt ankämpfen: Hier gegen Berlin; vgl. die Bearbeitung dieses Themas in *Der Fremde.*

„Jüngling": I. e. das Bild *Jüngling am Stadtrand.*

zu meinem Bruder: I. e. Arwed Thierbach, bei dem die Mutter
während ihres Berlin-Aufenthaltes wohnte.

Dostojewskis „Jüngling": Fjodor M. Dostojewski (1821-1881): *Der
Jüngling.* Roman, 1875.

wunderbaren Traum: Für die Deutung dieses Traums vgl. den
Aufsatz *Freundschaft mit Peter Weiss* von HLG in diesem Band;
was das Datum dieses Traums, 7. Januar, anbelangt, so dürfte
die darin geäußerte Vermutung korrekt sein, daß es sich dabei um einen Schreibfehler handelt und 7. Februar dastehen
müßte. Wiederholt hat sich PW bei Datierungen verschrie-
ben.

Nr. 17 P. Weiss an H. L. Goldschmidt – [Alingsås, erh. 2. März
1939]
Hs. Brief (Füllfeder/kl. A4, von Hand gekürzt), 1 Bl., bs., in
regelmäßiger Hs, steigende und fallende Zeilen; der Absender (mit Rotstift unterstrichen) steht in Kleinschrift a. u. R.
der Rs., das P. S. ebenda a. l. R.

Alingsås: schwed. Kleinstadt im Län Älvsborg, 50 km nordöstl.
von Göteborg am Mjörnsee gelegen, 23000 Einwohner
(1969), Textil- und Maschinenindustrie.

auß[er] lieben: PW' Umweg über Berlin war ja nicht nur durch
Familienangelegenheiten begründet, er wurde da auch von
seiner Freundin Margarete Melzer erwartet. In einem Brief
an ihren Mann wird sie von PW' Mutter wie folgt geschildert:
„eine bekannte, große Schauspielerin (...), viel älter als Pitt
und außerdem Malerin u. Schriftstellerin, soll eine außergewöhnlich begabte u. intelligente Person sein." Zudem wollte
PW in Berlin einen Illustrations-Auftrag in Aussicht haben,
von dem außer in einem Brief an die Eltern aber nirgends
sonst die Rede ist.

Nr. 18 P. Weiss an H. L. Goldschmidt – [Alingsås, erh. 10. März
1939]
Engbeschr. hs. Brief (Füllfeder/A4), 1 Bl., bs., die Hs. mit vielen verschliffenen Buchstaben, einigen Korr. und einer unle-
serlich gemachten Zeile; auf der Vs. steht a. l. R. unten das
(zweite) P. S., auf der Rs. stehen a. l. R. die Grüße sowie das
(erste) P. S.

Notkontor: Von seinen Arbeitgebern in Warnsdorf, den Gebrü-
dern Fröhlich, die ebenfalls nach Schweden emigrierten, war

der Vater beauftragt worden (*Roos-Interview*, a. a. O., S. 31), in Alingsås den Aufbau einer Textilfabrik und später ihren Betrieb zu leiten. PW hat diesen Aufbau geschildert in: *Von Insel zu Insel*, S. 23, *Abschied von den Eltern*, S. 138f.; das Motiv kehrt auch wieder in: *Die Besiegten*, S. 112-116.

großes Bild angefangen: Möglicherweise das Tableau *Der Hausierer* (1939/1940, Kat.-Nr. 96), das PW im *Roos-Interview* (S. 33) als das erste bezeichnet, das er in Schweden begonnen habe.

wenn sie die leiblichen Eltern [...]: Mit großer Beharrlichkeit versuchte PW immer wieder, seine Bilder der Mutter zu zeigen und zu erklären, was meist jedoch in einer Katastrophe endete, da die Mutter sie weder verstehen noch billigen wollte; vgl. das *Roos-Interview*, S. 23, und *Abschied von den Eltern*, S. 104: „Wenn ich ein Bild beendet hatte, zwang mich ein Trieb, meine Mutter herbeizurufen." Überraschend im Vergleich zu *Abschied von den Eltern* ist, wie sehr in diesem Brief das Drängen des Vaters im Vordergrunde steht, wogegen im literarischen Text der Vater weitgehend in den Hintergrund rückt und alles Drängen fast ganz der Mutter übertragen ist.

Obulus: Obolus: kleine Geldspende, kleiner Betrag.

Bilder aus Prag: Weil PW den deutschen Überfall auf die Tschechoslowakei am 1. Oktober 1938 und die umgehende Flucht seiner Familie aus Distanz vom Tessin aus miterlebte, blieben seine Bilder in Prag zurück. Er hatte sie da in der Obhut seines Freundes Peter Kien (s. Anm. zu Nr. 27) zurückgelassen.

Caspar H.: Das Bild *Caspar Hauser* (1938), das PW immer wieder erwähnt, galt lange Zeit als verschollen, weshalb es im Bochumer Kat. nicht aufgeführt ist; eine Abb. des inzwischen wiederaufgetauchten Originals findet sich in: *Peter Weiss*, Leben und Werk.

Vorstadtbilder: PW hegte erklärtermaßen eine besondere Vorliebe für Vorstädte, was sich in den zahlreichen Vorstadtansichten aus der Prager und der schwedischen Zeit (z.B. Kat.-Nr. 77, 80, 96, 97) und in seinen Prosatexten widerspiegelt. Dies bestätigt auch Barth in *Flucht in die Welt*, S. 96.

das grüne Tor: S. Anm. zu Nr. 16 *(die grüne Tür)*.

Das Mädchen: I. e. Cle aus *Die Landschaften in den Träumen*.

nie besitzen: Bei der Lektüre des Briefes hat HLG auf der Rs. l. u. dazu spontan angemerkt: *Warum immer besitzen wollen? Kann man ja gar nicht.*

Nr. 19 P. Weiss an H. L. Goldschmidt – [Alingsås,] 24. März [19]39

Engbeschr. hs. Brief (Füllfeder/A4), 1 Bl., bs., relativ regelmäßige Hs. mit vielen verschliffenen Buchstaben.

dein Manuskript: Es handelt sich dabei um die nicht mehr auffindbare, autobiographisch gefärbte Novelle *Der Zoologische Garten in B.*, die HLG im Winter 1937/38 in Berlin schrieb.

Geisbergstraße: HLG wohnte im Bayrischen Viertel in Berlin, Ecke Geisbergstraße/Neue Bayreuther Straße (heute Welser Straße).

Die Existenz meines Vaters [...]: Unsicher war die Situation der Familie Weiss vor allem in rechtlicher Hinsicht, weniger in ökonomischer – „Meine Eltern sind pekuniär gesichert", schrieb PW an Hesse. Wenn auch deswegen privilegiert, gehörte die Familie Weiss zu den Emigranten, deren Status ein provisorischer blieb. Die Gründe dafür, daß PW sich zur Arbeit gezwungen sah, liegen aber zuallererst in seiner Person selbst, in seinem Drang nach Unabhängigkeit vom Elternhaus begründet.

die beiden kleineren Geschwister: I. e. die Schwester Irene Franziska (*1920) und der Bruder Gerhard Alexander (1924-1989), der spätere Schriftsteller Alexander Weiss. Die idealisierte Schwester Margit Beatrice (*1922) war schon 1934 an den Folgen eines Autounfalles verstorben.

mich aus meiner Welt ⟨[lösen]⟩: Das Verb ist nicht mehr zu entziffern, der Satzstruktur und der Wortlänge entsprechend, dürfte der Vorschlag *sich lösen* den Sinn korrekt wiedergeben.

Heute bin ich heimatlos: Hier stellt PW zum ersten Mal sein romantisches Künstlerverständnis von sich aus ernsthaft in Frage, herausgefordert von den schnöden Erfordernissen der Emigration. Selbst dafür aber findet sich bei Hesse eine Passage mit (möglichem) Vorbildcharakter, im *Steppenwolf:* „Wer statt Gedudel Musik, statt Vergnügen Freude, statt Geld Seele, statt Betrieb echte Arbeit, statt Spielerei echte Leidenschaft verlangt, für den ist diese hübsche Welt hier keine Heimat [...]" (GW 7, S. 341).

wie Bob: Vgl. Brief Nr. 4, wo PW eine Trennlinie zieht zwischen RJ, dem Journalisten und Weltreisenden, und sich selbst, dem Künstler. Diese Trennung stellt er hier in Frage; vgl. auch Anm. zu Nr. 2 *(Weiser Abbt Hermanus)*.

alle⟨m⟩ Vertrauten: Lesart: allen Vertrauten.

Nr. 20 P. Weiss an R. Jungk (und H. L. Goldschmidt) – [Stockholm, 30. März–1. April 1939]
Undatierter hs. Brief (Bleistift/A4), 3 Bl., bs., in enger, stellenweise nur schwer entzifferbarer Hs., mit vielen Korr. und wechselnder Schriftgröße; weil das Papier sehr gelitten hat,

gibt es einige unsichere Textstellen, zudem ist eine halbe Textzeile nicht mehr lesbar; der letzte Absatz steht auf der Rs. des letzten Bl. a. l. R.

Eine gewisse Unstetigkeit im Schriftbild verweist auf die emotionale Verfassung des Schreibenden. PW schrieb den Brief während eines mehrtägigen Aufenthaltes in Stockholm, der sich mit Hilfe der Briefe Nr. 19 und 28 sowie zweier Briefe an Hesse von erster Hälfte März und vom 4. April, in dem er ein Fazit dieses Aufenthaltes zieht, mit großer Wahrscheinlichkeit auf den 30. März bis 1. April 1939 datieren läßt.

unheimlichen Traum: Dieser Traum mit seinem Kampf um die Gunst einer Frau erinnert stark an das ohnmächtige tödliche Ringen zwischen zwei Soldaten in *Von Insel zu Insel,* S. 51.

Citadel: The Citadel (GB 1938), Film von King Vidor, schildert in realistischer Manier das idealistische Engagement eines Arztes in den Kohlegebieten von Wales.

Inga: Nicht identifiziert.

Maggie: S. Anm. zu Nr. 4.

Begrüßungen: Die Begrüßungen zwischen RJ, PW und ihren Zürcher Freunden waren begleitet von Umarmungen und althergebrachten Ritualen: beispielsweise begrüßte man einander vor Weihnachten am Bahnhof damit, daß dem Ankommenden der Karpfen vorgezeigt wurde, den es später zu genießen galt.

Ann: I. e. Annabelle Hotz, vgl. die Anm. zu Nr. 3 *(Hotz).*

wann du diesen Schritt wagst: Lesart: *wenn du diesen Schritt wagst.*

CHATTA: I. e. das „kleine russische Café in der Nähe des Hyde-Park", an der Baker-Street in Soho, in dem PW während seiner Londoner Zeit ab und zu weilte und Jacques Ayschmann kennenlernte; vgl. das *Roos-Interview* (S. 22 f.) und *Abschied von den Eltern* (S. 107 ff.).

Jacques Aischmann: Eig. J. Ayschmann, eine kaum näher identifizierte Gestalt, es sei denn über die Prosa von PW. Gegenüber Peter Roos (S. 22 f.) erwähnt dieser, daß die Bekanntschaft mit ihm „die erste Begegnung mit einem Menschen (war), der politisch aktiv war, der nach Spanien ging, der verschollen ist, und von dem ich nie wieder etwas gehört habe". Vielleicht liegt gerade darin der Grund dafür, daß Ayschmann „für mich zu einer Phantasiefigur wurde", der dem politisch völlig Desinteressierten die „Welt-von-außen" ein erstes Mal vor Augen führte und deshalb in *Abschied von den Eltern* und in der *Ästhetik des Widerstands* (v. a. im Band 1) wieder auftauchte.

Elaine Shanks [...] Bossany: S. Anm. zu Nr. 25.

kleines Rondell: Die Übersichtsskizze soll zu Bossanys Wohnort führen, möglicherweise bezeichnet das Rondell den Hilldrop Crescent.

mews: Stall; „Das sind Räumlichkeiten, die oberhalb von Ställen und Garagen liegen, eigentlich Lagerräume sind." (*Roos-Interview,* S. 24).

meine Ausstellung: Vgl. das *Roos-Interview,* S. 24, und *Abschied von den Eltern,* S. 111 f.: „Es kam niemand. Das war gleichgültig."

Zusammenbruch auf der ganzen Linie: Vgl. dazu das Liebeswerben des Steppenwolfs und seine Fantasien über das Scheitern, in: Hesse, GW 7, S. 291.

Gedanken ⟨f⟩assen: Lesart: *Gedanken lassen.*

Kleist es erlitt: Am 21. 11. 1811 erschoß Heinrich von Kleist sich und seine Freundin Henriette Vogel und setzte so seinem dissonanten Leben im Alter von 34 Jahren ein Ende. Im Abschiedsbrief an seine Stiefschwester Ulrike hatte er zuvor noch das geflügelte Wort notiert: „Du hast getan, ich sage nicht, was in Kräften einer Schwester, sondern in Kräften eines Menschen stand, um mich zu retten: die Wahrheit ist, daß mir auf Erden nicht zu helfen war."

Nr. 21 P. Weiss an H. L. Goldschmidt – [Alingsås, erh. 15. April 1939]

Hs. Brief auf einem kleinformatigen linierten Bl. (Bleistift/kl. 8°), das aus einem Notizheft herausgerissen wurde, bs., in unregelmäßiger Hs.

nicht [...] begraben werde: Diese Metapher ist wiederzuerkennen in Brief Nr. 34 sowie in *Der Fremde,* S. 88-94.

Meine Nationalitätsfrage: PW war ja in der Tat nie Deutscher. Nach dem Zusammenbruch der öster.-ungar. Doppelmonarchie 1918 hatte sein als Ungarn gebürtiger Vater für die Tschechoslowakei optiert, deren Bürger somit auch PW wurde, trotzdem er in Deutschland geboren war und da aufwuchs. Der tschechische Paß ermöglichte es PW auch, im Januar 1939 unbehelligt durch Nazideutschland nach Schweden zu reisen. Was mit PW' Nationalität nach der deutschen Besetzung der ČSR im März 1939 geschah, ist noch nicht restlos aufgeklärt. In Brief Nr. 19 teilt er HLG mit, sein tschechischer Paß würde im kommenden Juli 1939 auslaufen. Unter Berufung auf die Briefe an Itta Blumenthal aus dem Jahre 1941 kann angenommen werden, daß PW sich daraufhin beim Stockholmer Vertreter der tschechischen Exilregierung Beneš, Kučera, um eine Paßverlängerung bemühte, was ihm zweimal, im Sommer 1939 und 1941, gewährt wurde, eventuell nochmals im Sommer 1943, bevor diese tolerante Praxis Ende 1943/Anfang 1944 auf Anweisung der Exilregierung eingestellt wurde. Danach erst hätte PW allenfalls einen Fremdenpaß ausgestellt bekommen. Dazu widersprechende Aussagen machte PW Mitte April 1978 in den *Notizbüchern 71/80* („im März der tschechischen Staatsbürgerschaft beraubt, auf Schleichwegen zu schwedischem Fremdenpaß gekommen", S. 686) sowie 1981 in einem Gespräch mit Jacques Outin („Seit 1939 hatte ich einen Fremdenpaß"; in: *Peter Weiss im Gespräch*, S. 314). Aufgrund der zeitlichen Distanz und etwelcher trügerischer Erinnerungen in andern Zusammenhängen dürfte das vorgängig beschriebene Verfahren eher der Wahrheit entsprechen. Abschließend läßt sich festhalten, daß ihm Stellung und Verdienst des Vaters in der schwedischen Emigration einen relativ problemlosen Aufenthalt gestatteten, bis er am 8. November 1946 die schwedische Staatsbürgerschaft erhielt. An Itta Blumenthal begründete er 1941 seine diesbezügliche Problemlosigkeit mit dem behördlichen Standardsatz: „Sie haben ja einen reichen Vater!" Die Emigration stellte für ihn somit kaum ein rechtliches Problem dar, im Unterschied zu den meisten Exilierten, die sich im Kampf um Visa, Aufenthalts- und Arbeitsbewilligungen zerrieben; im II. Band der *Ästhetik des Widerstands* (S. 86-95, 255 f.) setzt sich PW ausführlich damit auseinander; vgl. auch Brief Nr. 25 und Anm. *(Amerika wird [...] Lebensraum)*.

Nr. 22 P. Weiss an H. L. Goldschmidt – [Alingsås, erh. 23. April 1939]
Engbeschr. hs. Brief (Füllfeder/A5) auf grauem Briefpapier, 1 Bl., bs., in regelmäßiger Hs. mit gegen Ende hin zunehmenden verschliffenen Buchstaben, steigende Zeilen.
Diese beiden Manuskripte: I. e. *Die Gezeiten* und *Die Landschaften in den Träumen*; vgl. Anm. zu Nr. 8 *(ein paar Novellen)*.
Glaeser: Ernst Glaeser (1902-1963), dt. Schriftsteller, kehrte 1939 freiwillig aus seinem Schweizer Exil nach Deutschland zurück und übernahm die Schriftleitung einer Wehrmachtszeitung. PW meint hier sein Buch: *Das Jahr*. Mit 50 Zeichnungen von Eugen Früh, Zürich: Weltwoche-Verlag 1938.
Oprecht: Der Oprecht-Verlag in Zürich galt als einer der wichtigsten Exilverlage, in dem unter anderem Silones Bücher erschienen. Sein Leiter Emil Oprecht (1895-1952) zählte zu den maßgeblichen Zürcher Kulturpolitikern jener Jahre, dessen Einsatz wesentlich dazu beitrug, daß das Schauspielhaus Zürich mit seinem hochkarätigen Ensemble aus Emigranten

(Giehse, Langhoff etc.) zu einer antifaschistischen „moralischen Anstalt" wurde.

Seldwyla Verlag: Schweizer Verlag in Bern, für den Hesse zwischen 1919 und 1924 mehrere Geschichtenbücher zusammenstellte.

Rascher: Max Rascher (1883-1962), Leiter des gleichnamigen Verlags in Zürich und „Verleger der radikalen geistigen Opposition aller Nationen" (Willy Haas, zit. nach Huonker: *Literaturszene Zürich*, S. 37).

arbeite ich in der Textilfabrik: PW hat diese Arbeit in seinen Prosatexten mehrfach geschildert, so in: *Von Insel zu Insel*, S. 23-26, *Abschied von den Eltern*, S. 138-144.

Keller: S. Anm. zu Nr. 14.

Nr. 23 Anlage 1 zu Nr. 22 (Standardbrief an div. Verlage)
Ms. Brief (A4 quer, halbseitig beschr.) auf grauem Briefpapier wie Nr. 22, 1 Bl., die Unterschrift säuberlich mit Füllfeder v. H. h.

Nr. 24 Anlage 2 zu Nr. 22 (Vollmacht von P. Weiss für Hermann Levin-Goldschmidt)
Vordatierte ms. Vollmacht (A6) auf grauem Briefpapier wie Nr. 22, 1 Bl., die Unterschrift säuberlich mit Füllfeder v. H. h.

Nr. 25 P. Weiss an H. L. Goldschmidt und R. Jungk – [Alingsås, erh. 26. April 1939]
Engbeschr. hs. Brief (Füllfeder/A4), 1 Bl., bs., das Schriftbild ist unregelmäßig mit charakteristisch verschliffenen Buchstaben, wenigen Korr. und stark steigenden Zeilen.

Fotochemischen Abteilung: Vgl. Von *Insel zu Insel*, S. 26, und *Abschied von den Eltern*, S. 143.

Fotografie studierte: Während der Londoner Emigrationsjahre 1935-36 besuchte PW nach eigener Aussage die „Polytechnic School of Photography" (*Roos-Interview*, S. 21).

Amerika wird [...] Lebensraum: Wie aus Briefen an Hesse und an Itta Blumenthal hervorgeht, hat PW bis 1941 mehrfach mit einer Auswanderung nach Amerika geliebäugelt: „Ich habe mich ja schon vor 2 Jahren um die Emigration nach den Staaten beworben und heute bin ich froh, daß ich es getan habe; ich kann jetzt das Visum jederzeit bekommen." (Brief an Hesse vom 2. April 1941). Und in einem Brief an Itta Blumenthal spricht er von einem „Traum von Amerika" (16. 6. 1941), wo er vielleicht den Durchbruch schaffen könnte, obwohl er schon im Dezember 1938 an die Eltern geschrieben hatte, daß er dieses Land nicht schätze und nur des Erfolges wegen dahin übersiedeln möchte.

in der Schweiz bleiben: PW' Frage ist berechtigt, erwies die Schweiz sich doch als dasjenige europäische Land, „das gegen die Exilierten und Emigranten aus Hitlerdeutschland die mit Abstand härtesten Vorschriften erlassen und sie auch ohne alle Rücksichten praktiziert hat" (H. A. Walter: *Dt. Exilliteratur 1933-1950*, Bd. 2, S. 165). Arbeitsverbot, Verbot der politischen Betätigung, Ortspflicht und das Gebot, schnellstmöglich wieder auszureisen, gehörten zu den Auflagen an jene Personen, die hier überhaupt Aufnahme fanden. Davon blieben auch RJ und HLG nicht verschont. In ständigem Kampf mit der Fremdenpolizei hatte HLG, der am 25. 1. 1941 von Nazideutschland ausgebürgert worden war, sich in die „anonyme Selbständigkeit" des „frei lebenden Emigranten" zurückgezogen, dennoch wiederholt von den Behörden behelligt, die ihn zum Arbeitsdienst einziehen oder einfach nur kontrollieren wollten. Vor allem nach Kriegsschluß wurde ihm eindringlich ans Herz gelegt, sich endlich um seine Ausreise zu bemühen!

Wegen seiner Journalistentätigkeit war RJ zu einem eigentlichen „Doppelleben" gezwungen. Bereits 1934 ausgebürgert und somit staatenlos, behielt er durch einen noch bis 1939 weiter laufenden Paß ohne „J"-Stempel seine Bewegungsfreiheit. Im Frühjahr 1939 ließ er sich in der Schweiz nieder und nahm an der Universität Zürich ein Geschichtsstudium auf; eingeschrieben hatte er sich schon Ende 1938, weilte dann aber zwischenzeitlich in England. Illegal unter anonymem Namen, nur wenigen Freunden bekannt, lief ab 1940 seine Tätigkeit für die Wochenzeitung *Die Weltwoche* nebenher, immer bedroht von Entdeckung, Gefangensetzung und Ausweisung (vgl. RJ: *Deutschland von außen*). Alle Vorsicht fruchtete schließlich nichts: er wurde im Herbst 1943 interniert, wie in Brief Nr. 56 geschildert ist.

Slowake: S. Anm. zu Nr. 21 *(Meine Nationalitätenfrage)*.

Sendungen an englische Autoren: RJ versuchte in London über den Literaturagenten seines verstorbenen Vaters bei Verlagen kleine Büchlein unterzubringen, die PW geschrieben und illustriert hatte.

Elaine Shanks [...] Roland oder Bossiany: Nicht mehr identifizierbare Personen, die RJ besucht (E. Shanks) oder in London nicht (mehr) angetroffen hat.

Nr. 26 P. Weiss an R. Jungk und H. L. Goldschmidt – [Alingsås, erh. 4. Mai 1939]
Hs. Brief (Bleistift/A4), 1 Bl., das Schriftbild ist sehr unregelmäßig, mitunter schwierig zu lesen, mit einigen groben Korr.

und steigenden Zeilen; geschrieben vermutlich am Montag, dem 1. Mai, abends.

Preisträger: Am 28. April war HLG anläßlich des Dies Academicus der Universität Zürich für seine Arbeit *Der Geist der Erziehung bei Jeremias Gotthelf* (Preisaufgabe der Philosophischen Fakultät I) ausgezeichnet worden. Die *Neue Zürcher Zeitung* vom Sonntag, 30. April 1939, schrieb dazu: „Diese Aufgabe ist gelöst worden von cand. phil. Hermann Levin-Goldschmidt, von Berlin, Studierender an der Philosophischen Fakultät I der Universität Zürich. Die Philosophische Fakultät I hat der Lösung dieser Aufgabe den Nahepreis von 200 Fr. zuerkannt." Ohne Namensnennung notierte der *Tages-Anzeiger* tags darauf, daß zwei der drei Preisaufgaben „in Emigranten ihre Meister (fanden), denen auch die Geldpreise zufielen".

Sieger Robert: PW freute sich darüber, daß RJ nach seinem England-Aufenthalt wieder in die Schweiz zurückgekehrt war, hier eine Aufenthaltsbewilligung erhalten und an der Universität Zürich ein Studium aufgenommen hatte. Er erachtete dies als einen wichtigen Sieg über den Journalismus, der ihm an RJ nicht gefallen wollte.

D. H. Lawrence: David Herbert Lawrence (1885-1930), engl. Schriftsteller, in dessen Werken sich die Abneigung gegenüber den erstarrten viktorianischen Konventionen mit einer Naturverbundenheit und -religiosität verbinden. *Woman in Love* erschien 1920, *The White Peacock* 1911 als erster seiner Romane.

Gezeiten [...] Landschaften in den Träumen: Die beiden Texte, die PW verlegt haben mochte.

Nr. 27 P. Weiss an R. Jungk und H. L. Goldschmidt – [Alingsås, erh. 5. Mai 1939]
Engbeschr. ms. Brief (Median 4°), 2 Bl., bs., einige Korr.; die Signatur v. H. h., vermutlich auf einer dt. Tastatur geschrieben, auf der das schwedische å von Alingsås fehlte.

dem Notkontor: Vgl. Anm. zu Nr. 17.

Zürcher Zeitung: Neue Zürcher Zeitung *(NZZ)*; s. Anm. zu Nr. 26 *(Preisträger).*

Liepmann: I. e. Dr. Hans-Wolfgang Liepmann, aus Berlin, er war ein Schulfreund von RJ und HLG. Wie RJ wohnte Liepmann in Zürich am Forstersteig 14, wo ihn auch PW kennenlernte. Für die Lösung der Preisaufgabe der Philosophischen Fakultät II war ihm am 28. April 1939 der Hauptpreis von 500 Fr. zuerkannt worden.

Kelch: Vgl. *Matth. 26.38 f.*: Jesus betet, von Angst gepeinigt, im

Garten von Gethsemane zu seinem Vater: „Mein Vater, wenn es möglich ist, gehe dieser Kelch an mir vorüber."

Bilder aus dem Tessin [...]: Soweit heute bekannt, umfassen sie insgesamt etwa zwei Dutzend Zeichnungen (Tusch, Kohle) und Ölbilder von 1938 (Kat.-Nr. 80-93), zuzüglich der 18 Bilder und Zeichnungen vom Tessiner Aufenthalt 1937 (Kat.-Nr. 34-51); darunter dürften zudem einige kleinere Formate aus der Prager Zeit fallen, die PW in den Tessin mitgenommen hatte, um sie Hesse zu zeigen.

20 Bilder: Zuerst schrieb PW 30 (wie schon in Brief Nr. 20), überschrieb die Drei dann aber von Hand mit einer Zwei.

Caspar Hauser: S. Anm. zu Nr. 18; beim größtformatigen Bild dürfte *Das große Welttheater* (1937, 120x170 cm, Kat.-Nr. 72) gemeint sein.

Pfau-Pfau [...] Esel Jock: „Bekannte" aus dem Zürcher Zoo, denen die Freunde auf ihren Spaziergängen öfters begegneten.

Meggeli: I. e. Margaret (Maggie) Sackett, s. Anm. zu Nr. 4.

das Buch: Nebst seinem Romanprojekt *Leda* (Anm. zu Nr. 4) verfolgte RJ noch ein zweites mit dem Arbeitstitel *Nach dem Untergang,* eine Geschichtenfolge in der Tradition Boccaccios: Menschen im Luftschutzkeller denken sich die Welt nach der Zerstörung und erzählen sich mitten im Untergang ihre Zukunft. RJ sieht heute darin den Beginn seiner utopistischen Perspektive.

hamsunischen Eindruck: I. e. öde Provinzstädtchen, wie sie der zivilisations- und stadtkritische norweg. Dichter Knut Hamsun in seinen Orten Sirilund *(Pan),* Polden *(August-Triologie)* oder Segelfoss *(Die Stadt Segelfoss)* geschildert hat.

als Ausländer hier eine Berühmtheit: Vgl. die literarische Verarbeitung dieser Erfahrung in *Der Fremde.*

finnigem Gesicht: Gesicht mit einem Finnenausschlag, einer Hautkrankheit.

Spießrutenlaufen: Das Motiv erscheint wieder in *Von Insel zu Insel,* S. 53: ein brennender Mann läuft Spießruten, ohne daß ihm jemand aus der gaffenden Menge helfen würde.

Lise, Evchen [...] Anita, Plowitz: PW erinnert sich an die Prager Zeit und an die gemeinsamen Freunde und Freundinnen. Nur einzelne von ihnen sind noch identifizierbar, so Maggie (Anm. zu Nr. 4) und *Lise,* „ein ätherisches, zerbrechliches Mädchen" (RJ), das viele Jahre später einmal PW besuchte und ihn so sehr enttäuschte, weil aus ihm eine gestandene Frau geworden war. Mit *Anita* könnte Anita Kahler gemeint sein, die PW in *Fluchtpunkt* auftreten läßt. *Peter Kien,* einen jüdischen Maler, lernte PW auf der Prager Kunstakademie kennen; mit ihm verband ihn eine persönliche Freundschaft und eine künstlerische Verwandtschaft, da sie beide einem an Kubin geschulten Realismus folgten. Kien wurde im Januar 1941 ins Konzentrationslager Theresienstadt verschickt, wo er bei Opernaufführungen mitwirkte, bevor er im Oktober 1944 mit Frau und Eltern nach Auschwitz kam und dort umgebracht wurde. Ihm verdankte es PW, daß seine Bilder aus Prag nach Schweden geschickt wurden (vgl. *Abschied von den Eltern* S. 133 f., *Fluchtpunkt* S. 58-61, und das *Roos-Interview*, S. 28 und 32). Den Publizisten *Max Barth* (1896-1970) traf PW 1937 auf Anregung von Hesse. Barth mußte wegen seiner antimilitaristischen Haltung und seiner frühen Warnungen vor dem Faschismus schon im März 1933 aus Deutschland fliehen. Über Paris, Spanien, die Schweiz und Wien kam er im Herbst 1935 nach Prag. „Wir waren einander sofort nah und vertraut", schrieb er in seinen Exilerinnerungen *Flucht in die Welt* (S. 95), worin seine Exilsodyssee geschildert und das Bild zurechtgerückt ist, das PW von ihm (alias *Max B./Max Bernsdorf*) in *Abschied von den Eltern* (S. 122 ff.) und *Fluchtpunkt* (v.a. 14 ff.) sehr frei zeichnete; vgl. das *Roos-Interview*, a. a. O., S. 34. Die Briefe an Itta Blumenthal von 1941 allerdings korrigieren wiederum Barths Darstellung und weisen gewisse Ähnlichkeiten auf mit dem Barth-Bild in PW' „autobiographischen" Texten.

kennengelernt: Nach Angaben in diesem Brief und von HLG und RJ hatte sich dies am Mittwoch, dem 3. November 1937, zugetragen.

kommt. ###: Gestr. wurde: *Wir können unserm Inner.*

Zeichnungen von Hesse: I.e. kleinformatige Aquarelle, die PW aus Briefen von Hesse herausgeschnitten hatte.

rotes Haus: Die Casa Hesse in Montagnola zeichnet sich durch ihre rote Tönung aus; vgl. Anm. zum *Tagebuch (Montagnola)*.

Nr. 28 P. Weiss an H. L. Goldschmidt (und R. Jungk) – [Alingsås,] 9. Mai [19]39

Hs. Brief (Bleistift/Median 4° quer, gefaltet), 1 Bl., bs., in steiler, unregelmäßiger Hs. mit wechselnder Schriftgröße, wenige Korr. und teils stark steigende Zeilen; auffällig sind die zahlreichen Akzentuierungen durch Großschreibung und Unterstreichung.

Schutzheiliger der Brunnen: PW gefiel die Stadt Zürich ihrer Ruhe und vor allem ihrer Brunnen und Glocken wegen. Dies bestätigt auch ein Brief an Hesse von Mitte August. Den in Zürich lebenden HLG setzte PW als Patron über diese geliebten Brunnen ein.

nach Zürich: Gedankenverloren schrieb PW: *nach nach Zürich.*

Reisetagebuchblättern: I. e. das hier abgedruckte *Tagebuch.*

ganz goethisch: PW befreite hier HLG etwas aus seiner engen Narziß-Klause und billigte ihm auch musische Qualitäten zu; vgl. Brief Nr. 2 *(Weiser Abbt Hermanus).*

meine Arbeiten: Wie später erwähnt, handelte es sich dabei offenbar um die beiden Manuskripte *Die Gezeiten* und *Die Landschaften in den Träumen,* die PW im April dieses Jahres HLG hatte zukommen lassen, damit er sie an Schweizer Verlage zur Prüfung weiterreiche; vgl. Brief Nr. 22 und Anm. zu Nr. 8 *(ein paar Novellen).*

Überwinden: Über das gestr. Wort *Einverleiben* geschrieben.

Quai des brûmes: S. Anm. zu Nr. 3; HLG war diesem Film nach eigener Aussage wesentlich mehr zugetan als PW hier glauben macht.

Bermann: Gottfried Bermann-Fischer (*1897), deutscher Verleger, Schwiegersohn und 1934 Nachfolger des Verlagsgründers Samuel Fischer, emigrierte 1936 mit dem Verlag zuerst nach Wien, 1938 nach Stockholm. Hesse hatte ihn, seinen Verleger, schon im ersten Brief vom 21. 1. 1937 an PW als Kontaktperson angegeben. Ob sich Hesse auch persönlich bei Bermann-Fischer für PW einsetzte, ist nicht bekannt.

Tage in Stockholm: Vermutlich die Tage vom 28. März bis 1. April, als PW unter anderem Bermann-Fischer in dessen Verlag aufsuchte, um sich bei ihm nach Publikationsmöglichkeiten und Illustrationsaufträgen zu erkundigen.

Tagebuchblatt-Briefe: I. e. der Brief Nr. 20 von Ende März, in dem PW gegenüber RJ sein Leid klagt.

Nr. 29 P. Weiss an H. L. Goldschmidt und R. Jungk – [Alingsås,] 11.-13. Mai [1939]

Hs. (Tagebuchblatt-)Brief (Bleistift/Median 4° quer, gefaltet), 1 Bl., bs., dessen einzelne Teile deutlich mit einem Abschlußstrich und neuem Datum markiert sind; kleine, unregelmäßige Hs. mit stellenweise markanten Unterschieden in Schriftgröße und Rechtsläufigkeit, etliche, zum Teil grobe Korr.

seinen Hund mitgebracht: PW' Beschreibung dieses Hundes erinnert an eine von RJ überlieferte Geschichte: Gemeinsam haben die beiden Freunde in diesen Jahren einen Hund großgezogen und gepflegt – allerdings nur in der Phantasie: „Gemeinsamer Besitz aus gemeinsamer Träumerei. Durch keine Wirklichkeit begrenzt. Um ihn gab's keinen Streit wie um die Mädchen." (RJ, *Begegnung ohne Ende,* a. a. O., S. 342).

vo⟨n⟩ matte⟨m⟩ milde⟨m⟩: Lesart: *vom matten milden.*

⟨*feiner*⟩ *Ton:* Lesart: *flauer Ton.*

Bundesbrüder: Diese Bezeichnung knüpft ausdrücklich an Hesses *Die Morgenlandfahrt* an, in der die „Teilnehmer jener einzigartigen Reise" zu einem geheimnisvollen „Bund" gehörten, ein „Bundesgelübde" abgelegt hatten, in ein „Bundesgeheimnis" eingeweiht und so „Bundesbrüder" geworden waren (GW 6, S. 323-327). Die drei Freunde standen unter dem Eindruck dieses Buches, das ihnen als Aufgabe die Suche nach dem richtigen Leben auferlegte. Von daher rührt auch die Wanderbegeisterung auf den Spuren Hesses.

Bremgarten: Auf dem Hasenberg nahe des Städtchens Bremgarten (Kanton Aargau) hatte die jüdische Gemeinde ein Lager für verfolgte jüdische Flüchtlinge errichtet, um deren große Zahl, die im März 1938 aus Österreich in die Schweiz floh, provisorisch unterbringen zu können. Einer seiner Bewohner war der Dramatiker Fritz Hochwälder, dem RJ und HLG am Montag, dem 1. Mai 1939, einen Besuch abstatteten und ihn auf eine kleine Wanderung mitnahmen. *Bremgarten* spielt aber auch auf das Schloß Bremgarten bei Bern an, das in Hesses *Morgenlandfahrt* eine zentrale Rolle spielt.

eure Pässe: Vgl. Anm. zu Nr. 25 *(in der Schweiz bleiben)* und zu Nr. 21 *(Meine Nationalitätenfrage)*.

diese⟨m⟩: Lesart: diesen.

Segelboot mit vielen bunten Fahnen am Mastseil: Das Motiv der bunten Fahnen taucht oft bei PW auf, am Ende vom *Traktat von der ausgestorbenen Welt* ebenso wie in zahlreichen Bildern; als Muster dafür kann Henri Rousseaus berühmtes *Selbstporträt* (1890) gelten, das in der Prager Nationalgalerie hängt.

Nr. 30 P. Weiss an R. Jungk (und H. L. Goldschmidt) – [Alingsås,] 17. Mai [19]39
Engbeschr. ms. Brief (Median 4°), 1 Bl., bs., mit einigen Korr.; die letzten drei Zeilen stehen auf der Rs. a. l. R. oben und mit einer Linie mit der Schlußzeile a. u. R. verbunden.

Geburtstag: RJ ist am 11. Mai 1913 geboren. Die Geburtstagsfeier fand 1938 in PW' Prager Atelier an der Stroßmayerová statt.

von Dur nach Tengest oder Paloo [...] Klein-Dur: Phantasienamen aus dem Manuskript *Die Landschaften in den Träumen*, s. Anm. zu Nr. 8. Von Dur aus, der Stadt der Ordnung und der Kontrolle, führt ein gefährlicher Weg (der Befreiung) über die genannten Ortschaften, durch Sümpfe, Felsengebirge und einen dichten Urwald nach der Stadt der Hoffnung: Anchor.

Ein Zimmer gehört zu uns: Vgl. dazu *Von Insel zu Insel*, S. 68: „Mein Zimmer, das bin immer ich selbst. Es ist mir gleich, wo dieses Zimmer ist [...]. Die Welt ist überall draußen, das Zim-

mer überall drinnen. Die Welt verwirklicht sich überall auf
die gleiche Weise."

wir vor Göttern: Diese heilige Ehrfurcht vor dem „Gott" der Maschine atmet auch die Schilderung vom Wiederaufbau einer
kriegszerstörten Fabrik in *Die Besiegten,* S. 112-116: „Alle stehen wir ringsum und lauschen der Maschine, dieser einzigen
Maschine [...]. Von Angst erfüllt lauschen wir der unregelmäßig surrenden Maschine – eine zerbrechliche, surrende Maschine, unsere einzige Hoffnung" (S. 116).

„Modern Times": Film von Charles Chaplin (1936). Charlot verkehrt die erzwungene Unterordnung unter das Maschinensy-
stem ins Gegenteil und entlarvt so die entwürdigende ar-
beitsteilige Produktionsweise.

Sebastian: PW verweist auf das Martyrium des Hl. Sebastian, ein
Motiv, das von zahlreichen Künstlern gemalt wurde; am be-
kanntesten sind die beiden Darstellungen *Heiliger Sebastian*
von Andrea Mantegna in Paris und Venedig.

Novellenidee Hermanns: Nicht mehr identifizierbar, vgl. Anm. zu
Nr. 4 *(Gedichte).*

Erzählung: Hier handelt es sich wahrscheinlich um einen unbekannten neuen Text, der bisher noch keine Erwähnung gefunden hat. Möglicherweise arbeitete PW an frühen Fassun-
gen von *Der Fremde* oder *Von Insel zu Insel,* deren erste
Entwürfe aufgrund von Motivverwandtschaften bis in diese
Zeit zurückreichen könnten; vgl. Anm. zu Nr. 34 *(Geschichte
ein wenig im Stil Kafkas).*

Chislehurst bei London: Einst selbständige Stadt in der Grafschaft
Kent südöstl. London, heute in Groß-London eingemeindet
und Teil des Stadtbezirks Bromley. In dieser ruhigen Wohn-
gegend, am Willow Growe (Ch.-West), wohnte die Familie
Weiss während ihres eineinhalbjährigen Aufenthalts in England vom März 1935 bis Dezember 1936.

alle # Arbeiten: Gestr. wurde das Wort *unsere.*

brûmes: I. e. der Film *Quai des Brûmes,* s. Anm. zu Nr. 3.

wirst du mir: Gestr. wurde die Wortfolge *kannst du die in
Zürich jemandem;* der nachfolgende Text steht a. l. R.

Nr. 31 P. Weiss an H. L. Goldschmidt (und R. Jungk) – [Alingsås,
31. Mai 1939]
Hs. Postkarte (Bleistift), der in unregelmäßiger Hs. hingekrit-
zelte Text steht auf der Vs., die Anschrift auf der Rs., das Datum a. E. des Briefes.

⟨*Glut*⟩*[-]Gedichten:* Nicht mehr identifizierbar.

meinen Büchern: Die Ende April an HLG abgeschickten Manuskripte *Die Gezeiten* und *Die Landschaften in den Träumen.*

Konto bei dir: HLG hielt noch immer *70 oder 80 frs.* für PW in Verwahrung, s. Anm. zu Nr. 15.

Nr. 32 P. Weiss an R. Jungk (und H. L. Goldschmidt) – [Alingsås,] 2. Juni [1939]
  Engbeschr. ms. Brief (Median 4°), 2 Bl., den PW am 2. Juni begonnen, dann offenbar liegengelassen hatte und am 5. Juni (ein Montag) wieder aufnahm und zu Ende brachte; viele Korr., das Datum steht l. o., Gruß und Signatur v. H. h.

so lang: Steht zweifach übereinander, beim erstenmal war offenbar der Zeilenabstand zu groß.

der Bahndamm, die Telegraphenstangen: In *Von Insel zu Insel*, S. 15, verwendet PW diese Umgebung als Kulisse für eine von Kafka inspirierte Szene.

zwei Dinge [...] tuen: Vgl. Brief Nr. 4 und Anm. dazu *(zwei-Leben-leben)*.

u. z.: Für *u. zw.* = und zwar.

Folketspark: Schwedisch für Volkspark, Volksgarten, Vergnügungspark.

Grieg: Edvard Grieg (1843–1907), norweg. Komponist, in dessen Werk sich nationale musikalische Eigenart mit der Musik des 19. Jh. verbindet.

Peter Kien [...] Max Barth: S. Anm. zu Nr. 27 *(Lise, Evchen [...]).* Zu dieser Zeit weilte Barth in Norwegen, wo er bis Oktober 1939 die „schönsten Monate" seines Exils verlebte. Die angesprochene Krise könnte daher rühren, wie Barth in seiner Autobiographie *Flucht in die Welt*, S. 117, schreibt, daß die Liebe zu diesem Land „gerade aus der Tatsache, daß es so schwer und schmerzlich ist, dort heimisch zu werden" erwächst. „Die Menschen sind reserviert, undemonstrativ, unverbindlich freundlich, gehen nicht aus sich heraus. Es ist nicht schwer, Bekannte zu machen, auch Freunde; aber es ist dafür nicht so leicht, ihnen nahe zu *kommen* und sich ihnen nahe zu *fühlen*. Glückt das aber, so ist man gebunden." Ähnliches mochte auch PW in Schweden empfunden haben. Im Sommer 1940 trafen sich Barth und PW in Stockholm wieder.

Nr. 33 P. Weiss an R. Jungk (und H. L. Goldschmidt) – [Alingsås, vermutlich 19.] Juni [19]39
  Hs. Brief (Bleistift/Median 4° quer, gefaltet und nur je halbseitig beschrieben), 4 Bl., bs., in kleiner, unregelmäßiger, nicht leicht lesbarer Hs. mit wechselnder Schriftgröße; beim vierten Bl. handelt es sich um eine linierte Notizheft-Seite im Format gr. A6; die Signatur ziert eine schmissige Wellenlinie; der Brief ist mit Rotstift auf den *Juni 39* datiert, das ex-

akte Datum ergibt sich daraus, daß er zwei Wochen nach Nr. 32, am Montag nach der sonntäglichen Bootsfahrt, geschrieben wurde: also am 19. Juni 1939.

Stadshotellet: Stadthotel.

den ganzen Abend: Mögliche Lesart: *da gegen Abend.*

Annabelle: I. e. „X" oder Annabelle Hotz, um deren Gunst RJ und PW im Herbst 1938 in Streit gerieten; vgl. die Anm. zu Nr. 3 *(Hotz)* und Briefe Nr. 5 und 6.

Gleich kommt Barbara: Dieses Liebeserlebnis schildert PW, weniger gefühlvoll freilich, auch in *Fluchtpunkt*, S. 17 f.

kabbalistischen Spiele: Kabbala bezeichnet eine Strömung in der jüdischen Mystik; ihre geheimnisvolle Zahlensymbolik wird in den esoterischen Wissenschaften gepflegt.

Askona: Kabbala, Zahlenmystik u. ä. spielten in den Gesprächen zwischen den Freunden, namentlich aber auch in der Diskussionsrunde bei Dr. Rom in Zürich, der RJ und HLG angehörten, eine wichtige Rolle. Die Chiffre *Askona* steht hier wohl für eine Mischung aus Ascona (im Tessin) und dem mythischen Askalon.

Frau in Prag: Möglicherweise die Psychoanalytikerin Steff Bornstein, eine Freundin von Jungks Freundin Maggie. Sie gab zur fraglichen Zeit in Prag einen Kursus über *Psychologie und Kunst.*

Psychoanalyse: Seine Meinung zur Psychoanalyse sollte PW in den nächsten zwei Jahren gründlich ändern; vgl. Brief Nr. 52.

Nr. 34 P. Weiss an R. Jungk und H. L. Goldschmidt – [Alingsås, Mitte August 1939]
Engbeschr. ms. Brief (kl. A4 quer, gefaltet), 1 Bl., bs., mit einigen Korr., an einigen Stellen über den Rand hinausgeschrieben, die Unterschrift ist v. H. h., zuerst mit Bleistift, dann mit Tinte nachgezogen. HLG hat an den Rand als Datum des Erhalts *ca. 20. 8. 39* notiert.

letzten unerfüllten Lieben: Vgl. Briefe Nr. 20 und 33.

Doppelleben zu leben: Vgl. dazu Brief Nr. 4, in dem PW Einspuch erhebt gegen die Versuche von RJ, Künstler und Journalist zu sein.

Schiffen mit Emigranten: Die NZZ vom 10. August 1939 (Mittagsausgabe) berichtete unter den Überschriften *Das Flüchtlingsproblem* und *Ein Emigrantenschiff* über das Schicksal von 600 jüdischen Emigranten, deren Dampfer von den türkischen Behörden die Landung im Hafen von Smyrna verboten worden war. Drei Tage später (13. 8.) findet sich in der Morgenausgabe die Notiz, daß die Flüchtlinge aus Verzweiflung gemeutert haben sollen. Laut diesen Angaben waren sie

„gegenüber den Matrosen tätlich (geworden) und drohten, den Dampfer in Brand zu setzen". Ein zweites Flüchtlingsdrama spielte sich zur gleichen Zeit auch vor der Küste von Haifa ab (s. NZZ vom 11. Aug. 1939).

Schreckenszügen der Türken gegen die Armenier: Zwischen 1915 und 1918 führte die jungtürkische Bewegung im Schutze des Ersten Weltkrieges eine eigentliche Ausrottungskampagne gegen das armenische Volk durch. Nach Yves Ternon (*Tabu Armenien*, Berlin/Frankfurt 1981) wurden von 1,85 Mio. Armeniern rund 1,4 Mio. ermordet und deportiert, 250 000 konnten fliehen und nur 200 000 blieben von den Pogromen verschont.

Geschichte, ein wenig im Stil Kafkas: Diese Idee für eine Geschichte hat PW in *Der Fremde*, S. 88-94 ausgearbeitet. Vgl. auch erste Ansätze dazu in Brief Nr. 21.

Gefüge ist fest: Angesprochen ist damit die ökonomisch relativ gute Lage der Familie Weiss, im Unterschied zu vielen Emigrationsschicksalen jener Zeit.

jetzt in England: Im August 1939 weilte HLG zum vorläufig letzten Male in London. Kurz vor Ausbruch des Krieges kehrte er durch die bereits gespenstische Kriegsstimmung in Paris, wo er noch die Mutter von RJ im Hotel *Panthéon* besuchte, nach Zürich zurück, wo ihn dieser in Sorge um seine Rückkunft erwartete.

Nr. 35 P. Weiss an R. Jungk – [Alingsås, vermutlich Ende] August [19]39
Engbeschr. hs. Brief (Bleistift/kl. Median 4° quer, gefaltet, auf zwei Seiten von Hand um 1 cm gekürzt), 1 Bl., bs., in kleiner, regelmäßiger Hs. mit hartem Bleistift; als Datum hat PW am Schluß *August 39* angefügt.

im verlorenen Paradies: RJ weilte in Carabietta, im Hause von Ollie Jacques, wohin er sich in dieser Zeit häufig für ein paar Tage oder Wochen zurückzog.

⟨*kleinen*⟩ *Tag:* Lesart: *klaren Tag.*

Püsch: Von *puschen* [landschaftl.] für urinieren.

Kantate [...]: Übers Jahr: Per annum ist die Bezeichnung für eine freie Kantate, die nicht ans Kirchenjahr gebunden ist. Ohne nähere Angaben läßt sich nicht ermitteln, welche Musik PW hörte, allerdings hatte er Bach sehr gerne.

Schweizer Aufenthaltsbewilligung: S. Anm. zu Nr. 25 *(in der Schweiz bleiben).*

Nr. 36 P. Weiss an H. L. Goldschmidt (und R. Jungk) – [Alingsås,] 20. Sept[.] [19]39

Ms. Brief (gr. Median 4° quer, gefaltet), 1 Bl., mit einigen Korr., eine Halbzeile ist a. E. des Briefes eingefügt und mit einer geschwungenen roten Linie an ihre Stelle im Text verwiesen, die Unterschrift ist mit Rotstift v. H. h.

65 Franken: I. e. die vom Kauf des Bildes *Jüngling im Garten* herrührende Schuld, deren Überweisung durch die politische Lage erschwert wurde; vgl. Briefe Nr. 15 und 16.

hiesige Staatsbürgerschaft: Eine Hoffnung, die sich erst nach Kriegsende erfüllte; vgl. Anm. zu Nr. 21 *(Meine Nationalitätenfrage).*

Bobs Gefährnisse: Bezüglich Arbeitsverbot, Aufenthaltsbewilligung etc.; vgl. Anm. zu Nr. 25 *(in der Schweiz bleiben).*

Nr. 37 P. Weiss an R. Jungk – [Alingsås,] 5. 10. [19]39
Bei diesem hs. Brief (Bleistift/A5), 1 Bl., handelt es sich nur um einen Briefentwurf in flüchtiger Handschrift, der zudem mittendrin abbricht und weder Anrede noch Unterschrift enthält. Den Briefkopf ziert eine kleine Bleistiftzeichnung. Ob dieser Brief je abgeschickt wurde, ist ungewiß, immerhin beklagt sich PW in Brief Nr. 42, daß er innerhalb der letzten Monate schon drei Briefe an RJ abgeschickt habe, ohne eine Antwort darauf zu erhalten. Der vorliegende Entwurf könnte zu einem dieser Briefe gehören.

Nr. 38 P. Weiss an H. L. Goldschmidt – [Alingsås, etwa 10. Oktober 1939]
Hs. Brief (Bleistift/kl. Median. 4°, von Hand auf der Breitseite um 7 cm gekürzt), 1 Bl., bs., in voller, unregelmäßiger Hs., mit deutlichen Wechseln zwischen verschliffenen und sorgfältigen Buchstaben, teils grobe Korr.; die ungefähre Datierung ergibt sich aus der Notiz von HLG *erh. Anfang 10. 39,* und PW' Information, daß er am 7. Oktober seine Bilder erhalten habe. Der Brief wurde frühestens am darauffolgenden Dienstag, dem 10. 10., geschrieben; r. u. auf der Rs. ist PW' Anschrift notiert.

meine Bilder: S. Briefe Nr. 18, 19 und 27 sowie die Anmerkungen dazu. In Nr. 27 war von 20 Bildern die Rede, von denen schließlich 19 in Schweden eintrafen.

Caspar: Das Bild Caspar Hauser, s. Anm. zu Nr. 18.

Gotthelf: Vgl. Anm. zu Nr. 26 *(Preisträger).*

Nr. 39 P. Weiss an H. L. Goldschmidt und R. Jungk – [Alingsås,] 7. XI. [19]39
Hs. Brief (Blaustift/Median 4° quer, gefaltet), 1 Bl., bs., in sehr unregelmäßiger Schrift, mit zahlreichen Korr.; (Kaffee-)-Flecken auf dem Papier behindern stellenweise die Lesbar-

keit; den Briefkopf ziert r. o. eine Sternenzeichnung, das Datum steht l. o.

Bundesstern: I. e. der Freundschaftsbund; vgl. Anm. zu Nr. 29 *(Bundesbrüder)*. PW spielt hier nochmals an auf den Streit zwischen ihm und Bob um ein Mädchen; vgl. Briefe Nr. 5 und 6.

Maltafeln: Bis 1941 malte PW vorwiegend auf Holz, später erst auf Leinwand.

mit Leinöl [...] u[.] polierter Kreide grundiert: Sorgfältig bereitete PW das Holz mit einem Kreidegrund zur Bemalung vor, indem er zuerst eine dünne Leimschicht und darüber ein sämiges Gemisch aus Wasser, Zinkweiss, Leim und Kreide auf das Holz auftrug. Dieser Kreidegrund mußte zum Schluß noch geschliffen werden; vgl. auch Brief Nr. 51 und Anm. dazu.

Dämonen von Dostojewski: Fjodor M. Dostojewski: *Die Dämonen,* 1871-72.

Stifter: die bunten Steine: Adalbert Stifter (1805-1868): *Bunte Steine,* 1853. Der Band umfaßt nebst einer Vorrede sechs Erzählungen, in denen Stifter anhand der Beobachtung von kleinen, unscheinbaren Dingen und „gewöhnlicher, alltäglicher Handlungen der Menschen" das in der Natur still und heimlich waltende „sanfte Gesetz" sichtbar zu machen versucht. Nichts könnte wohl treffender PW' momentane Ruhe zeigen als die Stifter-Lektüre und die Ablehnung von Dostojewski.

Katzensilber: Die längste der Erzählungen in Stifters *Bunte Steine.*

Gemalt habe ich sie schon einmal: Es ist nicht klar, auf welches Bild sich PW hier bezieht, da keine expliziten Verarbeitungen des Themas der weiblichen Wilden bekannt sind; gewiß aber hatte ihn die „Schwester von Kaspar Hauser" auch an seine 1934 bei einem Autounfall umgekommene Schwester Margit Beatrice erinnert, die wiederholt in seinen Texten an zentraler Stelle und in zahlreichen Bildern auftaucht.

Dr. Levin-Goldschmidt: In diesen Tagen erhielt HLG von seinem Professor die Bestätigung, daß sein Dissertationsthema *Der Nihilismus im Licht einer kritischen Philosophie* angenommen sei, worauf PW hier anspielt. Promovieren sollte er aber erst in $1\frac{1}{2}$ Jahren, am 12. 7. 1941.

Hexe ⟨Toussaud⟩: Nicht mit Sicherheit zu entziffernder Name; mit der Hexe *Toussaud* könnte PW anspielen auf *Marie Tussaud,* die Begründerin des berühmten Wachsfigurenkabinetts in London, an deren „Lebensroman" – darauf zielt PW vor allem ab – RJ in diesen Monaten schrieb. Es handelte sich dabei um eine Auftragsarbeit (daher *Hexe,* die von der Kunst wegführt), die unter dem Titel *Wachsfiguren* 1940 im Schweizer Druck- und Verlagshaus in Zürich erschien.

Königin der Nacht: Aus Mozarts *Zauberflöte.*

Céline: Louis-Ferdinand Céline (eig. L.-F. Destouches, 1894-1961): *Voyage au Bout de la Nuit*, 1932; ders.: *Mort Credit*, 1936. Seine Bücher sind bestimmt durch einen Nihilismus und eine Menschenverachtung, die Céline 1939 „zum Zusammengehn mit den Faschisten [...] gegen die 'Juden und Kalmücken'" aufrufen ließ (*NB 71/80*, S. 471).

Love affair: Es existieren zwei amerikanische Filme desselben Titels. Wahrscheinlich sah PW jene Verwechslungskomödie, die Leo McCarey 1939 drehte, und die zu den beliebtesten dieses Genres in den 30er Jahren zählte.

Hotel Du Nord: Einer der weniger bedeutenden Filme von Marcel Carné aus dem Jahre 1938.

Ich schrieb Bob davon: Offensichtlich in einem der nicht erhaltenen Briefe.

Gedicht: Nicht mehr eruierbar.

Nr. 40 P. Weiss an H. L. Goldschmidt – [Alingsås,] 7. Dez. [19]39
Hs. Brief (Füllfeder/Median 8°), 1 Bl., in Schönschrift geschr., das Datum steht a. E. des Textes.

Nr. 41 P. Weiss an R. Jungk (und H. L. Goldschmidt) – [Alingsås,] 15. 1. [19]40
Hs. Brief (Bleistift/Median 8°), in regelmäßiger Hs.; die *40* im Datum ist kräftig über eine *39* geschrieben.

klang sehr bedrückt: Grund dafür boten fremdenpolizeiliche Angelegenheiten; vgl. Anm. zu Nr. 25 *(in der Schweiz bleiben).*

Nr. 42 P. Weiss an H. L. Goldschmidt – [Alingsås,] 23. 2. [19]40
Ms. Brief (Median 4°), 1 Bl., bs., mit einigen Korr., die Unterschrift ist v. H. h. PW beklagt sich hier über die fehlende Resonanz auf seine Briefe. Von den erwähnten vier Schreiben an HLG und RJ hat sich nur jenes vom 15. Januar (Nr. 41) erhalten. Es handelt sich dabei wahrscheinlich um einen der weniger bedeutenden und umfangreichen Briefe, die an RJ adressiert waren.

was du nicht billigst: Es dürfte sich dabei wohl um die Themen Frauen und Liebschaften handeln; vgl. Anm. zu Nr. 2 *(Weiser Abbt Hermanus).*

meiner Arbeit: D. h. dem Malen und Schreiben. Am 1. Mai 1939 war PW in die Fabrik seines Vaters eingetreten, für ein halbes Jahr vorerst, das Arbeitsverhältnis wurde jedoch später in Raten verlängert. Noch in Brief Nr. 41 ist als Ende des Fabrikjahres der letzte Februartag angegeben, schließlich wird es der 31. März sein, wie aus Nr. 45 hervorgeht.

Epistel: Langer, (kunstvoller) Brief; auch im Sinne von Strafpredigt.

zu meinen diversen Geehrten: PW spielt hier nochmals an auf die Briefe Nr. 26 (vgl. Anm. *Preisträger/Sieger Robert*) und Nr. 39 („Dr. Levin-Goldschmidt klingt ganz gut") – auf die kleinen Erfolge also, die seinen Freunden in Zürich zuteil wurden, während er nichts dergleichen vorzuweisen hatte.

Nr. 43 P. Weiss an die Zeitschrift „Die Arche" – [Alingsås, Anfang März 1940]

Engbeschr. ms. Text (Median 4°), 2 Bl., gegen Ende hin sich häufende Korr.; das abschließende *Addio* ist v. H. h.; durch einen Strich vom Arche-Text abgetrennt, wendet sich PW in einem kurzen hs. Zusatz an HLG, der auf die Rs. des 2. Bl. führt.

Im Januar 1940 hatten HLG und RJ zusammen mit Freunden (Fritz Hochwälder, Arnold Künzli u. a.) den Plan für eine Zeitschrift gefaßt und diesen daraufhin in die Tat umgesetzt. In Form eines Loseblattheftes erschien Ende Februar die erste Nummer von *„Die Arche"*, die auch den in Schweden isolierten PW erreichte. Deren Endzeile: „Wir warten, wir warten, wir warten auf die Botschaft der anderen..." regte diesen an, umgehend einen eigenen Beitrag für die zweite Nummer der Zeitschrift zu schreiben, zu welcher es aber wegen des Krieges im Westen nicht mehr kommen sollte. Nach Angaben von HLG erreichte ihn dieser Text auch erst im Juni 1940.

Flaschenpost: PW greift für seinen Beitrag das „Jungk-Wort" von der *Flaschenpost* auf, das in den internen Diskussionen innerhalb der Redaktion der *Arche* unterlag. Programmatisch für die obsiegende Linie und für das gesamte Heft ist das Gedicht von HLG am Schluß des ersten Heftes zu werten.

Nur darum, weil sie gar nicht daran dachten,
Daß es die große Flut war, stieg die Flut;
Weil sie sich blind an die Geschäfte machten,
Oder verreisten, oder weil sie wachten

Bei ihren Schätzen wie bei einem Gut.
Nur darum fiel mit immer größrer Wut –
Der Regen auf die Erde, weil sie lachten,
Wenn sie von Noah sprachen. Der belud

Inzwischen seine ARCHE mit dem Leben,

236

Das dauern sollte, und verließ den Strand,
Und als die Erde in der Flut verschwand;

Begann die ARCHE obenauf zu schweben
Und nach dem reingewaschnen Land zu streben;
Das aus den Fluten wiederauferstand.

einundvierzig Tage: Die Chronologie innerhalb des *„Arche"*-Heftes umfaßte 41 Tage des Wartens während der „Sintflut".

vom Tessin her über den Gotthard: PW kehrt hier die Richtung des gemeinsamen Weges um, so daß er von Hesse ausgehend nach Zürich führt, dem Zentrum, wo seine Freunde wohnten. Dahingestellt bleibe, ob er dies bewußt oder unbewußt tat.

eurer hellen Stadt: I. e. Zürich, dessen ruhige Atmosphäre und gute Luft PW offenbar sehr zusagten, wie auch ein Brief an Hesse von Ende August 1938 bezeugt.

böse auf mich gewesen: Allem Anschein nach war das Zeitschriftenprojekt schon auf der Tessiner Wanderung im Herbst 1939 Anlaß für kontrovers geführte Diskussionen gewesen.

und auf meine Insel zog: Noch war zu diesem Zeitpunkt das Fabrikjahr nicht, wie es hier heißt, abgedient.

/die aus der Hingabe .../: Die Klammer ist eine Zeile tiefer nach *Atome verwandelt,* angefügt und von einem geschwungenen Kasten umrahmt, der ihre eigentliche Stelle im Satz anzeigt.

Falstaff: Lebensfrohe Gestalt voll Geist und Witz aus Shakespeares *Heinrich IV.* und *Die lustigen Weiber von Windsor.*

Salbatern: Eig. *Salbadern:* heuchlerisch fromme Reden führen, langweilige Dinge reden.

Nr. 44 H. L. Goldschmidt an P. Weiss – Zürich, den 17. 3. 1940
Ms. Brief (A4), 1 Bl., die Unterschrift ist schwungvoll v. H. h.

Wanderung: Wie schon auf der gemeinsamen Wanderung im September 1938 führte HLG auch über die „Wanderung vom Donnerstag, den 7. März, bis Freitag, den 15. März" Tagebuch. Eine Abschrift davon ist dem Brief Nr. 44 beigelegt. Daraus ein Auszug:

„Carabbietta, den 14. 3. 1940

8 Uhr 45 – auf der schönen gedeckten Terasse des zweiten Stockwerks im Haus der Frau Jacques – auf der Terasse mit den edlen, halbrunden Fenstern, die uns vor anderthalb Jahren so begeisterten; und nun sehe ich durch sie hinaus, sehe die Sonne aufsteigen, sehe den See, seine Ufer, seine Orte, seine Berge. [...] Schöne Ankunft am See. Sonnenuntergang. Bißchen gebummelt, Abendbrot und dann durch das Tal unterhalb von Montagnola nach Carabbietta. In der Dunkelheit am See entlang. Wunderbar, ganz wunderbar. Die Spannung,

die unruhige Erwartung, Hoffnung, Zweifel, endlich: Carabbietta. Das Haus, angelangt! Gut geschlafen.

Heute wollen wir über Morcote am See entlang, nach Lugano, wo ich wohl heute nachmittag nach Arth Goldau abfahren werde. Noch alles Gute und einen guten Aufenthalt für Ro in Carabbietta!"

HLG kehrte daraufhin wieder nach Zürich zurück, derweil RJ noch einige Zeit in Carabietta blieb.

in der im Brief angegebenen Weise: Dieser Brief hat sich nicht erhalten.

Brief vom 3. März: Nicht erhalten.

Nr. 45 P. Weiss an R. Jungk (und H. L. Goldschmidt) – [Alingsås,] 19. 3. [19]40

Engbeschr. ms. Brief (Median 4°), 1 Bl., bs., mit einigen starken Korr., die Unterschrift ist v. H. h., ein hs. Zusatz steht ganz a. E. der Seite. Der Brief ist an das Haus Jacques in Carabietta adressiert, wo aber nur noch RJ weilte, wie aus Brief Nr. 44 hervorgeht.

meinen alten Palazzo in Cara: I. e. PW' Domizil im Spätjahr 1938, das Haus von Olly Jacques in Carabietta; vgl. Anm. zum *Tagebuch (Frau [...] Jacques/Atelier).*

Helvetio und Peppina: Helvetio war im Hause Jacques das Faktotum, Peppina seine Frau. In einem Brief an Hesse vom Oktober 1938 kommt PW auf ihre jeweils weitherum hörbaren Streitereien zu sprechen: Helvetio habe mit einem Eisen nach seiner Frau geschlagen, heißt es da, weil das Essen bei seiner Heimkehr von der Arbeit nicht bereit gewesen sei: „Großes Geschrei, Stühle und Tische drunter und drüber – bis unser Haus zur Hilfe herbeieilte. Dann gabs stundenlange erregte Debatten [...]".

Crack und Phöbo: Die beiden Schäferhunde im Hause Jacques.

Dependance: Nebengebäude (bes. von Hotels).

Jean Paul, Stifter, Immermann und Goethe: Vgl. Brief Nr. 39; PW nimmt sich mit den vier Dichtern Jean Paul (1763-1825), Stifter, Immermann (1796-1840) und Goethe (1749-1832) nach der Céline- und Dostojewski-Lektüre ein beschaulicheres literarisches Programm vor und führt weiter, was er mit Stifter ein halbes Jahr zuvor begann und was so sehr Hesses Zustimmung finden würde. Zum Thema *Lieblingslektüre* schrieb dieser nämlich 1945: neben Mörike und Hebel blühe ihm Lektüre-Glück „bei allen deutschen und Schweizer Dichtern jener gesegneten Zeit [i. e. 1750-1850, bm.], vom jungen Goethe bis zu Stifter, von 'Heinrich Stillings Jugend' bis zu Immermann und Droste-Hülshoff" (GW 11, S. 280).

Ce-un-ballo: I. e. Ascona, bzw. die *Grotta Chiodi* daselbst, ein Tanzlokal *(ballo)*, das RJ und PW anläßlich der gemeinsamen Wanderung im Herbst 1938 besucht hatten. Wegen dieser Karte wußte PW von der Tessiner Wanderung seiner Freunde, da er zu dem Zeitpunkt den Brief Nr. 44 mit dem Tagebuch von HLG noch nicht erhalten hatte.

Nr. 46 P. Weiss an H. L. Goldschmidt – [Alingsås,] 19. 7. [19]40
Hs. Brief (Füllfeder/gr. 4°) auf dickem Briefpapier, das die Tusche stellenweise aufsaugt, 1. Bl., bs., in rechtsläufiger Hs. mit verschliffenen Buchstaben und zahlreichen Korr.

wenn die Feder sich gegen die Finger wehrt: PW steckte offensichtlich in einer Krise, die wesentlich auch mit dem gescheiterten Aufenthalt in Pixbo zusammenhing. In einem Brief an Hesse vom Ende Oktober 1940 erläuterte er diese Zusammenhänge: „Im April hatte ich denn mein Fabrikjahr abgedient. Man könnte viel über dieses Jahr schreiben, ich schreibe aber nichts darüber: denn erstens kann ich überhaupt keine Briefe mehr schreiben und zweitens will ich es Ihnen einmal mündlich berichten wenn ich wieder (nach der Wiedergeburt der Welt) bei Ihnen im Tessin bin. Ich siedelte am 1. April in ein kleines Nest südlich von Göteborg um und mietete mich in der Dependance eines alten Schlosses ein. Kaum hatte ich mein Malerhandwerkszeug ausgepackt, begannen die Flugzeuge lustig über uns hinwegzuschwirren und der unheimliche Krieg trat in ein neues Stadium. Ich tat mein Bestes und malte. Dann aber schickte man mich nach A[lingsås] zurück, denn Ausländer durften dort nicht sein wo ich war."

beiden Episteln an Bob: S. Brief Nr. 42 und die Anm. dazu.

Erbteile im Blut: Vermutlich spielt PW hier an auf das väterliche Erbe, die ungarische Herkunft von Eugen Weiss.

Sommernachtsfest!: Bereits am Freitag, dem 25. August 1938, hatte RJ am Forstersteig 14 ein solches fröhliches Sommernachtsfest steigen lassen, an dem auch schon PW anwesend war. Diese Tradition sollte durch den Krieg nicht abgebrochen werden.

wieder Hesse gelesen: Der Beschreibung nach frühe Werke wie *Unterm Rad, Knulp* oder *Roßhalde.* Zur fraglichen Zeit las PW möglicherweise auch jenen Teil des *Glasperlenspiels (Die Berufung)*, der 1938 in der Zeitschrift „Corona" (Rascher Verlag) erschienen war und den er Ende 1942 kannte (wie aus einem Brief an Hesse hervorgeht); oder den *Steppenwolf,* der laut *Fluchtpunkt* (S. 20) zu den wenigen Büchern zählte, die PW im Herbst 1940 mit sich nach Stockholm nahm.

Raaen: (= Rahen) waagerechte Segelstangen.

Ward Ihr damals: D. h. vor vier Monaten, im März 1940; vgl. Brief Nr. 44.

Nr. 47 P. Weiss an H. L. Goldschmidt (und R. Jungk) – Alingsås 6. 9. [19]40
Hs. Brief (Füllfeder/gr. 4°) auf dickem Briefpapier, 1 Bl., bs., in pastöser Hs., gegen Ende vermehrt verschliffene Buchstaben und stark fallende Zeilen; mit Bleistift steht fein auf der Rs., a. l. R. Mitte: *Lillgården, Alingsås* geschrieben.

Ich male große Formate: Damit dürften Bilder gemeint sein wie *Der Hausierer* (Kat.-Nr. 96), *Jahrmarkt am Stadtrand* (Nr. 97), *Villa mia* (Nr. 101), oder *Die Stadt* (Öl/Lw. 100x150 cm, 1940).

Bob in Carabietta: Vgl. Anm. zu Nr. 35 *(im verlorenen Paradies).*

viel an Cara gedacht: In diesem Zusammenhang entstanden wohl auch die Bilder *Villa mia* (Kat.-Nr. 101) und *Weltlandschaft* (auf 1941 datiert, Bln.-Kat. Tafel 10). In beiden lassen sich einige markante Gebäude entdecken, die entweder Carabietta oder Montagnola zugeordnet werden können. Die Tessiner *Welt* besteht somit wesentlich aus einer Mischung dieser beiden Dörfer.

Nr. 48 P. Weiss an H. L. Goldschmidt – Stockholm 6. II. [19]41
Ms. Brief (Median 4°, auf der Breitseite von Hand um 2,5 cm gekürzt), 1 Bl., die Unterschrift ist mit Füllfeder v. H. h.

in der Stockholmer Messehalle: Genaugenommen handelte es sich bei der *Mässhall* am Brunkebergstorg um einen kleinen „Kunsthandel, ein Rahmengeschäft" (*Roos-Interview*, S. 34).

Pensionat Schedin: Im November 1940 war PW im Alingsåser Elternhaus aus- und nach Stockholm umgezogen, wo er fürs erste in der Pension Schedin an der Drottninggata eine Bleibe fand. In dieser „Emigranten-Herberge" weilte unter anderen auch Max Barth als Dauergast; vgl. dazu *Fluchtpunkt*, S. 7 f. und 20 f.

Nr. 49 P. Weiss an H. L. Goldschmidt – [Poststempel:] Stockholm 17. 2. [19]41
Hs. Postkarte (Füllfeder), bs., regelmäßige Hs., der Text beginnt auf der Vs. und wechselt auf die linke Hälfte der Rs., daneben steht die ms. Anschrift; unterhalb der Unterschrift hat PW ein kleines Selbstporträt als Maler, der eine strahlende Sonne malt, hingezeichnet.

das Bild nicht im Original: Der Krieg verunmöglichte eine solche Transaktion.

des „Jünglings": S. Anm. zu Nr. 48 und Nr. 15 *(Herbst-Bild).* Dieses Bild, das PW im Januar 1939 an HLG verkaufte, zeigt einen jungen Mann, der einsam in einem ummauerten Park am Stadtrand steht und den Betrachtenden den Rücken zukehrt.

Einladungskarte: Ihr Text lautet übersetzt: „Peter Weiss hat die Ehre, Sie einzuladen zur Vernissage seiner Ölbilder und Zeichnungen in der Messehalle[,] Brunkebergstorg 24[,] Dienstag den 15. März 1941, 14–17 Uhr[.] Die Ausstellungshalle ist geöffnet vom 15.–30. März, an den Werktagen 9–18 Uhr, am Sonntag 13–16 Uhr[,] Eintritt frei[.]"
Zu der Karte gehörte ein gefaltetes A4-Blatt mit Titelbild und einer kurzen Personenbeschreibung von PW: „Von tschechoslowakisch-schweizerischer Herkunft. Geboren in Deutschland 1916. Studium an der Kunstakademie in Prag unter Prof. Willy Novak. Studienreisen nach England, Holland, in die italienische Schweiz. Wohnhaft in Schweden seit Februar 1939." Auf den hinteren beiden Seiten ist ein Verzeichnis der Exponate angefügt, deren überwiegende Zahl nicht im Bochumer Katalog aufgeführt ist; vgl. auch Anm. zu Nr. 51 *(meine Bilder [...] verkaufte)* und Nr. 52 *(Landschaftsaquarelle in Öl malen).*

Nr. 50 P. Weiss an H. L. Goldschmidt und R. Jungk – [Stockholm,] 26. II. [19]41
Ms. Brief (Median 4°), 1 Bl., bs., mit wenigen Korr.; die Unterschrift ist mit Rotstift v. H. h.; aus dem Vermerk von HLG, daß er den Brief am 18. 3. erhalten habe, läßt sich ablesen, wie lange die Briefe während der Kriegszeit unterwegs waren und einen kontinuierlichen Briefwechsel erschwerten.

Ehemann darstelle: Die Rolle der „Ehefrau" spielte „seine ständige Freundin" (Max Barth) Else Baumann-Söderström, die „Else" aus *Fluchtpunkt* (vgl. S. 41 f., 46 und 72 f.). In den Briefen an Itta Blumenthal äußert sich Weiss ausführlicher über diese Beziehung. Demnach handelte es sich von PW aus nicht um eine Liebesbeziehung, sondern um eine Bindung aus einer „Art Bequemlichkeit heraus", in der es auf einmal „passierte" und Else schwanger war. Das Bild, das die Briefe und die etwas abwertende Schilderung in *Fluchtpunkt* von ihr zeichnen, weist auf eine Haltung von PW gegenüber Frauen hin, die sich nicht immer als die zuvorkommendste erwiesen hat; vgl. den Anhang in Åsa Eldh: *The Mother... sowie Helga Henschen: åren med Peter.*

Freund Barth, ich und die verzauberte Stadt: Die Nr. 49 (*Freund Max und ich*, 1941) im Verzeichnis der Mässhallen-Ausstellung. Im Bochumer-Katalog findet sich dieses Bild nicht aufgeführt.

Set Poppius: Inhaber eines Pressedienstes in Stockholm, mit dem RJ in geschäftlichem Kontakt stand.

Nemes: Endre Nemes (1909-1985), 1940 nach Schweden emigrierter surrealistischer Maler ungarischer Herkunft, „Melancholiker u[.] gleichzeitig jüdischer Schwejk", den PW an der Prager Kunstakademie kennenlernte und im Herbst 1940 zufällig in Stockholm wiedertraf. Die Erinnerung an ihn, den Freund (*NB 71/80*, S. 501-505), gibt Einblick in die Lebensweise der Exilierten in Schweden. Zur Auseinandersetzung mit seinem Werk vgl. auch *NB 71/80*, S. 751-755.

Nr. 51 P. Weiss an H. L. Goldschmidt und R. Jungk – Lillgården, Alingsås, 28. IV. [19]41
Engbeschr. hs. Brief (Füllfeder/Median 4°), 1 Bl., bs., in kleiner, regelmäßiger Hs., mit einigen gröberen Korr.; das P. S. ist auf der Rs. a. l. R. in kleiner Schrift angefügt.

wieder in Alingsås: Gemäß einem „Almanach der Mutter" war PW am 17. April, um 10 Uhr abends, zurückgekehrt: „Sieht verlottert aus" (*Rapporte*, S. 52).

zuerst die genaue Zeichnung in Temperaschwarz: PW beschreibt hier den Prozeß des Vorzeichnens und Untermalens. *Tempera* ist eine schnelltrocknende Farbe, die nicht mit Öl, sondern mit unterschiedlichen Emulsionen (Ei, Kasein...) angemacht wird und daher als reine Farbsubstanz auftritt und nicht glänzt. *Imprimitur* bezeichnet eine dünne Tönung mit harzöligen Erdfarben wie *Terra di Siena* (ockerfarben, rotbraun) oder *Caput mortuum* (violett-bräunlich), bzw. eine Mischung davon. *Weißhöhung* ist eine feine Konturierung mit Temperaweiß, die dünn auf diesen Grund aufgetragen wird und dessen Tönung durchwirken läßt. Aus der Tiefe der verschiedenen Bildschichten ergibt sich ein feines *Optisches Grau*. PW bedient sich hier einer Mischtechnik, deren Qualität, wie Max Doerner in seinem, PW bekannten (*Fluchtpunkt*, S. 21), Standardwerk *Malmaterial und seine Verwendung im Bilde* schreibt, in der optischen Tiefe liegt. Diese Mischtechnik geht demnach zurück auf den „alten Meister" van Eyck. Zu ihrer Anwendung bemerkt Doerner: „Ein Allerweltsheilmittel ist sie nicht, sondern sie verlangt strenge Disziplin und klares, auf den Endzweck gerichtetes Denken und genaue Befolgung der handwerklichen Regeln." (S. 218); vgl. auch Brief Nr. 39.

Leuchten der Farbe: „Durch Übereinanderlagern bis zu 60 Schichten erzielte Rembrandt seine unerreichten Lichtwirkungen [...]" (Doerner, a. a. O., S. 216).

Archaismus: Sowohl durch die hier geschilderte handwerkliche Sorgfalt wie auch durch die Anknüpfung an die Tradition Boschs und Brueghels, an das barocke Stationenbild, zeichnete sich PW' Malerei aus. Schon an der Prager Akademie war aufgefallen, daß er keiner der damals gängigen Strömungen folgte – ganz im Gegensatz zu seinen Kommilitonen –, in Schweden stieß er dann auf „eine etwas expressionistisch-naturalistische Landschaftsmalerei mit hellen Farben", zu der seine Bilder ebensowenig wie jene Endre Nemes' paßten (*Roos-Interview*, S. 34f.). Freilich war seine Malweise zur Zeit dieses Briefes bereits einem Wandlungsprozeß unterworfen.

Das große Bild: Personengruppen und Motive dieses Bildes, wie PW es hier beschreibt, erinnern in auffallender Weise an *Das große Welttheater* (Kat.-Nr. 72, 1937) – eine apokalyptische Vision im „alten Stile" – und *Die Maschinen greifen die Menschheit an* (Kat.-Nr. 25, 1935). Wie sich (in Brief Nr. 52) zeigen wird, vollendete er dieses Bild hier nicht.

ins Innere des Mittelschiffes: Korrigiert aus: *ins Innere der Kirche.*

Coitus-Umarmung: Korrigiert aus: *Coitus-Stellung.*

idiotischen Kritiken: Ähnlich lautete das Verdikt auch in einem Brief an Hesse vom 2. 4. 41: „Meine Ausstellung hat ein gewisses Aufsehen erweckt und auch ein gewisses Befremden. [...] die Presse hatte sich verbrüdert, um den lästigen Ausländer auf die niedrigste lokalpatriotische Weise schlecht zu machen oder zu ignorieren." Einer solch negativen Einschätzung widerspricht allerdings nebst anderen der Artikel von Gustav Näsström in *Stockholms Tidningen*, der von PW als von einer „ebenso fremden und erstaunlichen Erscheinung im Stockholmer Kulturleben wie [...] Endre Nemes" schrieb. Es kann hier festgehalten werden, daß sich PW' Erwartungen an den Kunstbetrieb und seine Sehnsucht nach Erfolg durch eine beinahe grenzenlose Naivität und durch Forderungen auszeichneten, die mitunter beinahe anmaßend wirken mußten; vgl. auch *Fluchtpunkt* (S. 45-48), *NB 71/80* (S. 505) sowie das *Roos-Interview*, S. 34 f.

meine Bilder [...] verkaufte: Auffällig ist, daß im Verzeichnis der Mässhallen-Ausstellung einige jener Bilder aufgeführt sind, die lange Zeit als verschollen galten wie z. B. *Caspar Hauser* und erst vor kurzem wieder auftauchten oder noch immer verschwunden sind *(Die Hochspannungsleitung)*. Möglich, daß ihr unbekannter Verbleib mit der angesprochenen „Verramschungsaktion" in Zusammenhang steht bzw. damit seinen Anfang nahm. Überhaupt wurden viele seiner Bilder aus jener Epoche in alle Richtungen zerstreut und sind daher nurmehr schwer auffindbar. Den Anteil, der bis 1981 wieder aufgetaucht war, schätzte PW gegenüber J. Outin auf „mehr als zwei Drittel" (*Peter Weiss im Gespräch*, S. 317); auf immer verloren sind jene Bilder, die beim Umzug von Warnsdorf nach Schweden zerstört wurden, doch dürften es weniger sein als bisher angenommen.

Max B.: I. e. Max Barth, s. Anm. zu Nr. 27 *(Lise, Evchen [...]).* Barth reiste am 29. Mai von Stockholm ab, um über Moskau und Wladiwostok in die USA zu gelangen, wo er im Juli eintraf.

Peter: Der selbstbewusste *Maler Pit* aus den vorhergegangenen Briefen ist einem distanzierten, kühlen Peter gewichen: Zeichen seiner momentanen Verfassung.

Nr. 52 P. Weiss an H. L. Goldschmidt (und R. Jungk) – [Alingsås, 6. August 1941]
Engbeschr. hs. Brief (Füllfeder/Median 4° quer, gefaltet), 1 Bl., bs., in regelmäßiger, relativ steiler Hs. mit einzelnen verschliffenen Worten dazwischen. Das Datum steht ganz a. E. der letzten Seite.

neugebackenen Doktor: Bereits in Brief Nr. 39 wurde HLG als Doktor angesprochen, wogegen Nr. 49 noch an den „cand. phil. Goldschmidt" adressiert war. Jetzt, im Spätsommer (12. 7. 41) ist dieser Titel tatsächlich rechtsgültig geworden.

in psychoanalytischer Behandlung: S. Anm. unten *(Iwan Bratt);* zwischen Brief Nr. 51 und diesem hier hatte PW einiges durchgemacht. Tönte er Ende April noch ganz zuversichtlich und gelassen, fiel er kurze Zeit danach in eine tiefe persönliche Krise, aus der er sich nur mittels einer Psychoanalyse befreien zu können glaubte.

im Laufe des September wieder nach Stockholm: Gemäß dem Almanach seiner Mutter reiste PW am 15. September nach Stockholm ab, „um dort zu bleiben" *(Rapporte,* S. 52).

von Entsetzen befallen: In einem Brief vom 1. Juni 1941 (Pfingsten) an Itta Blumenthal schildert PW, daß er sich „heute abend" im Wald verlaufen habe: „Ich stieß mit dem Gesicht durch Spinnweben, Äste hielten mich fest, als ich stehenblieb, um ein wenig auszuatmen und die dunklen Steine um mich sah und darunter auch ein paar von den seltsamen graugrünen Mooshaufen, kam mir plötzlich die Waldangst. Alte Kindergeschichten fielen mir ein von Gnomen und Elfen und beklommen stand ich zwischen den Bäumen."

Iwan Bratt: (1881-1946) schwed. Psychoanalytiker, Sozialpädagoge und Gelegenheitsdichter, ein Freund der Dichterin Karin Boye, bei dem sie die letzte Zeit vor ihrem Freitod lebte (vgl. *ÄdW III,* S. 21 ff.). Bratt gilt als einer der Pioniere der Psychoanalyse in Skandinavien. Er wurde PW durch Max Hodann vermittelt, mit dem ihn das ausgeprägte Interesse für sozialpsychologische Probleme (*Kultur und Neurose, Alkoholismus, Krieg und Krise,* so die Titel von drei seiner Bücher) verband. In den 20er und 30er Jahren übte Bratt eine starke Attraktion vorab auf jüngere Leute sowie auf Künstler und Schriftsteller aus, welche ihn in der Kleinstadt Alingsås aufsuchten. Im *Fluchtpunkt* erscheint Bratt unter dem Namen *Baahl* (S.49 ff.); wie darin geschildert, war PW' Verhältnis zu ihm nicht frei von Problemen, dies bestätigen auch seine Briefe an Itta Blumenthal. Wesentlichen Anteil daran trugen die Sprach- und Verständigungsprobleme sowie die Kosten bzw. PW' „Geiz". Nach einer kurzen Krise aber pendelte sich sein Verhältnis zu Bratt ein und es überwog das Gefühl der Befreiung und das Staunen vor dem „tolle[n] Welttheater", was sich da im eigenen Inneren vollzieht".

Ich ging wieder in die Fabrik: Dies tat PW schon Wochen, bevor er den Entschluß zur Analyse faßte. Er wollte, wie er es früher mehrfach getan hatte, etwas Geld verdienen, um damit ein paar weitere Monate in Stockholm leben und arbeiten zu können.

Ich liebte unglücklich: Wenige Wochen nachdem PW im Brief Nr. 51 seinen inständigen Liebeswunsch ausgesprochen hatte, verliebte er sich Knall auf Fall in ein Mädchen, das aber nichts davon wissen wollte. „Ist das nicht wahnsinnig: *endlich, endlich* liebe ich und nun muß diese Liebe verbrennen, ganz sinnlos – und doch muß ich lieben." (PW an Itta Blumenthal)

Landschaftsaquarelle in Öl malen: PW' neues Interesse für die Landschaftsmalerei äußerte sich in einer Bilderfolge, die eine ganz neue Farbenpalette erschließen – zarte hellgrün-rosa-violett-Töne dominieren – und bezüglich Motivwahl und Licht das impressionistische Vorbild verraten, wenn es ihnen auch an Originalität mangelt (*Verz.* Nr. 2. 1. 29-33). Im Bochumer Katalog sind keine Werke verzeichnet, auf die die hier angesprochenen Bilder zutreffen.

„Einsamkeit und Gemeinschaft": I. e. *Gemeinschaft durch Einsamkeit,* ein unvollendetes Manuskript, an dem HLG zu der Zeit arbeitete, eine Vorarbeit zur *Philosophie als Dialogik.*

Nr. 53 H. L. Goldschmidt an P. Weiss – [Poststempel:] Zürich 31. X. 1941
Engbeschr. ms. Postkarte mit hs. Korrekturen, der Text steht auf der Vs., die letzte Zeile *(mein lieber Pit [...])* mitsamt Unterschrift ist a. u. R. der Karte v. H. h.; neben der Anschrift auf der Rs. ist das aus einer Zeitung herausgeschnittene Hesse-Gedicht *Krankennacht* (vgl. Hesse, *Die Gedichte,* S. 415f.) aufgeklebt.

Meine Arbeit: Die Doktorarbeit *Der Nihilismus im Licht einer kritischen Philosophie* (Thayngen 1941).

„Von der Zukunftsaufgabe [...]": Der Vortrag mit dem korrekten Titel *Von der gemeinsamen Aufgabe der Architektur und Philosophie* wurde am 16. 12. 41 in Zürich gehalten; abgedruckt ist er in HLG: *Philosophie als Dialogik,* Affoltern a. A. 1948, S. 67-84.

Nr. 54 P. Weiss an H. L. Goldschmidt und R. Jungk – [Stockholm,] 11. 12. [19]41

Hs. Brief (Füllfeder/Median 4° quer, gefaltet), 1 Bl., bs., ausgeprägte Wechsel zwischen steiler und rechtsläufiger Hs. mit verschliffenen Buchstaben, wenige Korr.; das P. S. steht klein a. u. R. der letzten Seite.

unseres Briefwechselns: Diese Briefe von und an Lucie Weisberger sind nicht mehr vorhanden.

Lucie: I. e. Lucie Weisberger, eine Bekannte aus Prager Tagen, die PW, nach Angabe von Per Drougge, auf der Prager Kunstakademie getroffen hatte. Über PW' gescheiterten Versuch, sie vor der Verschickung ins Lager zu bewahren, vgl. *Fluchtpunkt,* S. 59 ff. und 73.

Verbindungen mit einigen Verlagen: Gemeint ist vor allem jene mit dem renommierten Bonniers Verlag, von dem er im Herbst 1940 einen Illustrationsauftrag erhalten hatte, wie er am 18. November 1941 an Itta Blumenthal schrieb: „Ich habe einige Bilder verkauft [...], habe Aufträge für Zeitungen und Illustrierten bekommen und gerade kürzlich für Bonniers Månadstidningen eine sehr gelungene Serie von einer Opernvorstellung gemacht."

neues Stadium meiner Malerei: Das grundsätzlich Neue daran besteht in einer Aufhellung der Farbpalette, einer Straffung der Bildkomposition, einer Abkehr von der kleinfigürlichen Malerei und einer zunehmenden Zerstörung der Formen. Die Bildthemen sind weniger von Tod und Verderben als vielmehr von Isolation geprägt.

garkeinen Widerhall: Das Exil für ausländische Künstler gestaltete sich in der Tat schwierig, da die schwedische Kunstszene sich diesen gegenüber stark abschloß und zunächst noch ihren traditionellen Formen und Motiven verhaftet blieb, d. h. vornehmlich der impressionistischen Landschaftsmalerei. PW' Isolation wurde durch die früher schon beklagten Vorwürfe, daß er altertümlich male, zusätzlich verstärkt; vgl. Brief Nr. 51 und Anm. dazu *(idiotischen Kritiken).*

krank in diesem verdammten Für-sich-sein: Angemerkt werden muß, daß PW die letzte Zeit über nicht gar so isoliert und ohne Freunde lebte. Zu nennen wären Barth, Nemes, Hodann, Itta Blumenthal, Helbig. Tatsache ist allerdings auch, daß Freunde wie Barth oder Itta Blumenthal 1941 Schweden verließen und in andere Länder weiterreisten.

„Arche": Vgl. Nr. 43 und die Anm. dazu.

und in Freundschaft: Geschr. steht: *und und in Freundschaft.*

Nr. 55 P. Weiss an H. L. Goldschmidt und R. Jungk – [Stockholm, 23. Januar 1942]
Hs. Brief (Füllfeder/Median 8°), ausgeprägte Wechsel zwischen steiler und rechtsläufiger Hs. mit verschliffenen Buchstaben; Absender und Datum stehen a. E., wobei PW beim Datum zuerst *[19]41* schrieb, dann aber zu *42* korrigierte.

Vor 2 Monaten etwa schrieb ich [...]: Beim Brief an HLG handelt es sich um die Nr. 52, der Brief an RJ hat sich nicht erhalten.

Frau Reichstein: S. Anm. zum *Tagebuch.*

Frau in spe: I. e. Lucie Weisberger, s. Brief Nr. 54 und Anm. *(Lucie).*

man darf jetzt wieder an die Zukunft denken: Diesem Optimismus zugrunde lagen das Scheitern der deutschen Eroberung Englands, das einsetzende amerikanische Engagement (der „Washington-Pakt" vom 1. 1. 42) sowie der deutsche Überfall auf die Sowjetunion; vor allem dieser schürte zu der Zeit die Hoffnungen, erinnerte er doch an den napoleonischen Feldzug und ließ auf ein ähnliches Scheitern hoffen. Was PW' persönliche Zukunftsaussichten betraf, hatte er wieder Gefallen an der Malerei und am Schreiben gefunden und den Winter über besuchte er Vorlesungen an der Stockholmer Kunsthochschule, wo er im kommenden Februar auch seine zukünftige erste Frau, die Malerin Helga Henschen, kennenlernte.

Nr. 56 R. Jungk an P. Weiss – Schloß Burg, Kanton Bern 31. 10. [19]43
RJ's einziger, ms. Brief an PW (A4), der sich erhalten hat, 1 Bl., bs., mit vielen verschmutzten Buchstaben, die Unterschrift ist ms. und v. H. h.

R. B.-J.: I. e. Robert Baum-Jungk.

Schloß Burg: Das Schloß Burg – eine veritable Feste mit Zugbrücke – diente während des Krieges als Internierungslager.

Forstersteig: RJ wohnte am Forstersteig 14 in Zürich.

daktyloskopiert: Die Abnahme von Fingerabdrücken.

haranguiert: Eig. harangiert (von frz. haranguer): feierliche, langweilige Reden halten.

Verbotene Arbeitstätigkeit: Die Gesetze diesbezüglich waren ausgesprochen restriktiv; vgl. Anm. zu Nr. 25 *(in der Schweiz blei-*

ben) sowie RJ: *Deutschland von außen,* in dem die damaligen Deutschlandartikel von RJ gesammelt sind.

Nr. 57 P. Weiss an H. L. Goldschmidt – [Stockholm, Ende April/ Anfang Mai 1947]

Ms. Brief (kl. A4), mit zwei hs. Zusätzen (Füllfeder), von denen eine längere in Form einer Fußnote; die Unterschrift ist ebenfalls mit Füllfeder v. H. h.

Anfang Juli: Zuerst schrieb PW *Ende Juni,* korrigierte aber umgehend.

Spezialberichterstatter für Stockholms-Tidningen: Aus dieser Reise für die „Stockholmer Zeitung" resultierten insgesamt neun Reportagen über das Leben im Nachkriegsdeutschland, die zwischen dem 4. Juni und 30. August abgedruckt wurden. Die Überschrift *Berlin im August* des letzten dieser Artikel bezeugt, daß PW länger als im Brief angekündigt in Deutschland geblieben war.

Hesse besuchen: Ein Interview mit Hesse hätte die geplante Artikelreihe krönend abschließen sollen.

Bis 15. Mai in Stockholm.: Von Hand eingefügt.

deine Abhandlung: HLG hatte ihm seine letzte Arbeit: *Hermann Cohen und Martin Buber. Ein Jahrhundert Ringen um Jüdische Wirklichkeit* (1946) geschickt.

Buber: Martin Buber (1878-1965): jüd. Religionsphilosoph, mit dessen Schriften RJ und HLG vertraut waren. In Gesprächen mit ihnen hatte auch PW von Buber erfahren.

ein Buch herausbekommen: Seine erste Publikation: *Från ö till ö (Von Insel zu Insel)* erschien, wie auch noch die zweite, *De besegrade (Die Besiegten),* in kleiner Auflage im renommierten Bonniers Verlag, wobei aber selbst diese wenigen Bücher sich nicht alle verkauften; vgl. das Nachwort von Gunilla Palmstierna-Weiss in *Die Besiegten,* S. 154.

Gedichte u. Tagebuchblätter: Die Gedichte sind nicht mehr eruierbar, vgl. Anm. zu Nr. 4; bei den Tagebuchblättern handelt es sich um jene, die HLG im März 1940 seinem Brief (Nr. 44) beigelegt hatte und die von einer Tessiner Wanderung berichteten; vgl. Anm. zu Nr. 44 *(Wanderung).*

„Osterhasen-Land": In besagten Tagebuchblättern findet sich die Passage, auf die PW hier Bezug nimmt:

„Ascona, den 12. 3. 1940 – Casa Tamaro

[...] Sonne, und in der Sonne erst auf der Landstraße, Richtung Losone, aber glücklicherweise bald einen Paß- und Höhenweg nach Arcagno gefunden. Durch eine seltsam wilde Landschaft, über schöne Osterhasenwiesen, auf denen wir rasteten, an schwarzen Felsen vorbei – und alles von einem wunderbaren Braun beherrscht, durchdrungen. Das einzige blühende: die hellen Zweige der Weiden."

Nr. 58 P. Weiss an H. L. Goldschmidt – [Stockholm,] 20/12 [19]60
Ms. Brief (Median 4°), 1 Bl., das Datum steht o. l., die Unterschrift ist v. H. h.

Zürich, die Tessiner Tage: Vgl. das *Tagebuch* und die ersten Briefe in diesem Band.

als Drucksache gleichzeitig eine Arbeit: Es handelt sich entweder um den Auszug aus *Der Schatten des Körpers des Kutschers* (*Akzente*, Heft 3, 1959) oder, wahrscheinlicher, um *Der große Traum des Briefträgers Cheval* (*Akzente*, Heft 5/Oktober 1960).

mein Bild: Das Bild *Jüngling am Stadtrand*; vgl. Anm. zu Nr. 15 *(Herbst-Bild)*.

Nr. 59 P. Weiss an H. L. Goldschmidt – [Stockholm,] 3/1 [19]62
Kurzer ms. Brief (gr. A4), 1 Bl., mit zwei hs. Nachträgen, eine davon wieder durchgestrichen, die Unterschrift ist v. H. h., das Datum ist hs. korrigiert aus *1/1 62*.

mein neues Manuskript: I. e. der Roman *Fluchtpunkt*.

Hesse besuchen: Was PW auch tat; dieser Besuch in der Schweiz – das Zusammentreffen mit HLG und das mit Hesse in Montagnola – findet sich dokumentiert in den *Notizbüchern 60/71*, Band 1, S. 57-63. Die einstmals touristisch kaum erschlossene, verwunschene Landschaft Klingsors hat in der Zwischenzeit indes andere Züge erhalten und ist zu einer Parklandschaft für den europäischen Geldadel geworden: „Wie weit und offen mußte ich als Zwanzigjähriger, trotz der Ziellosigkeit damals, die Welt gesehen haben." (a. a. O., S. 63)

Nr. 60 P. Weiss an H. L. Goldschmidt – [Stockholm,] 27/3 [19]62
Ms. Brief (gr. A4), 1 Bl., mit geringfügigen hs. Korr., die Unterschrift ist v. H. h.

mein Manuskript: I. e. die erste Fassung von *Fluchtpunkt*, die „mißglückt war" und von PW' Lektor Walter Boehlich abgelehnt wurde (*NB 71/80*, S. 710); s. Brief Nr. 59.

Paris: Im Frühjahr 1962 weilte PW in Paris; vgl. *Aus dem Pariser Journal* (*Rapporte*, S. 83-112).

Collina d'oro: Name des Hügelzuges, auf dessen Nordseite Montagnola und an dessen westlichem Fuß Carabietta liegen, und auf dem PW' „Nachtigallenturm" thront.

DU: Schweizer Kunstzeitschrift mit Redaktionssitz in Zürich. Der Abdruck von Weiss-Collagen wurde weder 1962 noch in den Folgejahren realisiert.

wertvolle Stunden bei Dir: Erstaunlicherweise steht über die

Bedeutung dieser Gespräche, die HLG bestätigt, nichts in den *Notizbüchern 60/71* (S. 58); lediglich sein Befremden über die „schwere, alteingesessene Bürgerlichkeit", in welcher der Abt HLG nunmehr lebte, vertraute PW dem Notizbuch an.

Der Turm: Ein frühes Stück aus dem Jahre 1948, abgedruckt in: *St I*, S. 7-33. Der Hessische Rundfunk sendete es am 16. 4. 1962 in deutscher Erstaufführung als Hörspiel.

über moderne Filmexperimente: Vermutlich eine Übersetzung (und Bearbeitung) des schwedischen Radiovortrags *Über die künstlerischen Ausdrucksmittel des Films*, den PW am 3. August 1952 am schwedischen Radio gehalten hatte. Gedruckt erschien der Vortrag am 5. 5. 1953 in *Dagens Nyheter*. Ab dem Herbst 1961 nahm PW die frühere theoretische Beschäftigung mit dem Filmthema wieder auf, eine deutsche Bearbeitung seines schwedischen *Avantgarde-Film*-Buches mit dem Titel *Abschnitte aus einem Buch über Die Avantgarde des Films* läßt sich möglicherweise in diese Zeit datieren.

[...] übersiedeln werde: Obwohl immer wieder ins Auge gefaßt, verwirklichte PW diesen Plan nicht, sondern blieb in Stockholm wohnen.

Nr. 61 H. L. Goldschmidt an P. Weiss – [Zürich,] 11. 3. [19]76
Kurzer ms. Brief (A4), 1 Bl., mit zwei hs. Korrekturen und hs. Signatur; auf dem Briefpapier, das HLG für seine weiteren Briefe benutzen wird, stehen vorgedruckt o. l. Name und akademischer Grad *(Prof. h. c. Dr. phil)*, o. r. über dem Datum die Anschrift mitsamt Telefonnummer. Im folgenden wird auf diese Angaben verzichtet.

Dieser Brief folgt auf einen Besuch von PW in Zürich Ende Februar 1976 (*NB 71/80*, S. 481 f.). Bei der Gelegenheit zeigte ihm HLG Fotografien von der gemeinsamen Wanderung im Spätsommer 1938. Eigenartigerweise sind weder dieser noch die folgenden Besuche bei HLG in den *Notizbüchern* festgehalten, nur die Zusammentreffen mit Martin Walser und Max Frisch; vgl. *NB 71/80*, S. 509 f., 513 f.

Freiheit für den Widerspruch: Programmatische Arbeit von HLG (1976), die er PW nachschickte.

Deine Illustrationen von Hesse: Die Illustration von Hesses *Kindheit des Zauberers*.

Deiner Frau und dem Töchterlein: Die Bildhauerin und Bühnenbildnerin Gunilla Palmstierna-Weiss, deren Anteil am Werk von PW nicht geringgeschätzt werden darf, und Nadja (Jg. 1971).

M[ary]: Die Ehefrau von HLG, Mary Goldschmidt-Bollag.

Nr. 62 P. Weiss an H. L. Goldschmidt – [Stockholm, 13. März 1976]

Hs. Widmung (Kugelschreiber) auf der Titelseite seines *Hölderlin*-Buches, das Datum steht a. E.

Lektüre Deines Buches: Die obengenannte Arbeit *Freiheit für den Widerspruch.*

Nr. 63 H. L. Goldschmidt an P. Weiss – [Zürich,] 21. 3. [19]76

Ms. Brief (A4), 1 Bl., mit wenigen hs. Korr., die Signatur v. H. h.

die Ästhetik des Widerstands: I. e. deren erster Band.

Hölderlin: Drama von PW, 1971 in Stuttgart uraufgeführt.

abschreckenden Bericht: haj (=Hansres Jacobi): *„Hölderlin". Peter Weiss-Uraufführung in Stuttgart,* in: *Neue Zürcher Zeitung,* Nr. 437 vom 20. 9. 1971. Der Autor äußert darin die Vermutung, „daß er [PW, bm.] mit seinem jüngsten Stück weder die Gesellschaft verändern noch die künstlerische Welt revolutionieren wird".

Pestalozzis unvollendete Revolution: 1977 als Buch erschienen; die Radio-Folge wurde am 13., 20. und 27. Februar 1977 vom Schweizer Radio ausgestrahlt.

Dialogik: Zentralbegriff im philosophischen Werk von HLG; vgl. dazu dessen Arbeiten *Philosophie der Dialogik* (1948) und *Dialogik. Philosophie auf dem Boden der Neuzeit* (1964) sowie einzelne Aufsätze in der Festschrift für HLG: *Wege des Widerspruchs.*

Empedokles: Hauptfigur in Hölderlins Trauerspielfragment *Tod des Empedokles* (1797-1800). In den Sätzen, die Hölderlin in PW' Stück über den Empedokles spricht (*St II,* S. 359-379), sieht HLG sich von PW abgebildet; vgl. *Freundschaft mit PW* von HLG in diesem Band.

Nr. 64 H. L. Göldschmidt an P. Weiss – [Zürich,] 22. 6. [19]76

Ms. Brief (A4), 1 Bl., die Signatur v. H. h.

nach unserer letzten Begegnung: I. e. jene von Ende Februar 1976, nachdem die vorletzte Begegnung auf den Besuch von PW im Frühling 1962 zurückgeht; vgl. die Briefe Nr. 59 und 60.

die beiliegenden vier Thesen: Es handelt sich um den Grundriß für eine Vorlesung an der Volkshochschule Zürich im Sommer 1976 zum Thema *Pestalozzis unvollendete Revolution*; als zweites beigelegt war der autobiographische Text von HLG: *35 Jahre Zeit- und Zeitungsgenosse,* ein Sonderdruck des *Israelitischen Wochenblattes* vom Mai 1976.

Nr. 65 P. Weiss an H. L. Goldschmidt – [Stockholm, 27. Juni 1976]

Ms. Brief (A4), 1 Bl., die Unterschrift v. H. h., das Datum steht a. E. des Briefes.

Meine Frau erkrankte sehr ernst: Zum Verlauf dieser hartnäckigen Augenerkrankung, die mehrerer Operationen bedurfte, vgl. *NB 71/80*, S. 485-533.

Nr. 66 H. L. Goldschmidt an P. Weiss – [Zürich,] 4. 7. [19]76
Ms Brief (A4), 1 Bl., mit einigen (auch hs.) Korr., die Signatur v. H. h.

Nr. 67 P. Weiss an H. L. Goldschmidt – [Stockholm, Oktober 1976]
Kurzer ms. Brief (kl. A5, aus einem grössern Blatt ausgeschnitten), 1 Bl., mit einigen hs. Korr., die Unterschrift v. H. h. Der Brief antwortet auf einen Brief von Ende September, was die Datierung *Oktober 1976* (wahrscheinlich 2. Hälfte) erlaubt.

Donnerstag, d. 4/11: Vgl. *NB 71/80*, S. 533.

Nr. 68 H. L. Goldschmidt an P. Weiss – [Zürich,] 2. 6. [19]78
Ms. Brief (A4), 1 Bl., mit einzelnen Korr. und hs. Signatur.
Eröffnung: I. e. die Eröffnung der Weiss-Ausstellung im Stadthaus Zürich am 2. Juni, zu der HLG eine Ansprache hielt. Der Entwurf dazu war dem Brief beigelegt, im Druck nachlesen läßt er sich in: Hoffmann, *Peter Weiss*, S. 173 f.
aus gesundheitlichen Gründen: Vgl. *NB 71/80*, S. 710: „29/5 Montag. Auch ich habe die Stimme verloren. Fieber u Halsentzündung. Penicillin." Nicht nur die Eröffnung der Zürcher Ausstellung, sondern auch die Übergabe des Thomas-Dehler-Preises mußte er deswegen ausfallen lassen.

Nr. 69 P. Weiss an H. L. Goldschmidt – [Stockholm, 8. Juni 1978]
Ms. Brief (A4), 1 Bl., die Unterschrift ist v. H. h., Datum und Adresse stehen a. E. des Briefes.

Nr. 70 H. L. Goldschmidt an P. Weiss – [Zürich,] 16. 6. [19]78
Ms. Brief (A4), 1 Bl., mit einigen hs. Korr., die Signatur v. H. h.
Turel: Adrien Turel (1890-1957), schweiz. Dichter-Philosoph und Visionär, dessen phantastisches, wissenschaftskritisches Werk weitgehend unbekannt geblieben ist. HLG hat sich um dieses Werk sehr verdient gemacht, 1958 war er einer der Gründer der Turel-Stiftung und bis 1980 gehörte er deren Stiftungsrat an.
diejenige in der NZZ: P. Wd.: „*Malerei, Collage und Zeichnung*" von *Peter Weiss*, NZZ vom 8. Juni 1978, S. 48; symptomatisch für

das von HLG beklagte mangelnde Interesse für die Weiss-Bilder in Zürich damals ist, daß diese kurze und lieblose Ausstellungs-Besprechung mehrere Tage verspätet und im Lokalteil versteckt erschien. Die Gleichgültigkeit von Publikum und Presse bewog HLG davon abzusehen, sein Weiss-Bild *Jüngling am Stadtrand* dem Kunstmuseum Zürich zu schenken, statt dessen bot er es dann PW an (vgl. Nr. 76).

Herrn Christo: Zu gleicher Zeit wurde im Kunstgewerbemuseum Zürich eine Christo-Ausstellung eröffnet, die, vom Künstler selbst eingerichtet, Fotos, Skizzen und Modelle zu *The Running Fence* (1972-1976) und dem Projekt *Wrapped Reichstag* zeigte.

Kunststoffgewerbemuseum: Damit ist die korrekte Bezeichnung *Kunstgewerbemuseum* überschrieben.

Nr. 71 H. L. Goldschmidt an P. Weiss – [Zürich,] 1. 10. [19]78
Ms. Brief (A4), 1 Bl., die Signatur v. H. h., mit einer hs. Notiz a. u. R.

Band II: I. e. Band II der *Ästhetik des Widerstands*, der soeben erschienen war. PW hatte eine Karte in das Buch hineingelegt mit der Widmung: „Für Hermann Levin Goldschmidt von seinem alten Freund Peter W."

Selbstentfaltung und Selbstanalyse: Erschienen 1980.

Hesse-Sohn Heiner: Heiner Hesse (* 1909) Sohn von Hermann und Maria Hesse, geborene Bernoulli; RJ hatte ihn durch dessen Frau, die Filmerin Isa Hesse, kennengelernt.

Brief vom 18. Januar: I. e. der Brief Nr. 10 in diesem Band.

Nr. 72 P. Weiss an H. L. Goldschmidt – [Stockholm, 12. Oktober 1978]
Ms. Brief (A4), 1 Bl., die Unterschrift ist v. H. h., das Datum steht a. E. des Briefes.

Briefkopien: HLG schickte PW Kopien der Tessiner Briefe von 1938/39. So erfüllte sich, was PW Jahrzehnte zuvor in den Briefen Nr. 30 und 34 gewünscht hatte: „Und Hermann bitte ich, diese Briefe aufzubewahren, denn sie sind für mich eine Art Tagebuch. Im Winter, wenn ich bei euch bin, würde ich sie vielleicht gerne wieder lesen, als Rückblick [...]."

diese Zeit zu rekonstruieren: In einem längern Eintrag in den *Notizbüchern 71/80* vom 13/7 erinnerte sich PW seiner ersten Exiljahre in Schweden, Kafka, Hesse sowie der Schwierigkeiten beim Erlernen der schwedischen Sprache (*NB 71/80*, S. 724 ff.). Und 10 Tage nach diesem Brief besuchte er Endre Nemes (s. Anm. zu Nr. 49), den Malerfreund aus jener Zeit. Daneben schrieb PW seit dem 5. Juni am dritten Band der *Ästhe-*

tik des Widerstands, der im ersten Teil die Stockholmer Exiljahre 1940/41 aufarbeitet.

Nr. 73 H. L. Goldschmidt an P. Weiss – [Zürich,] 24. 10. [19]78
 Ms. Brief (A4), 1 Bl., mit wenigen Korrekturen, die Signatur v. H. h.
Seite 90: Im Band II der *Ästhetik des Widerstands:* „An dem Tag, dem die Bezeichnung Kristallnacht anhaftete, waren wir aus Paris abgefahren."
Die geschichtliche Bedeutung [...]: Nicht publiziert.

Nr. 74 P. Weiss an H. L. Goldschmidt – [Stockholm, 9. November 1978]
 Ms. Brief (A4), 1 Bl., mit einer ms. Korr., die Unterschrift ist v. H. h., das Datum steht a. E. des Briefes.
meinem Buch: I. e. *Die Ästhetik des Widerstands.*
„Eduard" u. das Reise-Tagebuch: Für *„Eduard"* s. Anm. zu Nr. 19 *(dein Manuskript)*; das Reise-Tagebuch ist in diesem Band abgedruckt.
ob Eure Briefe noch vorhanden sind: In der Tat haben sich kaum mehr welche von diesen Briefen auffinden lassen, wie aus der vorliegenden Ausgabe zu ersehen ist.
„Arche": S. die Nr. 43.
Streit zw. Bob u. mir: Die „X-Affäre", vgl. die Briefe Nr. 5 und 6.
von Frank Benseler: Frank Benseler: *Das Hohelied der Kunst. Die kulturrevolutionäre Utopie des Peter Weiss, Deutsche Volkszeitung,* 19. 10. 1978.
den letzten Schriften: Angesprochen sind damit etwa *Haltet Euch an Worte. Betrachtungen zur Sprache, Pestalozzis unvollendete Revolution* und *Martin Bubers Ringen um Wirklichkeit* (alle 1977).

Nr. 75 P. Weiss an H. L. Goldschmidt – [Stockholm, 10. September 1979]
 Ms. Brief (A4), 1 Bl., die Unterschrift v. H. h., der Absender steht l. o., das Datum a. E. des Briefes.
neuer Katalog: I. e. der Katalog zur umfassenden Weiss-Retrospektive in Bochum im Frühjahr 1982.
„Jüngling": Das Bild *Jüngling am Stadtrand,* dessen Rückkauf durch PW hier verhandelt wird; vgl. Anm. zu Nr. 15 *(Herbst-Bild).*
eine Monographie: I. e. Hoffmann, *Peter Weiss*; das Buch erschien erst 1984.

Nr. 76 H. L. Goldschmidt an P. Weiss – [Zürich,] 14. 9. [19]79
 Ms. Brief (A4), 1 Bl., mit wenigen hs. Korr. und einer hs. Fußnote und mit einem grossen Ausrufezeichen zur Bekräftigung des letzten Abschnittes, die Signatur v. H. h.

Montagnola/Carabietta-Bilder: Fotos von der gemeinsamen Wanderung im Herbst 1938.

Band III: I. e. Band III der *Ästhetik des Widerstands.*

Nr. 77 P. Weiss an H. L. Goldschmidt – [Stockholm, 20. September 1979]
Ms. Brief (A4), 1 Bl., die Unterschrift v. H. h., das Datum steht a. E. des Briefes.

Collina d'oro: S. Anm. zu Nr. 60.

Nr. 78 H. L. Goldschmidt an P. Weiss – [Zürich,] 22. 9. [19]79
Ms. Brief (A4), 1 Bl., die Signatur v. H. h.

wie wir ihn am Predigerplatz erstanden: Für den Preis von 5 Franken während PW' kurzem Aufenthalt in Zürich (26.-29. 1. 1939) vor seiner Abreise aus der Schweiz.

Nr. 79 P. Weiss an H. L. Goldschmidt – [Stockholm, 22. Oktober 1979]
Ms. Brief (A4), 1 Bl., die Unterschrift v. H. h., das Datum steht a. E. des Briefes.

Nr. 80 H. L. Goldschmidt an P. Weiss – [Zürich,] 27. 10. [19]79
Ms. Brief (A4), 1 Bl., mit wenigen hs. Korr., die Signatur v. H. h.

neues Buch: I. e. *Selbstentfaltung und Selbstanalyse* (1980).

Nr. 81 P. Weiss an H. L. Goldschmidt – [Stockholm, 30. Oktober 1979]
Ms. Brief (A4), 1 Bl., die Unterschrift v. H. h., das Datum steht a. E. des Briefes; die Auslassungen betreffen hauptsächlich Anweisungen betreffs des Bildtransfers.

Nr. 82 H. L. Goldschmidt an P. Weiss – [Zürich,] 31. 1. [19]80
Ms. Brief (A4), 1 Bl., mit hs. Korr., die Signatur v. H. h.

Nr. 83 P. Weiss an H. L. Goldschmidt – [Stockholm, vermutlich 9. Februar 1980]
Ms. Brief (A4), 1 Bl., die Unterschrift v. H. h., a. E. des Briefes steht als Datum der *9. Jan. 1980*; dabei freilich muß es sich um ein Versehen des Autors handeln, da dieser Brief zweifelsfrei auf Nr. 82 (vom 31. 1. 80) folgt. PW hat sich demnach (wie früher auch schon) im Monat geirrt.

das Bild: I. e. *der Jüngling am Stadtrand.*

Museum Södertälje: Hier leitete Per Drougge mit der ersten Weiss-Ausstellung im Herbst 1976 die (Wieder-)Entdeckung des künstlerischen Werkes von PW ein; in Södertälje wurden zu der Zeit auch PW' Bilder verwahrt.

Auswahlbibliographie zu diesem Band

In Klammern am Schluß stehen die Kurztitel.

Barth, Max: *Flucht in die Welt*. Exilerinnerungen 1933-1950. Hg. u. mit e. Nachwort v. Manfred Bosch. Waldkirch: Waldkircher Verlag 1986.

Benjamin, Walter: *Gesammelte Schriften*, Band V: Das Passagen-Werk. Frankfurt: Suhrkamp 1982.

Böhmer, Günter/Hermann Hesse: *Dokumente einer Freundschaft*. Zusammengestellt v. Ursula Böhmer u. a., mit e. Einf. v. Volker Michels. Hg. v. der Großen Kreisstadt Calw 1987.

Der Maler Peter Weiss. Bilder – Zeichnungen – Collagen – Filme. Redaktion u. Gestaltung Peter Spielmann, Berlin: Verlag Frölich & Kaufmann [1982]. [Mit einem Gesamtverzeichnis der Bilder]. (*Kat./Roos-Interview*)

Doerner, Max: *Malmaterial und seine Verwendung im Bilde*. Erstausgabe 1921. 10., verb. Aufl., neu hg. v. Prof. Toni Roth, Stuttgart: Ferdinand Enke Verlag 1954.

Eldh, Åsa: *The Mother in the Work and Life of Peter Weiss*. New York, Bern, Frankfurt, Paris: Peter Lang 1990.

Gerlach, Rainer (Hg.): *Peter Weiss*. Frankfurt: Suhrkamp 1984 (= stm 2036).

Goldschmidt, Hermann Levin: *Freiheit für den Widerspruch*. Schaffhausen: Novalis Verlag 1976.

–: *Dialogik*. Philosophie auf dem Boden der Neuzeit. Frankfurt: Europäische Verlagsanstalt 1964.

Goetschel, Willi, u. a. (Hg.): *Wege des Widerspruchs*. Festschrift für Prof. Dr. Hermann Levin Goldschmidt zum 70. Geburtstag. Bern und Stuttgart: Paul Haupt 1984.

Henschen, Helga: *åren med Peter*. Arena Förlag 1991.

Hesse, Hermann: *Der verbannte Ehemann oder Anton Schievelbeyn's ohnfreywillige Reisse*. Handgeschrieben u. ill. v. Peter Weiss. Frankfurt: Insel Verlag 1977 (= it 260).

–: *Die Gedichte*. 5., erw. Aufl., Zürich: Fretz & Wasmuth 1956.

–: *Gesammelte Briefe*. Dritter Band 1936-1948, Frankfurt: Suhrkamp 1982. (*Hesse, Briefe III*)

–: *Gesammelte Werke in 12 Bänden*. Frankfurt: Suhrkamp 1970. (*Hesse, GW*)

–: *Kindheit des Zauberers*. Ein autobiographisches Märchen. Handgeschrieben, ill. u. mit e. Nachbemerkung versehen v. Peter Weiss. Frankfurt: Insel Verlag 1974 (= it 67). (*Hesse, Zauberer*)

Hofer, Karl: *Erinnerungen eines Malers*. Berlin 1953.

Hoffmann, Raimund: *Peter Weiss*. Malerei – Zeichnungen – Collagen. Berlin: Henschelverlag 1984. (*Hoffmann, Peter Weiss*)

Huonker, Gustav: *Literaturszene Zürich*. Menschen, Geschichten und Bilder 1914-1945. Zürich: Unionsverlag 1985.

Jungk, Robert: *Begegnung ohne Ende*, in: A. Stephan (Hg.): *Die Ästhetik des Widerstands*. Frankfurt: Suhrkamp 1983 (= stm 2032), S. 342-345.

–: *Deutschland von außen*. Beobachtungen eines illegalen Zeitzeugen. München: Heyne Verlag 1990.

Kafka, Franz: *Gesammelte Werke*. Hg. v. Max Brod. Frankfurt: S. Fischer Verlag 1983.

Müssener, Helmut: *Exil in Schweden*. Politische und kulturelle Emigration nach 1933. München: Hanser Verlag 1974.

Peter Weiss. Gemälde, Zeichnungen, Collagen, Filme, Theater, Literatur, Politik. Ausstellungsverzeichnis, Berlin: Akademie der Künste 1991. (*Verz.*)

Peter Weiss im Gespräch. Hg. v. Rainer Gerlach u. Matthias Richter. Frankfurt: Suhrkamp 1986 (= es 1303). (*Peter Weiss im Gespräch*)

Peter Weiss. Leben und Werk. [Katalog zur Weiss-Ausstellung in Berlin und Stockholm 1991] Hg. v. Gunilla Palmstierna-Weiss und Jürgen Schutte, schwedisch-deutsch, Frankfurt: Suhrkamp 1991. (*Bln.-Kat.*)

Peter Weiss. Måleri – collage – teckning/ Malerei – Collage – Zeichnung 1933-1960. En utställning producerad av Södertälje konsthall Sverige/Eine Ausstellung der Kunsthalle Södertälje Schweden, red. av Per Drougge, Södertälje: Kulturnämnd 1976.

Pulver, Max: *Symbolik der Handschrift*. Ein Lehrbuch der Graphologie, München: Kindler Verlag [1972].

Richter, Hans: *Köpfe und Hinterköpfe*. Zürich: Arche Verlag 1967.

Sinclair [i. e. Peter Weiss]: *Der Fremde*. Erzählung. Frankfurt: Suhrkamp 1980 (= es 1007).

Söllner, Alfons: *Peter Weiss und die Deutschen*. Die Entstehung einer politischen Ästhetik wider die Verdrängung. Opladen: Westdeutscher Verlag 1988.

Stifter, Adalbert: *Bunte Steine*. Ein Festgeschenk. Band 4 der Gesammelten Werke in 14 Bänden, Basel, Stuttgart: Birkhäuser Verlag 1963.

Vogt, Jochen: *Peter Weiss*. Reinbek/Hamburg: Rowohlt 1987 (= rm 367).

Wackenroder, Wilhelm Heinrich/Ludwig Tieck: *Herzensergiessungen eines kunstliebenden Klosterbruders*. Stuttgart: Reclam 1977.

Walter, Hans-Albert: *Deutsche Exilliteratur 1933–1950*. Band 2: Europäisches Appeasement und überseeische Asylpraxis. Stuttgart: J. B. Metzler 1984.

Weiss, Alexander: *Bericht aus der Klinik und andere Fragmente*. Aus d. Schwed. von Wolfgang Butt und Lutz Fischer, Frankfurt: Suhrkamp 1978 (= es 889).

Weiss, Peter: *Abschied von den Eltern*, Frankfurt: Suhrkamp 1961 (= es 85).

–: *Avantgarde-Film*. Hg. u. übers. v. Beat Mazenauer. Frankfurt: Suhrkamp 1992 (= es 1444).

–: *Briefe an Hermann Hesse*. [Unveröffentlicht, einzelne davon abgedruckt in: Hoffmann, *Peter Weiss*]

–: *Cloe*. Kaspar Walthers nachgelassene Aufzeichnungen. [Unveröff., 1937].

–: *Der neue Prozeß*. Frankfurt: Suhrkamp 1984 (= es 1215).

–: *Die Ästhetik des Widerstands*. Roman. Erster Band, Frankfurt: Suhrkamp 1975.

–: *Die Ästhetik des Widerstands*. Roman. Zweiter Band, Frankfurt: Suhrkamp 1978.

–: *Die Ästhetik des Widerstands*. Roman. Dritter Band, Frankfurt: Suhrkamp 1981.

–: *Die Besiegten*. Aus d. Schwed. von Beat Mazenauer, mit einem Nachwort von Gunilla Palmstierna-Weiss. Im Anhang: Sechs Reportagen aus Deutschland für Stockholms Tidningen, Frankfurt: Suhrkamp 1985 (= es 1324).

–: *Fluchtpunkt*. 7./8. Ts., Frankfurt: Suhrkamp 1965 (= es 125).

–: *In Gegensätzen denken*. Ein Lesebuch, ausgewählt v. Rainer Gerlach u. Matthias Richter, Frankfurt: Suhrkamp 1986.

–: *Notizbücher 1960–1971*. 2 Bände, Frankfurt: Suhrkamp 1982 (= es 1135). (*NB 60/71*)

–: *Notizbücher 1971–1980*. 2 Bände, Frankfurt: Suhrkamp 1981 (= es 1067). (*NB 71/80*)

–: *Rapporte*. Frankfurt: Suhrkamp 1968 (= es 276).

–: *Rapporte 2*. Frankfurt: Suhrkamp 1971 (= es 444).

–: *Stücke I*. 2. Aufl., Frankfurt: Suhrkamp 1980 [Darin enthalten sind: *Der Turm, Die Versicherung, Nacht mit Gästen, Mockinpott, Marat/Sade, Die Ermittlung*] (= es 833). (*St I*)

–: *Stücke II*. Frankfurt: Suhrkamp 1977 [Darin enthalten sind: *Gesang vom Lusitanischen Popanz, Viet Nam Diskurs, Hölderlin, Trotzki im Exil, Der Prozeß*] (= es 910). (*St II*)

–: *Von Insel zu Insel*. Illustrationen vom Verfasser, mit e. Nachwort von Gunilla Palmstierna-Weiss, aus d. Schwed. von Heiner Gimmler, Berlin: Verlag Frölich & Kaufmann 1984.

Abbildungsverzeichnis

Die Abb. S. 56 ist entnommen dem Band *Peter Weiss*. Leben und Werk. [Katalog zur Weiss-Ausstellung in Berlin und Stockholm 1991] Hg. v. Gunilla Palmstierna-Weiss und Jürgen Schutte, schwedisch–deutsch, Frankfurt): Suhrkamp, 1991.
Die Abb. S. 66 entnahmen wir dem Buch Hans Richter: *Köpfe und Hinterköpfe*. Zürich: Arche Verlag, 1967.
Die Vorlage für alle anderen Abbildungen stellte uns freundlicherweise Hermann Levin Goldschmidt zur Verfügung.

Zu dieser Ausgabe

Textgestalt

Die Briefe erscheinen in der vorliegenden Ausgabe chronologisch geordnet, durchnumeriert und – mit wenigen Ausnahmen – vollständig abgedruckt. Inhaltliche Überlegungen ließen geringfügige Kürzungen und Auslassungen bei den Briefen ab 1962 angeraten erscheinen. In der Regel sind die Briefe in gut lesbarem Zustand erhalten, wenngleich vor allem solche, die mit hartem Bleistift auf qualitativ schlechtem, brüchigem Papier mit glatter Oberfläche geschrieben sind, stark gelitten haben, aber nur in einem Falle derart beschädigt sind, daß die Entzifferung verunmöglicht wird. Allfällige Unsicherheiten bezüglich der Datierung und des Inhalts der Briefe werden in den Anmerkungen erörtert.

Soweit möglich ist grundsätzlich die originale Textgestalt wiedergegeben. D. h. signifikante Textkorrekturen von Hand der Briefautoren wurden markiert. Ebenso wurden orthographische Fehler beibehalten, soweit sie nicht offensichtlich flüchtiger Natur sind wie z. B. vertauschte oder allzu schwach getippte Buchstaben bei den maschinengeschriebenen Briefen. Solche wurden stillschweigend berichtigt, wenn dies zweifelsfrei möglich war. Auffällig ist immerhin, daß Peter Weiss sich eine ganze Reihe chronischer Unkorrektheiten bzgl. der Orthographie und Grammatik leistete: besonders signifikant bei der Groß- und Kleinschreibung oder bei der recht eigensinnigen Verwendung von das/daß je nach Betonung. Solche Fehler sind belassen und nur in inhaltlich bedeutsamen Fällen angemerkt. Grundsätzlich markiert wurden dagegen alle handschriftlichen Korrekturen sowie Passagen, die nicht mit letzter Sicherheit zu lesen sind. Sie finden sich in spitze Klammern ⟨⟩ gesetzt und wenn nötig angemerkt. In eckige Klammern [] gesetzt sind Hinzufügungen durch den Herausgeber, welche die Lesbarkeit verbessern sollen: z.B. ausgelassene

Worte, Silben oder Buchstaben, die nicht zum originalen Text gehören.

Die stellenweise schwer zu entziffernde Handschrift von Peter Weiss erlaubte freilich nicht immer eine eindeutige Zuordnung, weshalb im Zweifel im Sinne korrekter Orthographie und Grammatik transkribiert wurde. Dies betrifft vor allem handschriftlich abgekürzte Wortendungen wie „-er", „-en", „-nn" oder „-e", wo sich kaum eine Grenze zwischen korrekt und fehlerhaft bestimmen ließ. Um Mißverständnisse zu vermeiden, wurde Goldschmidts Vorname *Hermann* ungeachtet der originalen Schreibweise konsequent mit „nn" geschrieben. Nicht zweifelsfrei bestimmen ließ sich ebenfalls die Groß- bzw. Kleinschreibung von „W", „S" und „K", weshalb auch hier im Sinne korrekter Orthographie transkribiert wurde.

Im Druck wurden „Ue" zu „Ü" und Scharf-„ss" zu „ß". Unterstreichungen im Original erscheinen kursiv, doppelte Unterstreichungen gesperrt und kursiv.

Zeichen und Abkürzungen

[]	Hinzufügungen des Herausgebers
[!]	Hinweis des Herausgebers auf ungewöhnliche Schreibweise
⟨ ⟩	Unsichere Lesarten
┊/┊┊	Im Original korrigiertes/eingefügtes Wort bzw. Wortfolge
#	Durchstreichungen im Original
4°/8°	Quart (24 × 18 cm)/Oktav (18 × 12 cm)
A4/A5/A6	A4 (29,7 × 21 cm) / A5 (21 × 14,85 cm) / A6 (14,85 × 10,5 cm)
a. a. O.	am angegebenen Ort
a. E.	am Ende
a. l. R.	am linken Rand
a. u. R.	am untern Rand
Bl.	Blatt
bs.	beidseitig beschrieben
erh.	vom Empfänger erhalten am

gr./kl.	grösser als/kleiner als
hg.	herausgegeben
Hs./hs.	Handschrift/handschriftlich
i. e.	das ist, das heißt
Korr.	Korrektur(en)
l. o./l. u.	links oben/links unten
Med. 4°	Median Quart-Format (22,5 × 28 cm)
ms.	maschinenschriftlich
r. o./r. u.	rechts oben/rechts unten
Rs.	Rückseite
s. Anm.	siehe Anmerkung(en)
S.	Seite(n)
v. a.	vor allem
v. H. h.	von Hand hinzugesetzt
vgl. Anm.	vergleiche Anmerkung(en)
Vs.	Vorderseite

Dazu erscheinen die Namen von Hermann Levin Goldschmidt (HLG), Peter Weiss (PW) und Robert Jungk (RJ) in den Anmerkungen in Kurzform; bm. gilt als Zeichen für den Herausgeber.

Für die freundliche Unterstützung beim Zustandekommen dieser Ausgabe dankt der Verlag Gunilla Palmstierna-Weiss.

Inhalt

Surrealismus in Paris. 1919–1939

Ein Lesebuch

Herausgegeben und mit einem Essay von Karlheinz Barck
845 Seiten. 122 Abbildungen, davon 11 farbig.
RBL 1078. Gebunden 20,– DM.
ISBN 3-379-00594-0

„Der Surrealismus ist kein neues oder einfaches Ausdrucksmittel, nicht einmal eine Metaphysik der Poesie, er ist ein Mittel totaler Befreiung des Geistes und all dessen, was ihm ähnelt." So tönte es bereits am 27. Januar 1925 aus dem „Büro für surrealistische Forschungen". Unterzeichner der „Erklärung" waren die führenden Köpfe der literarischen Szene des Surrealismus: Aragon und Breton, Crevel und Eluard. Mit von der Partie war der Deutsche Max Ernst, der in der Sektion Kunst, gemeinsam mit den Spaniern Dali und Miro, dem Griechen Chirico, dem Belgier Magritte die Spitze des Surrealismus war, die sich himmelhoch in der Stadt des Eiffelturms auftürmte. Was sich in Sachen Literatur und Kunst zutrug, ist in dem vorliegenden Lesebuch zusammengefaßt. Das „Wunderbare", das der Surrealismus für Breton auch war, hält die Erwartung an das Wunderbare wach.

Bernd Heimberger in: Thüringer Tageblatt, Weimar

BELLETRISTIK

Erinnerungen deutsch-jüdischer Frauen 1900–1990

Herausgegeben von Andreas Lixl-Purcell.
459 Seiten. 22 Fotodokumente. RBL 1423. 16,– DM
ISBN 3-379-01423-0

Ungedruckte Memoiren, Erinnerungen, Tagebücher und Briefsammlungen wählt der Herausgeber, Professor an der University of North Carolina at Greensboro, für seine Beiträge über 33 Frauen deutsch-jüdischer Herkunft aus. Diese vergessenen autobiographischen Zeugnisse verschaffen Zugang zur Begriffs- und Erfahrungswelt jüdischer Frauen im deutschsprachigen Raum (unter ihnen Nelly Sachs und Anna Seghers). Jugenderinnerungen, Familiengeschichten und Alltagserlebnisse kommen dabei ebenso zur Sprache wie Berufserfahrungen und feministische Ansichten. Im Unterlaufen stereotyper Vorstellungen tragen die Texte zu einem tieferen Verständnis der Vergangenheit und Gegenwart deutsch-jüdischer Frauen bei.

Verfolgung · Vertreibung · Vernichtung

Dokumente des faschistischen Antisemitismus 1933 bis 1942

Herausgegeben und mit einer Einleitung von K. Pätzold.
4. Auflage.
362 Seiten. RBL 1008. 10,– DM
ISBN 3-379-00140-6

Am 20. Januar 1942 konferierte am Berliner Wannsee eine Gruppe brauner Würdenträger, um sich mit der „Endlösung der Judenfrage" zu beschäftigen. Auf dieser Beratung wurde der Vernichtungsplan für Millionen Menschen erläutert und das organisatorische Zusammenwirken der Mörder geregelt. Anhand einer Vielzahl von Dokumenten zeigt die Auswahl die Planmäßigkeit und Kontinuität, mit der seit dem Machtantritt der NSDAP auf den größten Massenmord in der Geschichte der Menschheit hingearbeitet wurde.

Reclam Bibliothek

BELLETRISTIK

Ein Molotow-Cocktail auf fremder Bettkante

Lyrik der siebziger/achtziger Jahre von Dichtern
aus der DDR

Ein Lesebuch

Herausgegeben von Peter Geist
454 Seiten. RBL 1399. 16,– DM
ISBN 3-379-00694-7

… die beste und ambitionierteste Sammlung der DDR-
Lyrik der letzten Jahre, vom untergründigen Raunen derer, denen die Lyrik in Zeiten gesellschaftlicher Verhär-
tung etwas bedeuten konnte (Czechowski, Kirsten,
Kirsch), bis zu den Wortmaterialjonglierern der jüngeren
Generation. Hervorragend ist etwa die kennerische Auswahl der Texte Biermanns und Huchels. Anthologist Peter Geist wußte die Spreu vom Weizen zu trennen, und
es gibt immer noch viel Weizen aus der DDR.
Helmut Böttiger in: Stuttgarter Zeitung

Das ist ein Akt literarhistorischer Gerechtigkeit und ein
Bekenntnis zu einer lebendigen und überraschenden
Poesie, die die wohlgeordneten Bahnen verläßt und ge-
rade dort auftaucht, wo man sie nicht erwartet.

Jürgen Engler in: Freitag, Berlin

Hermann Levin Goldschmidt

Werkausgabe

Passagen Verlag

ab 1993